周　艳　著

长江经济带
土地市场与城市建设用地扩张

Land Market and Urban
Construction Land Expansion of
the Yangtze River Economic Belt

南京大学出版社

资助项目

国家自然科学基金项目(42101278、41571162)

教育部人文社会科学青年基金项目(20YJCZH250)

云南省基础研究计划面上项目(202201AT070039)

"兴滇英才支持计划"项目

云南师范大学"精品文库"项目

序

　　城市空间的快速增长是工业化、城市化特定发展阶段的必然过程。科学揭示城市空间增长规律，是有序引导城市可持续发展的客观要求。一段时期，中国城市建设用地过快扩张现象十分明显，从 1981 年的 6 720 km²，增加到 2020 年的 58 355.29 km²，年均增长 1 324 km²。但随着新型城镇化发展的推进与实施，城市建设用地管控得到进一步重视。

　　《国家新型城镇化规划(2014—2020 年)》要求严格控制城镇建设用地规模，合理控制城镇开发边界，提高国土空间利用效率。《全国国土规划纲要(2016—2030 年)》提出了加快构建"安全、和谐、开放、协调、富有竞争力和可持续发展的美丽国土"的总体目标。到 2030 年，国土空间开发格局不断优化，国土开发强度不超过 4.62%，城镇空间控制在 11.67 万平方千米以内。《中华人民共和国国民经济和社会发展第十四个五年规划和 2035 年远景目标纲要》提出"推进要素市场化配置改革、优化国土空间开发保护格局"，这些都为协调城市空间增长与城市空间生产关系提供了积极支撑。

　　改革开放以来，土地市场制度的建立与完善对我国土地资源利用效率的提升产生了明显的促进作用。但土地市场与土地利用变化关系密切，城乡土地市场在促进土地要素集中、优化建设用地空间配置、提高土地利用效率等方面发挥作用的同时，土地市场业已成为城市建设用地扩张的重要驱动力。在我国城镇化加速和建设用地供需矛盾十分突出的背景下，如何继续有效发挥土地市场对土地资源的优化配置，促进城市土地的集约高效利用，有效控制城市用地过快扩张,需进一步开展研究。

区域土地市场对城市建设用地扩张的影响存在尺度差异,不同尺度下土地市场对城市建设用地扩张的影响因素、机理可能不尽相同。但已有研究多以省域或地级以上城市为研究单元开展单一尺度城市土地市场对城市建设用地规模扩张的影响研究。因此,本著作开展多尺度的土地市场对城市建设用地扩张的影响研究,较为全面、系统地揭示土地市场对城市建设用地扩张的尺度效应,为科学开展土地市场调控,引导城市空间有序扩张提供思路借鉴。

长江经济带国土面积仅占全国的 21.40%,2020 年却承载了全国约 43% 的人口和 46% 的 GDP,城镇化率高达 63.22%,是我国人口与经济高度聚集区域之一。长江经济带人口和经济密度大,土地开发强度高。长江经济带作为我国重要的经济发展轴带,其经济社会快速发展的同时,也促进了土地利用剧烈变化和城市建设用地快速扩张。但在长江大保护战略的实施背景下,建设用地供需矛盾十分突出。据此,作者针对长江经济带国土开发利用面临资源环境限制性约束趋紧、国土空间结构性矛盾突出、开发利用效率不高、空间功能下降、国土空间供给和需求的空间错配等实际问题,深入揭示了土地市场发展对城市建设用地扩张的影响机理和作用途径,为发挥市场机制配置土地资源要素的基础性作用,有效引导城市建设用地理性扩张提供了理论参考。

本书研究发现,长江经济带横跨我国东、中、西三大区域,处于不同经济发展梯度的城市在不同发展阶段所呈现的城市建设用地扩张特征及时空格局具有区域差异性;同时长江经济带各城市土地市场发育程度存在差异,土地市场发育程度决定了土地资源的配置效率,影响城市土地利用效率,进而进一步影响城市建设用地扩张。据此,作者选取具有典型性的长江经济带作为研究区,开展长江经济带、流域(上游、中游、下游)、城市、县域及地块多个尺度土地市场对城市建设用地扩张的影响研究,较为系统地描述了了土地市场对城市建设用地扩张的作用途径、影响程度和尺度效应。所取得的研究成果,不仅具有重要的学术意义,也可为各地方政府针对不同尺度制定有效管控城市建设用地过快扩张的差异化土地市场政策,精准开展国土空间管控提供实际依据。

　　当然，土地市场对于城市空间扩张的影响具有复杂性、阶段性、动态性的特征，因此，本书在主要研究上所取得的研究成果更具有理论探索意义，同时也在典型研究区域取得了实证性研究成果。但随着土地市场发展进入新的阶段，也希望作者能够有进一步的研究和探索，从而不断丰富和发展所取得的理论成果，不断积累形成体现中国城市发展规律的土地市场研究学术话语。

黄贤金

2022 年 11 月 10 日

前　言

　　改革开放以来,我国已成为世界上城镇化速度最快的国家之一,城镇化率由 1978 年的 17.92% 提高到了 2020 年的 63.89%。在工业化和城镇化推动下,建设用地呈现快速增长趋势,1981—2020 年,城市建设用地由 6 720 km² 增加 58 355.29 km²,年均增长 1 324 km²。建设用地的扩张主要以占用耕地为主,1980—2010 年, 57.61% 的耕地被新增建设用地占用,这一比例在 2010—2015 年达到了近 67.50%;2015—2020 年,约有 66.43% 的耕地被新增的城乡建设用地占用。建设用地快速扩张成为中国目前乃至未来相当长一段时间内土地利用变化的主要特征。目前,我国正处于工业化和城镇化的快速发展阶段,短期内持续扩张的态势难以扭转,城市建设用地管控任务非常艰巨。随着我国城市化进入新时代,中国城市土地的扩展需求和供给之间的矛盾日益突出,市场化成为城市土地集约利用的必然选择。因此,探讨如何继续有效发挥土地市场对土地资源的优化配置,促进城市建设用地理性增长,实现城市土地集约利用是我国现实矛盾下的必然选择。

　　改革开放以来,我国逐步引入市场机制,优化配置资源。20 世纪 80 年代末,我国进行土地制度改革,并于 1987 年实施土地有偿使用制度,标志着我国土地市场正式形成。经过 30 多年发展,土地市场不断发展完善且对城市土地利用尤其是建设用地扩张产生了重要影响。土地市场对城市建设用地扩张的影响具有多重效应,土地市场对城市建设用地扩张的影响存在尺度效应和分区效应,不同尺度下土地市场对城市建设用地扩张的影响因素、机理可能不尽相同。但已有研究多以地级以上城市为研究单元开展单一尺度城市土地市场对城市建设用地规模扩张的影响研究,尚未关注到微观尺度土地市场对城市建设用地扩张的影响。因此,有必要开展多尺度的土地市场对城市建设用地扩张的影响研究,揭示土地市场对城市建设用地扩张的尺度效应。

为此,本研究基于多尺度视角,选取横跨我国东、中、西三大区域且土地市场发育程度存在显著差异的长江经济带作为研究区,在揭示长江经济带、流域、典型城市、县域和地块尺度视角下土地市场对城市建设用地扩张的影响机理基础上,定量分析不同尺度下土地市场对城市建设用地扩张的具体影响和作用机制,揭示土地市场对城市建设用地扩张影响的尺度效应,并针对不同尺度,提出长江经济带差别化的促进城市建设用地理性增长的土地市场调控机制与政策建议,为各地方政府进行国土空间管控和制定促进城市建设用地的理性增长政策提供依据和参考。

在研究思路和研究方法上,重视理论分析和实证研究相结合,在揭示土地市场对城市建设用地扩张影响机理基础上,开展多尺度实证研究,并提出差别化的促进城市建设用地理性增长的土地市场调控机制与政策建议。具体如下:

(1)多尺度视角下土地市场对城市建设用地扩张的影响机理分析。在对国内外研究进展和理论进行梳理的基础上,从长江经济带、流域、城市、县域和地块尺度分别探讨土地市场对城市建设用地扩张规模、扩张模式及其在城市空间演变中的作用途径和作用机理,揭示土地市场发展对城市建设用地扩张的影响机理(第1~3章)。

(2)长江经济带土地市场发展及城市建设用地扩张状况分析。基于土地出让统计数据和30m分辨率的土地利用数据,从宏观尺度分析长江经济带土地市场发展状况及城市建设用地扩张特征。以典型城市上海、武汉和重庆作为案例区,利用微观土地交易地块空间数据,分析不同用途土地(居住、商业、工业、其他用地)出让地块的规模、价格、强度(容积率)的空间分布状况,揭示土地市场的空间分布规律。结合30m分辨率的土地利用数据,分析上海、武汉和重庆三市 1980—2015 年不同时期城市建设用地扩张速度、扩张规模、扩张模式及城市建设用地的时空分布特征。在此基础上，探讨土地市场与城市建设用地扩张间的相关性(第 4～5 章)。

(3) 多尺度视角下土地市场对城市建设用地扩张影响的实证研究。利用空间计量模型，开展长江经济带和分流域(上游、中游、下游)尺度土地市场对城市建设用地扩张的影响实证研究，揭示土地市场对城市建设用地扩张的具体影响及其区域差异特征。城市尺度以典型城市上海、武汉和重庆为例，通过构建计量经济模型，分析土地市场在城市建设用地扩张过程中所起的具体作用和影响程度。县域尺度，以重庆市 38 个区县为例，利用地理加权(GWR)回归模型，分析土地市场对城市建设用地扩张影响的空间异质性。地块尺度，通过构建 Logistic 回归模型，将土地出让地块的区位、面积、模式、价格、强度等纳入模型，开展实证研究，揭示土地市场微观特性在城市建设用地扩张过程、扩张模式及空间结构演变中的作用机制及其区域差异。对比分析不同尺度下土地市场对城市建设用地扩张的具体影响和作用机制，揭示土地市场对城市建设用地扩张影响的尺度效应和分区效应(第 6～8 章)。

(4) 城市建设用地理性增长的土地市场调控机制研究。结合不同尺度下的实证研究结果，针对不同尺度，提出长江经济带差别化的促进城市建设用地理性增长的土地市场调控机制与政策建议，为各地方政府进行国土空间管控和制定促进城市建设用地的理性增长政策提供依据和参考(第 9 章)。

本研究具有三个方面的意义：一是理论研究方面，基于多尺度视角，探索性地揭示了不同尺度下土地市场对城市建设用地扩张的影响机理，重点探讨了地块尺度土地市场对城市建设用地扩张的作用路径和影响机制，丰富和深化了我国土地市场及其效应的相关理论研究。二是研究思路和内容方面，突破了以往以省域或地级以上城市为研究单元，从单一尺度层面开展土地市场对城市建设用地扩张的影响研究。以长江经济带为例，构建相应模型，开展多尺度的实证研究，揭示土地市场对城市建设用地扩张影响的尺度效应和分区效应。三是研究视角方面,以往研究更多的是从宏观层面开展土地市场对城市建设用地扩张规模影响的实证。而本研究基于土地交易地块数据,在探讨土地市场微观特性对城市建设用地扩张规模影响的基础上,研究土地市场微观特性对城市建设用地扩张格局、扩张模式及空间结构演变产生的重要影响,拓展了研究视角。

因个人能力有限,本书难免会出现纰漏和不足,敬请各位专家和读者批评指正!

目　录

第一章 / 绪 论

1.1 研究背景及意义

1.1.1 研究背景

(1) 城市建设用地扩张过快,城市集约发展是我国现实矛盾下的必然选择

改革开放以来,我国已成为世界上城镇化速度最快的国家之一,2011 年中国城镇化率首次突破 50%,城镇化率由 1978 年的 17.92% 提高到了 2020年的 63.89%。在工业化和城镇化推动下,建设用地呈现快速增长趋势。1981—2020 年,城市建设用地由 6 720 km² 增加到 58 355.29 km²,年均增长1 324 km²;城市—人口扩张弹性系数均值为 1.71,土地扩张速度明显快于人口增长速度。城市建设用地过快扩张导致耕地大量流失,1980—2010 年,约3.18×10⁶ hm² 的耕地被建设用地占用,占新增建设用地的 57.61%,2010—2015 年,这一比例达到了近 67.50%(刘纪远 等,2014;刘纪远 等,2018)。2015—2020 年,耕地面积呈继续减少的趋势,耕地面积减少由 2010—2015 年的 49.01×10⁴ hm² 上升到了 2015—2020 年的 65.12×10⁴ hm²,其中,约有66.43% 的耕地被新增的城乡建设用地占用(匡文慧 等,2022)。建设用地快速扩张成为中国目前乃至未来相当长一段时间内土地利用变化的主要特征(Liu et al. ,2014a)。预计 2035 年中国城镇化率将达到 73.9%(United

Nations,2018),按照目前城市扩张速度,每年需新增城镇建设用地 1 000～1 200 km²(杨艳昭 等,2013),城镇用地供给面临巨大压力。2013 年城镇化工作会议中就明确提出:提高城镇建设用地利用效率,严控增量、盘活存量、优化结构、切实提高城镇建设用地集约化程度。《国家新型城镇化规划(2014—2020 年)》要求严格控制城镇建设用地规模,合理控制城镇开发边界,提高国土空间利用效率。国家"十三五"规划提出严控新增建设用地,有效管控新城新区和开发区无序扩张;开展建设用地节约集约利用调查评价,单位国内生产总值建设用地使用面积下降 20%。《中华人民共和国国民经济和社会发展第十四个五年规划和 2035 年远景目标纲要》提出"优化国土空间开发保护格局"。《全国国土规划纲要(2016—2030 年)》中提出 2015 年国土实际开发规模已经达到 4.02%,城镇空间规模为 8.90 万 km²,到 2030 年国土开发强度不超过 4.62%,城镇空间控制在 11.67 万 km² 以内。这些都体现了国家对建设用地管控和提高建设用地效率的高度重视。如果完全按国土开发规划纲要执行,2016—2030 年,15 年的时间里我国只有大约 2.77 万 km² 的建设用地的增量空间。建设空间快速蔓延和自然生态空间的不断萎缩导致建设用地粗放利用、生态环境恶化、耕地流失严重及交通拥堵等问题日益突出,影响区域的可持续发展(Bradshaw et al.,1998;Du et al.,2007;Scolozzi et al.,2012;Yang et al.,2014;Lu et al.,2020)。目前,中国正处于工业化和城镇化的快速发展阶段,短期内建设用地持续扩张的态势难以扭转,建设用地管控任务非常艰巨。随着我国城市化进入新时代,中国城市土地的扩展需求和供给之间的矛盾日益突出,市场化成为城市土地集约利用的必然选择。因此,探讨如何继续有效发挥土地市场对土地资源的优化配置,促进城市建设用地理性增长,实现城市土地集约利用是我国现实矛盾下的必然选择。

(2) 长江经济带发展上升到国家区域战略新高度,将加大城市用地需求

2014 年 9 月,国务院印发《关于依托黄金水道推动长江经济带发展的指导意见》,部署将长江经济带建设成为具有全球影响力的内河经济带、东中西互动合作的协调发展带、沿海沿江沿边全面推进的对内对外开放带和生态文明建设的先行示范带。2016 年 9 月,《长江经济带发展规划纲要》正式印发,确立了长江经济带"一轴、两翼、三极、多点"的发展新格局。长江经济带依托长江黄金水道,以长三角、长江中游和成渝三大城市群为支撑,将形成我国重要的经济新支撑带。长江经济带作为我国重要的经济发展轴带,是我国人口和经济高度聚集区域之一,国土面积仅占全国的 21.40%,2020 年却承载了43% 的人口规模和 46% 的 GDP。随着长江经济带发展上升到国家重大战略计划的新高度,将进一步加大对长江经济带的政策、资金、资源投入(陈润 等,2016)。长江经济带的开发建设将进一步促进人口和经济继续向长江经济带聚集,并将加大对建设用地的需求。当前,长江经济带国土开发利用中面临资源环境限制性约束趋紧、国土空间结构性矛盾突出、开发利用效率不高、空间功能下降、国土空间供给和需求的空间错配等问题。因此,在长江经济带建设中,需优化国土开发利用并进行国土空间开发强度管控。城市作为长江经济建设的重要载体,城市发展及其用地扩展需以承载力为基础,以节约集约提升城市土地利用效益,以统筹协调不同区域、不同层级城市间的土地利用,实现城市土地高效利用和城市用地理性扩张。

(3) 土地市场对土地资源配置和提高土地利用效率具有重要意义

城市土地集约利用的实质就是城市土地资源的有效配置,而市场是资源配置的基本方式(赵小风 等,2010)。改革开放以来,我国逐步引入市场机制,优化配置资源。20 世纪 80 年代末,我国进行土地制度改革,并于 1987 年实施土地有偿使用制度,标志着我国土地市场正式形成。经过 30 多年发展,土地市场化水平不断得到提高,土地市场发展对土地资源配置效率乃至国民经济社会发展都产生了显著的促进作用(李国荣,1993;赵贺,2004)。在城市土地利用中,市场机制逐渐发挥了主导作用,对城市土地利用的效率提高、城市用地扩展模式以及城市空间形态的形成与演变等产生了重要影响(周诚,1994;陈鹏,2009)。土地市场发展在促进城市土地利用结构优化、加速新区发展和旧城改造、加速土地置换使得城市圈层结构和功能区分异更趋明显等方面发挥了积极作用(陈鹏,2009);但在城市发展中也出引发了很多问题,如城市内部土地利用结构失衡、大规模的开发城市新城以及大规模进行开发区和工业园区建设,加速了城市用地快速向郊区扩展,城市用地过快扩展甚至出现城市蔓延现象,造成大量用地的闲置和土地资源的低效利用,也侵占了大量的优质耕地和生态用地,加剧了人地矛盾。国家非常重视土地市场化改革,十八届三中全会提出"更加有效的配置城、乡土地资源,提高土地利用效率;扩大国有土地有偿使用范围,减少非公益性用地划拨"。2020年中共中央和国务院发布的《关于构建更加完善的要素市场化配置体制机制的意见》提出要"推进土地要素市场化改革"。在我国城镇化加速和建设用地供需矛盾十分突出背景下,如何继续有效发挥土地市场对土地资源的优化配置,促进城市土地的集约高效利用,有效控制城市用地过快扩张,需进一步开展研究。因此,需要强化土地市场发展对城市土地利用尤其是对城市建设用地扩张的影响研究,全面系统揭示土地市场发展对城市建设用地扩张的影响机理和作用途径,对有效引导城市建设用地的理性扩张具有重要意义。

(4) 多尺度视角下土地市场对城市建设用地扩张的影响亟须探讨

土地市场与土地利用变化关系密切,城乡土地市场在促进土地要素集中、优化建设用地空间配置、提高土地利用效率等方面发挥着重要作用(黄贤金,2010)。土地市场业已成为城市建设用地扩张的重要驱动力(刘力豪,2016;李菁 等,2016;高燕语,2016)。城市和县域尺度土地市场的宏观特征(如土地市场规模、市场化水平、出让方式、出让价格、出让总金额等)和地块尺度土地市场的微观特性(如出让地块的区位、大小、价格、用途、容积率等)对城市建设用地扩张的影响不同(尚正永,2017;周艳,2018)。研究表明,土地市场对城市建设用地扩张的影响具有多重效应,土地市场对城市建设用地扩张的影响存在尺度效应和分区效应,不同尺度下土地市场对城市建设用地扩张的影响因素、机理可能不尽相同(王冠贤,2002;陈鹏,2009;刘力豪,2016;高燕语,2016;周艳,2018)。但已有研究多以地级以上城市为研究单元开展单一尺度城市土地市场对城市建设用地规模扩张的影响,尚未关注到微观尺度土地市场对城市建设用地扩张的影响。因此,有必要开展多尺度视角下土地市场对城市建设用地扩张的影响,揭示土地市场对城市建设用地扩张的尺度效应及分区效应。

1.1.2 研究意义

(1) 理论意义

本书突破了以往单一尺度层面的研究,基于多尺度视角,从长江经济带、流域、城市、县域和地块尺度构建土地市场对城市建设用地扩张的作用机制和影响路径,尤其是着重从土地出让空间结构视角探讨了地块尺度土地市场的空间分布规律及特征对城市建设用地扩张的具体影响,揭示了长江经济带、流域、城市、县域、地块多尺度视角下土地市场对城市建设用地扩张的影响机理,从而为更加全面地解释土地市场对城市建设用地扩张的影响机理提供新视角,补充和深化了土地市场及其效应的理论研究,具有一定的理论意义。

(2) 实践意义

中国的土地市场发展是调节和优化城市建设用地利用效率和布局的重要手段之一。以长江经济带,分流域(上游、中游和下游)及典型城市上海、武汉和重庆为案例研究区,探讨江经济带、流域、城市、县域和地块多尺度视角下土地市场对城市建设用地扩张的影响效应研究,可根据不同尺度的研究结果,针对性地提出不同尺度有效管控城市建设用地过快扩张的土地市场调控机制与政策建议,为长江经济带及典型城市上海、武汉和重庆各地方政府进行国土空间管控和制定合理的城市建设用地开发政策提供理论依据和政策指导,以实现研究区城市建设用地理性增长。同时,也可为全国其他城市的发展提供借鉴和参考,研究具有重要的现实意义。

1.2 研究目的与研究内容

1.2.1 研究目的

本研究拟揭示多尺度视角下土地市场对城市建设用地扩张的影响机理,定量分析土地市场发展对城市建设用地扩张的具体影响和作用机制,揭示土

地市场对城市建设用地扩张影响的尺度效应,并提出促进城市建设用地理性增长的土地市场调控机制与政策建议。具体目标如下:

(1)揭示土地市场对城市建设用地扩张的影响机理。基于多尺度视角,从长江经济带、流域(上游、中游、下游)、城市、县域和地块尺度探讨土地市场发展对城市建设用地扩张的作用途径和作用机制,揭示土地市场对城市建设用地扩张的影响机理,丰富和深化土地市场及其效应的相关理论研究。

(2)开展土地市场对城市建设用地扩张影响的尺度效应实证。以长江经济带、流域及典型城市上海、武汉和重庆市为案例研究区,基于土地市场对城市建设用地扩张的影响机理,构建相应模型,开展不同尺度的实证研究,对比分析土地市场在长江经济带、流域、城市、县域和地块尺度的差异化特征如何在不同尺度上影响城市建设用地扩张,揭示土地市场对城市建设用地扩张影响的尺度效应及尺度关联性。

(3)为地方政府有效管控城市建设用地过快扩张和开展国土空间管控提供理论依据和政策指导。针对不同尺度的实证研究结果,提出差别化的促进长江经济带及典型城市上海、武汉和重庆市城市建设用地理性增长的土地市场调控机制与政策建议。

1.2.2 主要研究内容

(1)土地市场对城市建设用地扩张的影响机理分析。根据国内外研究进展系统梳理土地市场和城市建设用地扩张的相关理论基础,如地租竞租理论、城镇化理论等基础上,从长江经济带、流域、城市、县域和地块尺度分别探讨土地市场发展对城市用地规模扩张、城市空间扩张模式及城市空间结构演变中的作用途径和作用机制,揭示土地市场发展对城市建设用地扩张的影响机理。

(2)长江经济带土地市场发展及城市建设用地扩张状况分析。以长江经济带为研究区,结合土地出让规模出让宗数、出让价格和土地出让市场化水平等宏观土地市场数据,从长江经济带整体、长江经济带各省(市)、长江经济带地级市(州)三个层面分析土地市场总体发展状况及其空间分布规律。在此基础上,基于长江经济带 1990 年、2000 年、2010 年和 2015 年时期 30 m 分辨率的土地利用数据,分析长江经济带城市建设用地扩张特征、时空演变格局及扩张的冷热点区时空演变规律。

(3) 典型城市土地市场空间分布特征及城市建设用地扩张状况分析。以长江经济带典型城市上海、武汉和重庆为例,结合宏观土地市场相关数据,在对城市土地市场总体发展状况进行分析基础上,结合微观土地交易地块空间数据,着重分析不同用途(居住、商业、工业)土地出让地块的出让规模、出让价格、出让强度(容积率)的空间分布状况,揭示土地市场的空间分布规律及其时空演变特征。在此基础上,结合30 m分辨率的土地利用数据,分析上海市、武汉市和重庆市1980—2015年不同时期城市建设用地扩张速度、扩张规模、扩张模式及城市建设用地的时空分布特征。对比分析上海、武汉和重庆三市城市建设用地扩张规律及其时空差异性,揭示城市建设用地扩张的时空演变格局及其区域差异特征。

(4) 长江经济带和分流域尺度土地市场发展对城市建设用地扩张影响的实证研究。利用普通计量模型和空间计量模型,采用土地出让规模、出让价格、土地市场化水平等土地市场变量作为关键指标,开展长江经济带和分流域(上游、中游、下游)尺度土地市场对城市建设用地扩张的影响实证研究,揭示土地市场要素对城市建设用地扩张的具体影响。采用地理探测,对长江经济带土地市场对城市建设用地扩张的影响程度进行探测,揭示土地市场各要素对城市建设用地扩张的影响力。

(5) 典型城市和县域尺度土地市场发展对城市建设用地扩张影响的实证研究。城市尺度以长江经济带典型城市上海、武汉和重庆三市为例,通过构建计量经济模型,对土地市场中的土地市场化水平、土地市场规模、土地出让价格等因素对城市建设用地规模扩张的影响进行实证,分析土地市场中的上述因素在城市建设用地扩张过程中所起的具体作用和影响程度。揭示土地市场对城市建设用地扩张影响的区域差异特征。县域尺度,以重庆市38个区县为例,利用地理加权(GWR)回归模型,分析土地市场化水平、土地市场规模、土地出让价格等因素对城市建设用地扩张影响的空间异质性,揭示县域尺度土地市场对城市建设用地扩张影响的空间分异规律。

（6）典型城市地块尺度土地市场对城市建设用地扩张影响的实证研究。以上海、武汉和重庆三市作为研究区，利用微观土地出让空间数据和 30m 分辨率的城市土地利用数据，改进并优化土地利用空间信息数据和土地市场微观尺度特征数据链接的技术方法，通过构建 Logistic 回归模型，将土地出让地块的区位、面积大小、出让模式（即紧凑式或蛙跳式供地，用新增城市建设用地地块距离土地出让地块的距离表征）、土地出让地块的价格、土地出让地块强度（用容积率表征）等土地市场方面的指标纳入模型，对地块尺度土地市场对城市建设用地扩张的影响进行实证，揭示土地市场微观特性在城市建设用地的扩张过程、扩张模式及空间结构演变中的作用机制及区域差异特征。对比分析城市、县域、地块尺度土地市场对城市建设用地扩张的具体影响，揭示土地市场对城市建设用地扩张影响的尺度效应和分区效应。

（7）城市建设用地理性增长的土地市场调控机制研究。结合长江经济带、流域及典型城市上海、武汉和重庆三市土地市场对城市建设用地扩张的影响机理及实证研究结果，从宏观尺度即长江经济带、分流域尺度及微观尺度即城市、县域和地块尺度，提出不同尺度下长江经济带，流域和典型城市上海、武汉和重庆市差别化的促进城市建设用地理性增长的土地市场调控机制与政策建议，为各地方政府进行国土空间管控和制定促进城市建设用地的理性增长政策提供依据和参考。

1.3　研究方法

（1）分析归纳和系统分析方法。对国内外研究文献进行归纳和系统梳理，构建土地市场发展对城市建设用地扩张影响的理论分析框架，揭示土地市场发展对城市建设用地扩张的具体作用路径和影响机理。

（2）GIS 空间分析方法。基于土地出让数据，利用 ArcGIS 空间分析功能，采用核密度分析、反距离空间插值（IDW）等分析方法，分析土地出让数量、用途、价格和强度的空间分布状况，揭示居住、商业和工业等不同用地类型出让的时空特征和空间分布规律。利用 ArcGIS 中的提取、叠加分析等方法，分析研究区城市建设用地扩张的时空格局及其演变特征。

（3）扩张强度和景观扩张指数方法。利用扩张强度分析方法，对 1980—2015 年不同时期的城市建设用地扩张强度进行分析，揭示城市建设用地扩张的动态变化过程。采用景观扩张指数（Landscape Expansion Index，LEI）法，分析城市建设用地的扩张模式和扩张类型，揭示不同时期的城市用地动态扩张模式和特征。

（4）统计分析与计量经济模型方法。利用统计分析方法分析土地市场发展与城市建设用地扩张间的相关关系。基于研究区面板数据，拟构建普通面板模型（固定效应模型和随机效应模型）和空间计量模型（空间滞后模型 SAR、空间误差模型 SEM 和空间杜宾模型 SDM）定量分析土地市场发展对城市建设用地扩张的具体作用和影响程度。

（5）地理探测器。地理探测器是一种探究空间异质性和挖掘驱动因子的统计性方法，可以客观探测其自变量对因变量的解释能力，目前已被广泛应用于各学科研究中。本书通过地理探测器模型探测长江经济带土地市场各要素对城市建设用地扩张的影响力的强弱。

（6）地理加权回归（GWR）模型。地理加权回归（GWR）是一种常用的空间差异分析方法，该方法将数据的地理位置引入回归参数中，考虑影响因素的空间效应。因此，GWR 方法可以反映城市建设用地扩张及其影响因素的空间关系，进而揭示城市建设用地扩张的影响因素的空间差异。书中利用 GWR 模型分析土地市场发展对城市建设用地扩张影响的空间异质性。

（7）Logistic 回归分析方法。Logistic 回归是一种对因变量为二分类变量（"1"或"0"）进行回归分析时常用的非线性分析方法，采用该模型可以用来分析多个自变量与一个因变量变化的依存关系，并能够解释因变量的发生概率。利用 Logistic 回归模型，分析在不同驱动因子作用下城市建设用地扩张发生的概率，并揭示城市建设用地扩张的重要驱动因子。

1.4 基础数据来源

(1) 经济社会统计数据

长江经济带 11 个省市的人口和人均 GDP 等经济社会基础数据来源于长江经济带各省市 2001—2021 年的统计年鉴。典型城市的经济社会数据来源于《上海统计年鉴(2001—2021 年)》、上海市所辖区县《国民经济和社会发展统计公报》《武汉统计年鉴(2001—2021 年)》和《重庆统计年鉴(2001—2021 年)》。

(2) 土地利用数据

土地利用数据来自中国科学院建立的中国自 20 世纪 80 年代末以来的土地利用/土地变化数据库,该数据库包含了 20 世纪 80 年代末,1995 年、2000 年和 2005 年 4 期的全国土地利用数据。2010 年和 2015 年土地数据是继续基于 Landsat TM 数字影像,通过人机交互解译方法获得。由于 Landsat TM 数据存在部分区域覆盖程度差或数据质量较差等情况,该数据采用了环境 1 号卫星的 CCD 多光谱数据作为补充。另外,为了保证数据的解译质量和一致性,每期数据集研发前都会展开野外考察,按照 10% 的县数比例随机抽取开展对野外调查资料和外业实地记录和解译数据之间的精度验证。土地利用一级分类综合评价精度达到 94.3%,二级类型分类综合精度达到 91.2% 以上,满足 1:10 万比例尺用户制图精度。本书利用的 30 米栅格数据是在此 1:10 万比例尺数据的基础上采用栅格转化得到。土地利用数据类型包括耕地、林地、草地、水域、建设用地和未利用地 6 个一级分类。书中共采用 1980 年、1990 年、1995 年、2000 年、2005 年、2010 年、2015 年七期土地利用栅格数,数据精度为 30 m。

土地利用数据类型包括耕地、林地、草地、水域、建设用地和未利用地 6 个一级分类,25 个二级分类(王思远 等,2002;黄贤金 等,2020),具体的分类体系如下表(见表 1 - 1):

表 1-1 土地利用类型分类体系

地类一级分类	二级分类	含义
耕地	水田	包括实行水稻和旱地作物轮种的耕地,具体有山地水田、丘陵水田、平原水田、>25度坡地水田
	旱地	山地旱地、丘陵旱地、平原旱地、>25度坡地旱地
林地	有林地	郁闭度>30%的天然林和人工林,包括材林,经济林,防护林等成片林地
	灌木林	郁闭度>40%、高度在2米以下的矮林地和灌丛林地
	疏林地	林木郁闭度为10%～30%的林地
	其他林地	未成林造林地、迹地、苗圃及各类园地
草地	高覆盖度草地	覆盖度>50%的天然草地、改良草地和割草地,此类草地一般水分条件较好,草被生长茂密
	中覆盖度草地	覆盖度20%～50%的天然草地和改良草地,此类草地一般水分不足,草被较稀疏
	低覆盖度草地	覆盖度5%～20%的天然草地,此类草地水分缺乏,草被稀疏,牧业条件差
水域	河渠	天然形成或人工开挖的河流及主干常年水位以下的土地,人工渠包括堤岸
	湖泊	天然形成的积水区常年水位以下的土地
	水库坑塘	人工修建的蓄水区常年水位以下的土地
	永久性冰川雪地	常年被冰川和积雪所覆盖的土地
	滩涂	沿海大潮高潮位与低潮位之间的潮浸地带
	滩地	指河、潮水域平水期水位与洪水期水位之间的土地
建设用地	城镇用地	指大、中、小城市及县镇以上建成区用地
	农村居民点	指独立于城镇以外的农村居民点
	其他建设用地	指厂矿、大型工业区、油田、盐场、采石场等用地以及交通道路、机场及特殊用地

(续表)

地类一级分类	二级分类	含义
未利用地	沙地	地表为沙覆盖、植被覆盖度在5%以下的土地、包括沙漠、不包括水系中的沙漠
	戈壁	地表以碎砾石为主,植被覆盖度在5%以下的土地
	盐碱地	地表盐碱聚集,植被稀少,只能生长裸耐盐植物的土地
	沼泽地	地势平坦低洼、排水不畅、长期潮湿,季节性积水或常年积水,表层生长湿生植物的土地
	裸土地	地表土质覆被、植被覆盖度在5%以下的土地
	裸岩石质地	地表为岩石或石砾,其覆盖度>5%的土地
	其他	其他未利用土地

(3) 土地市场数据

土地市场数据主要为一级土地市场出让数据。划拨、出让、土地出让金额、出让宗数、供地类型等数据来源于《中国国土资源统计年鉴(2001—2018年)》。2009—2013年的土地出让地块数据来自国土资源部土地市场网(https://www.landchina.com/)公布的土地出让数据。依托中国土地市场网,利用爬虫软件进行数据爬取,在获取网页链接 https://www.landchina.com/后,先爬取详情页,再爬取明细页,循环进行数据下载,并将爬虫爬取到的数据进行存储;在此基础上,进行数据清洗即对土地出让地块信息缺失严重的样本进行筛选并剔除,最终获得所需数据。基于已获取的可利用数据,通过高德地图接口解析得到CCJ02坐标系的经纬度,并将其转换成WGS84坐标系,完成土地出让地块空间定位。通过数据爬取和清洗,采取数据并进行空间定位获取所需数据,相应数据信息包括土地供应方式、供应类型、供应宗数、供应面积、容积率、交易金额、出让年份等。

表 1-2 土地出让的基础信息库(部分)

行政区	签订日期	供应方式	供应面积(hm²)	金额(万元)	容积率	土地用途	存量国有建设用地	土地来源
上海市	2009/1/1	挂牌出让	19.60	9 138	1.5	工业用地	19.60	现有建设用地
上海市	2009/1/5	挂牌出让	9.78	2 569	1.2	公共设施用地	0.00	新增建设用地
上海市	2009/1/5	划拨	3.18	1.00	0.79	工业用地	3.18	现有建设用地
上海市	2009/1/7	协议出让	0.41	51.24	2.5	军事设施用地	0.41	现有建设用地
上海市	2009/1/7	协议出让	2.41	300.06	3.29	其他商服用地	2.42	现有建设用地
上海市	2009/1/7	招标出让	1.08	48 700	2.50	其他商服用地	1.08	现有建设用地
上海市	2009/1/8	划拨	0.22	1.00	1.22	公共设施用地	0.00	新增建设用地
上海市	2009/1/9	协议出让	1.56	163.22	2.00	其他商服用地	1.56	现有建设用地
上海市	2009/1/12	划拨	2.41	1.00	0.59	公共设施用地	2.41	现有建设用地
上海市	2009/1/13	挂牌出让	1.08	650	2.00	其他普通商品住房用地	0.00	新增建设用地
上海市	2009/1/13	挂牌出让	2.38	1 430	2.00	文体娱乐用地	0.00	新增建设用地
上海市	2009/1/13	挂牌出让	4.00	2 081	0.8	工业用地	4.00	现有建设用地
上海市	2009/1/13	划拨	2.27	1.00	1.73	仓储用地	2.27	现有建设用地
上海市	2009/1/13	挂牌出让	1.25	622	0.79	工业用地	1.25	现有建设用地
上海市	2009/1/14	挂牌出让	2.17	1 263	1.49	科教用地	2.17	现有建设用地

（续表）

行政区	签订日期	供应方式	供应面积（hm²）	金额（万元）	容积率	土地用途	存量国有建设用地	土地来源
上海市	2009/1/14	划拨	1.49	1.00	1.00	工业用地	1.49	现有建设用地
上海市	2009/1/15	挂牌出让	1.61	925	1.49	工业用地	1.61	现有建设用地

（4）其他数据

长江经济带行政区范围数据从全国标准地图中提取。上海、武汉和重庆的行政区范围数据来源于国家基础地理信息中心提供的 1∶400 万中国基础地理信息数据。DEM 数据来源于中国科学院资源环境科学数据中心，其空间分辨率为 30m。中国交通路网数据来源于地理监测云平台，上海、武汉和重庆的交通路网数据通过三个城市的行政区对中国交通网矢量数据进行提取获得。规划城市建设用地以上海、武汉和重庆行政区为参考，通过对上海、武汉和重庆的土地利用总体规划和城市规划图进行配准，进行矢量化获得。

1.5　研究区概况

1.5.1　长江经济带经济社会发展状况

（1）长江经济带经济发展特征

长江经济带横跨我国东中西三大区域，涵盖上海、江苏、浙江、安徽、江西、湖北、湖南、重庆、四川、云南、贵州等 11 个省市（图 1-1），国土面积约 205.23 万平方公里，占全国的 21.40%。长江经济带横跨中国东中西三大区域，依托长江黄金水道，以长三角、长江中游和成渝三大城市群为支撑，形成我国重要的经济新支撑带。长江经济带是我国人口和经济高度聚集区域之一，2020 年长江经济带人口和 GDP 约分别占到全国的 43% 和 46%。

2014 年 9 月,国务院印发《关于依托黄金水道推动长江经济带发展的指导意见》,部署将长江经济带建设成为具有全球影响力的内河经济带、东中西互动合作的协调发展带、沿海沿江沿边全面推进的对内对外开放带和生态文明建设的先行示范带。2016 年 9 月,《长江经济带发展规划纲要》正式印发,确立了长江经济带"一轴、两翼、三级、多点"的发展格局:"一轴"是以长江黄金水道为依托,发挥上海、武汉和重庆的核心作用,推动长江经济带由沿海溯江而上梯度发展;"两翼"分别指沪瑞和沪蓉南北两大运输通道,这是长江经济带的发展基础;"三极"指的是长江三角洲城市群、长江中游城市群和成渝城市群,充分发挥中心城市的辐射作用,打造长江经济带的三大增长极;"多点"是指发挥三大城市群以外地级城市的支撑作用。2018 年 11 月,中共中央、国务院明确要求充分发挥长江经济带横跨东中西三大板块的区位优势,以共抓大保护、不搞大开发为导向,以生态优先、绿色发展为引领,依托长江黄金水道,推动长江上中下游地区协调发展和沿江地区高质量发展。

表 1-3 2020 年长江经济带人口、经济和国土面积占全国比重

经济社会	长江经济带占全国比重(%)
人口	42.92
经济	46.42
国土面积	21.40

改革开放以来,长江经济带经济发展迅速,经济规模持续增长。根据 1981 年统计年鉴数据,1981 年长江经济带工农业总产值由 3 410 亿元增加到 1990 年的 15 698 亿元,1990 年社会总产值为 16 294 亿元。21 世纪以来,长江经济带经济规模持续快速增长,地区生产总值由 2000 年的 40 727.94 亿元增加至 2020 年的 471 579.99 亿元,年均增幅达 21 543 亿元。长江经济带内各省份经济发展差异较大,区域发展不平衡显著。长江下游的省市江苏、浙江和上海的经济总量较大,2000—2020 年,三个省市的经济总量累计分别为 958 386.64 亿元、614 709.68 亿元和 376 519.35 亿元。同期内,长江中游的湖北、湖南两省的经济规模累计为 397 689.27 亿元和 380 257.11 亿元;上游省

份除四川省经济总量较大,累计达 419 195.10 亿元,其余省份经济总量相对较小,云南和贵州两省地区生产总值累计分别 192 380.28 亿元和 137 199.95 亿元,仅分别占经济总量最高省份江苏省的 20.07％和 14.32％。从各省份经济规模占长江经济带经济规模的比重来看,江苏、浙江、上海三个长江下游的省份经济规模占长江经济带的比重较大,其中,2000—2020 年江苏省经济规模占长江经济带经济规模的比重最大且相对保持稳定,比重介于 21.07％～23.49％;上海市经济规模占比相对较高但总体呈不断下降的趋势,上海市经济占比由 11.55％下降至 8.11％,浙江省经济占比则呈现出先增加后下降的趋势,其经济占比由 2000 年的 14.82％增加至 2006 年的 17.09％,随后由 2007 年的 16.87％下降至 2020 年的 13.70％。长江中游地区,湖北和湖南两省经济规模占比较大,湖北和湖南两省的经济规模占比总体呈现先下降后增加的趋势,湖北省经济规模占比由 2000 年的 10.50％下降至 2007 年的 8.17％,随后由 2008 年的 8.33％增加至 2019 年的 10.01％;湖南省由 2000 年的 9.06％下降至 2006 年的 8.21％,随后由 2007 年的 8.23％增加至 2014 年的 9.50％,2015—2020 年间呈下降的趋势,但降幅较小。长江上游地区,四川省的经济总量占比较大且总体呈波动增加的趋势。其余云南、贵州、安徽、江西等省份经济规模占长江经济带经济规模的比重相对保持稳定。总体上,长江经济带地区生产总值及其占比由经济发达的长三角地区向中游和上游逐渐递减。

从长江经济带的人均 GDP 分布看(图 1-1),长江经济带人均 GDP 较高的城市主要集中分布在长三角城市群、长江中游城市群和成渝城市群,其余省份主要分布在省会城市及其周边城市。长江经济带各城市中,2020 年人均 GDP 突破 10 万元的城市有上海、南京、无锡、常州、苏州、南通、扬州、镇江、泰州、杭州、宁波、嘉兴、绍兴、舟山、合肥、芜湖、武汉、宜昌、长沙等市,在长三角城市群高度聚集,中部省份主要分布在省会城市合肥、武汉和长沙等市,而上游地区的省份人均 GDP 均低于 10 万元。总体上,长江经济带人均 GDP 的空间分布呈现由东部发达地区向中西部次发达地区递减的趋势。

表1-4　2000—2020年长江经济带各省份GDP分布状况

（单位：亿元）

年份	上海	江苏	浙江	安徽	江西	湖北	湖南	重庆	四川	贵州	云南	长江经济带
2000	4 551.15	8 582.73	6 036.34	3 038.24	2 003.07	4 276.32	3 691.88	1 589.34	4 010.25	993.53	1 955.09	40 727.94
2001	4 950.84	9 511.91	6 748.15	3 290.13	2 175.68	4 662.28	3 983.00	1 749.77	4 421.76	1 084.90	2 074.71	44 653.13
2002	5 408.76	10 631.75	7 796.00	3 569.10	2 450.48	4 975.63	4 340.94	1 971.30	4 875.12	1 185.04	2 232.32	49 436.44
2003	6 250.81	12 460.83	9 395.00	3 972.38	2 830.46	5 401.71	4 638.73	2 250.56	5 456.32	1 356.11	2 465.29	56 478.20
2004	7 450.27	15 403.16	11 243.00	4 812.68	3 495.94	6 309.92	5 612.26	2 665.39	6 556.01	1 591.90	2 959.48	68 100.02
2005	9 154.18	18 305.66	13 437.85	5 375.12	4 056.76	6 520.14	6 511.34	3 070.49	7 385.11	1 979.06	3 472.89	79 268.60
2006	10 366.37	21 645.08	15 742.51	6 148.73	4 670.53	7 581.32	7 568.89	3 491.57	8 637.81	2 282.00	4 006.72	92 141.53
2007	10 572.24	21 742.05	15 718.47	6 112.50	4 820.53	7 617.47	7 688.67	3 907.23	8 690.24	2 338.98	3 988.14	93 196.52
2008	12 494.01	26 018.48	18 753.73	7 360.92	5 800.25	9 333.40	9 439.60	4 676.13	10 562.39	2 884.11	4 772.52	112 095.54
2009	14 069.86	30 981.98	21 462.69	8 851.66	6 971.05	11 328.89	11 555.00	5 793.66	12 601.23	3 561.56	5 692.12	132 869.70
2010	15 046.45	34 457.30	22 990.35	10 062.82	7 655.18	12 961.10	13 059.69	6 530.01	14 151.28	3 912.68	6 169.75	146 996.61
2011	17 165.98	41 425.48	27 722.31	12 359.33	9 451.26	15 967.61	16 037.96	7 925.58	17 185.48	4 602.16	7 224.18	177 067.33
2012	20 181.72	54 058.22	34 665.33	17 212.05	12 948.88	22 250.45	22 154.23	11 409.60	23 872.80	6 852.20	10 309.47	235 914.95
2013	21 818.15	59 753.37	37 756.58	19 229.34	14 410.19	24 791.83	24 621.67	12 783.26	26 392.07	8 086.86	11 832.31	261 475.63
2014	23 567.70	65 088.32	40 173.03	20 848.75	15 714.63	27 379.22	27 037.32	14 262.60	28 536.66	9 266.39	12 814.59	284 689.21
2015	25 123.45	70 116.38	42 886.49	22 005.63	16 723.78	29 550.19	28 902.21	15 717.27	30 053.10	10 502.56	13 619.17	305 200.23
2016	28 178.65	77 388.28	47 251.36	24 407.62	18 499.00	32 665.38	31 551.37	17 740.59	32 934.54	11 776.73	14 788.42	337 181.94
2017	30 632.99	85 869.76	51 768.26	27 018.00	20 006.31	35 478.09	33 902.96	19 424.73	36 980.22	13 540.83	16 376.34	370 998.49
2018	32 679.87	92 595.40	56 197.15	30 006.82	21 984.78	39 366.55	36 425.78	20 363.19	40 678.13	14 806.45	17 881.12	402 985.24
2019	38 155.32	99 631.52	62 351.74	37 113.98	24 757.50	45 828.31	39 752.12	23 605.77	46 615.82	16 769.34	23 223.75	457 805.17
2020	38 700.58	102 718.98	64 613.34	38 680.63	25 691.50	43 443.46	41 781.49	25 002.79	48 598.76	17 826.56	24 521.90	471 579.99

（单位：%）

表 1 - 5　2000—2020 年各省份 GDP 占长江经济带 GDP 比重

年份	上海	江苏	浙江	安徽	江西	湖北	湖南	重庆	四川	贵州	云南	长江经济带
2000	11.17	21.07	14.82	7.46	4.92	10.50	9.06	3.90	9.85	2.44	4.81	100
2001	11.09	21.30	15.11	7.37	4.87	10.44	8.92	3.92	9.90	2.43	4.65	100
2002	10.94	21.51	15.77	7.22	4.96	10.06	8.78	3.99	9.86	2.40	4.52	100
2003	11.07	22.06	16.63	7.03	5.01	9.56	8.21	3.98	9.66	2.40	4.37	100
2004	10.94	22.62	16.51	7.07	5.13	9.27	8.24	3.91	9.63	2.34	4.35	100
2005	11.55	23.09	16.95	6.78	5.12	8.23	8.21	3.87	9.32	2.50	4.38	100
2006	11.25	23.49	17.09	6.67	5.07	8.23	8.21	3.79	9.37	2.48	4.35	100
2007	11.34	23.33	16.87	6.56	5.17	8.17	8.25	4.19	9.32	2.51	4.28	100
2008	11.15	23.21	16.73	6.57	5.17	8.33	8.42	4.17	9.42	2.57	4.26	100
2009	10.59	23.32	16.15	6.66	5.25	8.53	8.70	4.36	9.48	2.68	4.28	100
2010	10.24	23.44	15.64	6.85	5.21	8.82	8.88	4.44	9.63	2.66	4.20	100
2011	9.69	23.40	15.66	6.98	5.34	9.02	9.06	4.48	9.71	2.60	4.08	100
2012	8.55	22.91	14.69	7.30	5.49	9.43	9.39	4.84	10.12	2.90	4.37	100
2013	8.34	22.85	14.44	7.35	5.51	9.48	9.42	4.89	10.09	3.09	4.53	100
2014	8.28	22.86	14.11	7.32	5.52	9.62	9.50	5.01	10.02	3.25	4.50	100
2015	8.23	22.97	14.05	7.21	5.48	9.68	9.47	5.15	9.85	3.44	4.46	100
2016	8.36	22.95	14.01	7.24	5.49	9.69	9.36	5.26	9.77	3.49	4.39	100
2017	8.26	23.15	13.95	7.28	5.39	9.56	9.14	5.24	9.97	3.65	4.41	100
2018	8.11	22.98	13.95	7.45	5.46	9.77	9.04	5.05	10.09	3.67	4.44	100
2019	8.33	21.76	13.62	8.11	5.41	10.01	8.68	5.16	10.18	3.66	5.07	100
2020	8.21	21.78	13.70	8.20	5.45	9.21	8.86	5.30	10.31	3.78	5.20	100

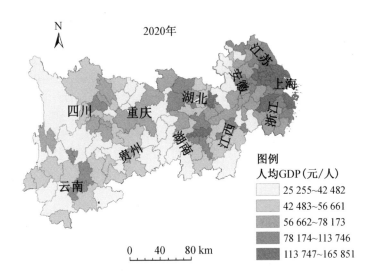

图 1-1 长江经济带 2020 年人均 GDP 分布图

(2) 长江经济带人口增长与城镇化发展状况

长江经济带是我国人口最为密集的地区之一。长江经济带人口规模呈持续增长的趋势,人口规模由 2000 年的 5.52 亿人增加至 2020 年的 6.06 亿人,2020 年其人口规模占全国人口规模的 42.92%,其中,不同省份人口空间分布及其占长江经济带人口规模的比重存在差异(表 1-6 和 1-7)。从人口规模看,江苏、四川、和湖南作为人口大省,2020 年其人口规模分别为 8 477 万人、8 371 万人和 6 645 万人。重庆、云南、贵州等省份的人口规模相对较小。从各省份人口规模占长江经济带人口规模的比重看,四川省占比最高但呈不断减少的趋势,其占比由 2000 年的 15.08% 下降至 2020 年的 13.81%;江苏省占比次之,其人口占比基本保持稳定,2000—2020 年基本稳定在 13.26%～14.03%。湖南、湖北两省人口占比也相对较大,但其变化幅度较小,分别稳定在 10.96%～11.91% 和 9.48%～10.22% 之间。其余贵州、云南、重庆、江西等省份人口占比基本保持稳定。

改革开放以来,长江经济带各省市积极推进城镇化进程,目前已形成了长三角、长江中游和成渝三大城市群以及若干区域性中心城市(肖金成 等,2015)。长江经济带的城镇化水平从 1978 年的 14% 提高到 2020 年的 63.22%,大体

表 1-6　2000—2020 年长江经济带各省份人口分布状况

（单位：万人）

年份	上海	江苏	浙江	安徽	江西	湖北	湖南	重庆	四川	贵州	云南	长江经济带
2000	1 609	7 327	4 680	6 093	4 149	5 646	6 562	2 849	8 329	3 756	4 241	55 240
2001	1 668	7 359	4 729	6 128	4 186	5 658	6 596	2 829	8 143	3 799	4 287	55 382
2002	1 713	7 406	4 776	6 144	4 222	5 672	6 629	2 814	8 110	3 837	4 333	55 657
2003	1 766	7 458	4 857	6 163	4 254	5 685	6 663	2 803	8 176	3 870	4 376	56 071
2004	1 835	7 523	4 925	6 228	4 284	5 698	6 698	2 793	8 090	3 904	4 415	56 394
2005	1 890	7 588	4 991	6 120	4 311	5 710	6 326	2 798	8 212	3 730	4 450	56 126
2006	1 964	7 656	5 072	6 110	4 339	5 693	6 342	2 808	8 169	3 690	4 483	56 326
2007	2 064	7 723	5 155	6 118	4 368	5 699	6 355	2 816	8 127	3 632	4 514	56 570
2008	2 141	7 762	5 212	6 135	4 400	5 711	6 380	2 839	8 138	3 596	4 543	56 857
2009	2 210	7 810	5 276	6 131	4 432	5 720	6 406	2 859	8 185	3 537	4 571	57 137
2010	2 303	7 869	5 447	5 957	4 462	5 728	6 570	2 885	8 045	3 479	4 602	57 346
2011	2 347	7 899	5 463	5 968	4 488	5 758	6 596	2 919	8 050	3 469	4 631	57 588
2012	2 399	8 120	5 685	5 978	4 475	5 781	6 590	2 975	8 085	3 587	4 631	58 306
2013	2 448	8 192	5 784	5 988	4 476	5 798	6 600	3 011	8 109	3 632	4 641	58 679
2014	2 467	8 281	5 890	5 997	4 480	5 816	6 611	3 043	8 139	3 677	4 653	59 054
2015	2 458	8 315	5 985	6 011	4 485	5 850	6 615	3 070	8 196	3 708	4 663	59 356
2016	2 467	8 381	6 072	6 033	4 496	5 885	6 625	3 110	8 251	3 758	4 677	59 755
2017	2 466	8 423	6 170	6 057	4 511	5 904	6 633	3 144	8 289	3 803	4 693	60 093
2018	2 475	8 446	6 273	6 076	4 513	5 917	6 635	3 163	8 321	3 822	4 703	60 344
2019	2 481	8 469	6 375	6 092	4 516	5 927	6 640	3 188	8 351	3 848	4 714	60 601
2020	2 488	8 477	6 468	6 105	4 519	5 745	6 645	3 209	8 371	3 858	4 722	60 607

表 1 - 7 2000—2020 年各省份人口占长江经济带人口的比重

(单位：%)

年份	上海	江苏	浙江	安徽	江西	湖北	湖南	重庆	四川	贵州	云南	长江经济带
2000	2.91	13.26	8.47	11.03	7.51	10.22	11.88	5.16	15.08	6.80	7.68	100
2001	3.01	13.29	8.54	11.06	7.56	10.22	11.91	5.11	14.70	6.86	7.74	100
2002	3.08	13.31	8.58	11.04	7.59	10.19	11.91	5.06	14.57	6.89	7.78	100
2003	3.15	13.30	8.66	10.99	7.59	10.14	11.88	5.00	14.58	6.90	7.81	100
2004	3.25	13.34	8.73	11.04	7.60	10.10	11.88	4.95	14.35	6.92	7.84	100
2005	3.37	13.52	8.89	10.90	7.68	10.17	11.27	4.99	14.63	6.65	7.93	100
2006	3.49	13.59	9.00	10.85	7.70	10.11	11.26	4.99	14.50	6.55	7.96	100
2007	3.65	13.65	9.11	10.81	7.72	10.07	11.23	4.98	14.37	6.42	7.98	100
2008	3.76	13.65	9.17	10.79	7.74	10.04	11.22	4.99	14.31	6.32	7.99	100
2009	3.87	13.67	9.23	10.73	7.76	10.01	11.21	5.00	14.33	6.19	8.00	100
2010	4.02	13.72	9.50	10.39	7.78	9.99	11.46	5.03	14.03	6.07	8.02	100
2011	4.08	13.72	9.49	10.36	7.79	10.00	11.45	5.07	13.98	6.02	8.04	100
2012	4.11	13.93	9.75	10.25	7.68	9.91	11.30	5.10	13.87	6.15	7.94	100
2013	4.17	13.96	9.86	10.20	7.63	9.88	11.25	5.13	13.82	6.19	7.91	100
2014	4.18	14.02	9.97	10.16	7.59	9.85	11.19	5.15	13.78	6.23	7.88	100
2015	4.14	14.01	10.08	10.13	7.56	9.86	11.14	5.17	13.81	6.25	7.86	100
2016	4.13	14.03	10.16	10.10	7.52	9.85	11.09	5.20	13.81	6.29	7.83	100
2017	4.10	14.02	10.27	10.08	7.51	9.82	11.04	5.23	13.79	6.33	7.81	100
2018	4.10	14.00	10.40	10.07	7.48	9.81	11.00	5.24	13.79	6.33	7.79	100
2019	4.09	13.98	10.52	10.05	7.45	9.78	10.96	5.26	13.78	6.35	7.78	100
2020	4.11	13.99	10.67	10.07	7.46	9.48	10.96	5.29	13.81	6.37	7.79	100

与全国城镇化持平(63.89%)。长江经济带城镇化发展目前已进入快速发展阶段,但各省市间的城镇化水平存在差异。2020年上海的城镇化水平高达89.30%,江苏和浙江两省的城镇化水平分别达73.44%和72.17%,三个省市的城镇化发展进入成熟阶段,城镇化发展速度不断减缓。云南、贵州和四川三个省份的城镇化发展水平较低,2020年其城镇化率分别为50.05%、53.15%和56.73%。重庆、湖北和江西三个省市的城镇化率高于60%,分别为69.46%、62.89%和60.44%。湖南和安徽两省的城镇化水平大致相当,分别为58.76%和58.33%。长江经济带城镇化发展水平总体呈现东部省份高、中部省份次之,而西部省份最低的空间分布特征。

从长江经济带的人口分布密度看(图1-2),长江经济带人口密度高的城市集中分布在长三角城市群、长江中游城市群和成渝城市群,其余省份主要分布在省会城市及其周边城市。长江经济带各城市中,2020年人口密度较高的城市主要分布在上海市和江苏省内的绝大多数城市,包括南京、无锡、常州、苏州、南通、扬州、镇江、泰州、连云港、徐州等市,浙江省内亦呈现集聚分布的态势,主要分布在杭州、宁波、嘉兴、绍兴、舟山、温州等市。而中部地区湖北省内的武汉及周边的孝感、黄石等市及湖南省内的长沙、湘潭、衡阳等市人口密度

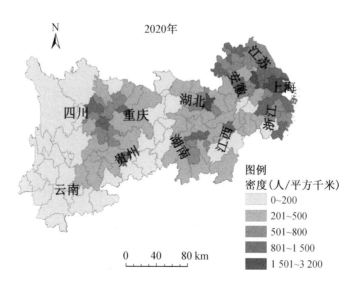

图1-2　2020年长江经济带人口密度分布图

较高。西部地区省份的大多数城市人口密度较低。总体上,长江经济带人口密度的空间分布由东部发达地区向中西部次发达地区递减,呈现城市群地区高度集中、东部地区密集而西部地区稀疏的特征。

1.5.2 典型城市概况

(1) 典型城市选择

本书拟选取长江经济带的上海、武汉和重庆三个超大城市作为典型城市,探究城市不同尺度土地市场对城市建设用地扩张的影响。典型城市的选择主要考虑以下因素:

一是城市群是长江经济带经济增长的战略核心区,也是土地利用剧烈变化和城市建设用地快速扩张区域。上海、武汉和重庆分别作为长江经济带长三角、长江中游和成渝三大城市群的核心城市,其城市建设用地扩张十分迅速,是研究城市土地利用变化的典型区域。此外,研究区横跨东、中、西三大区域,上海、武汉和重庆可分别作为东部、中部和西部三大区域的代表性城市,可以揭示我国处于不同经济发展梯度的城市在不同发展阶段所呈现的城市建设用地扩张特征、时空格局及其差异性。

二是土地市场发育程度存在差异。上海市作为东部沿海发达城市,1987年率先实行土地有偿使用制度,经过30多年的发展,形成了较为完善的土地市场;而武汉市和重庆市土地有偿使用起步相对较晚,土地市场发育水平相对较上海市低。长江经济带典型城市上海、武汉和重庆三市土地供应规模中市场配置率分别为53.44%、62.09%和53.53%,土地市场发展对城市建设用地扩张的影响较大。土地市场发育程度决定了土地资源的配置效率,进而进一步影响城市土地利用效率。

三是土地供应政策和城市发展策略差异。上海市城市空间生长经过长时间的快速扩张,城市空间生长逐渐进入成熟发展阶段,2014年,对土地利用提出了"五量调控"管理思路,对2020年规划建设用地规模3 226 km² 作为未来建设用地的"终结规模",城市土地利用中积极盘活低效存量用地,城市土地供应以存量用地供应为主,城市扩张逐渐由外延式扩张向内涵式发展转变,建设用地更加注重提高节约集约用地水平。城市发展策略方面,城市发展由人口和经济快速向城市中心聚集转变为向城市外围地区疏散人口和产业,城市外围地区成为城市主要拓展区。武汉市和重庆市仍处在工业化和城镇化快速发展阶段,城市建设用地扩张迅速,土地供应仍以增量用地供应为主,城市扩张仍以外延式发展为主。武汉市和重庆市的人口和经济仍向主城区聚集,随着长江经济带发展提升到国家区域战略的新高度,将进一步促进人口和经济继续向长江经济带聚集,尤其是向武汉和重庆等超大城市聚集,进而推动城市建设用地的持续扩张。

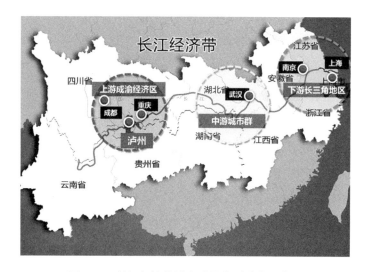

图 1 - 3　长江经济带城市群及典型城市分布图

注:图 1 - 3 来源于《长江经济带发展规划纲要》。

　　四是上海、武汉和重庆三个城市的自然地理特征与城市形态差别较大。上海市所处长江中下游平原地区,受长江及海岸线的阻碍,城市主要向西南方向拓展,城市形态多呈集中连片性发展。武汉市境内湖泊分布众多,受水体分割影响,城市形态破碎化程度较高。重庆市作为山地城市,城区被众多河流山川分割,城市发展受地形影响较大,城市结构较为复杂。

　　综上,上海市、武汉市和重庆市是城市用地剧烈变化区,三个城市横跨东、中、西三大区域,不同城市在不同发展阶段的城市建设用地扩张特征、时空格局及其驱动机制存在差异,是研究城市用地扩张的典型区域。三个城市土地市场发育程度、土地市场特征和政策制度等方面也存在差异,土地市场发展对城市建设用地扩张的影响必然存在不同。因此,选取上海、武汉和重庆三个城市作为研究区具有典型性和代表性。

2020 年长江经济带的上海、武汉和重庆三个典型城市国土面积仅占长江经济带的 4.75%,却承载了长江经济带 11% 的人口和近 17% 的 GDP,是长江经济带发展的重要承载区域。各城市概况具体如下:

表 1-8 2020 年长江经济带典型城市经济社会占长江经济带的比重

经济社会	典型城市占长江经济带比重(%)			
	上海	武汉	重庆	合计
人口占比	4.11	2.05	5.29	11.45
经济占比	8.21	3.31	5.30	16.82
国土面积占比	0.31	0.42	4.02	4.75

(2) 上海市概况

上海市位于东经 $120°52'\sim122°12'$,北纬 $30°40'\sim31°53'$ 之间,面积 6 340 km^2,地处长江三角洲前沿,北界长江,东濒东海,南临杭州湾,西接江苏和浙江两省。上海市位于中国南北海岸中心点,长江和黄浦江入海汇合处,交通便利,腹地宽阔,是一个良好的江海港口。上海市大部分地区位于坦荡低平的长江三角洲平原,平均海拔高度约 4 米,地势北东南三面略高,中部黄浦江两岸次之,西部淀山湖附近最低。境内水网密布,黄浦江及其支流苏州河流经市区。上海属亚热带季风气候,四季分明,雨量充沛。

上海是中国最大的经济中心,在全国的经济发展中具有极其重要的地位。改革开放以来,上海经济社会进入快速发展时期,尤其是 20 世纪 90 年代浦东开发开放,加快了城镇化和工业化发展进程,经济社会发展迈入全新发展阶段。1978 年,上海市常住人口 1 104 万人,2020 年增加至 2 488 万人,城镇化率达 89.30%,人口密度 3 830 人/km^2。1978—2019 年,地区生产总值增长迅速,由 272.81 亿元增加至 2020 年的 38 700.58 亿元。上海市经济增长表现出明显的阶段性特征:1978—1990 年,上海市地区生产总值增长较为缓慢,地区生产总值由 1978 年的 272.81 亿元增加至 1990 年的 781.66 亿元,年均仅增加 42.40 亿元。这一时期,上海市经济增长率波动较大,地区生产总值增长率 1978 年高达 15.8%,而 1989 年仅增长 3%。1991—2007 年,上海市经济发展迅猛,地区生产总值和经济增长率迅速攀升,进入高速发展阶段,地区生产总值由 1991 年的 893.77 亿元增加到 2007 年的 12 494 亿元,经济增长率 1990 年为 7.1%,其余年份经济增长率均高于 10%,2007 年高达 15.2%。2008 年以来,受金融危机影响,地区生产总值持续增加,但经济增长率呈下降趋势,2008 年和 2009 年经济增长率低于 10%,分别为 9.7% 和 8.4%。2011 年以来,经济发展进入新常态,经济发展速度持续放缓,地区生产总值均在 8% 以内,至 2019 年地区生产总值增长率仅为 6.0%。2020 年,面对突如其来的新冠肺炎疫情严重冲击和前所未有的严峻复杂形势,上海市统筹推进疫情防控和经济社会发展工作,全市经济运行在抗疫情中体现韧性,全年实现地区生产总值 38 700.58 亿元,比上年增长 1.7%。其中,第一产业增加值 103.57 亿元,下降 8.2%;第二产业增加值 10 289.47 亿元,增长 1.3%;第三产业增加值 28 307.54 亿元,增长 1.8%。第三产业增加值占上海市生产总值的比重为 73.1%。三次产业结构由 1978 年的 4.03∶77.36∶18.61 调整为 2020 年的 0.3∶27.0∶72.7,产业结构不断优化。人均 GDP 增长迅速,2009 年突破 1 万美元大关,至 2020 年人均 GDP 达 155 549 元。

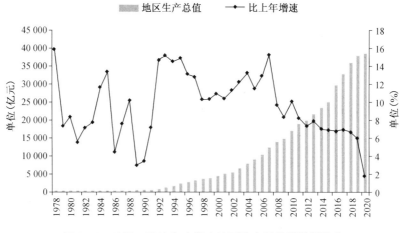

图 1 - 4 1978—2020 年上海市地区生产总值及增长速度

(3) 武汉市概况

武汉,湖北省省会,地处长江中下游平原,江汉平原东部,地跨东经113°41′~115°05′,北纬29°58′~31°22′,面积8 569.15 km²,坐落在长江和汉水交汇处,将市区分为武昌、汉口、汉阳三镇鼎立的格局。地势东高西低,南高北低,中间被长江、汉江呈Y字形切割成三块。武汉属亚热带季风性湿润气候区,雨量充沛、四季分明,夏高温、降水集中,冬季稍凉湿润等特点,年降水量为1 205毫米。武汉河网水系纵横交错,湖泊众多,有"百湖之市"之称,水域面积占全市面积的1/4,全市水资源丰富。

武汉是我国中部地区的中心城市,全国重要的工业基地、科教基地和综合交通枢纽。武汉作为重要的工业基地,具有良好的经济社会发展基础,改革开放后,经济社会发展迅速,逐渐成为中部地区重要的经济增长极。截至2020年,武汉市常住总人口1 244.8万人,常住人口城镇化率为74.7%,人口密度1 453人/km²。2012年以来,经济发展进入新常态,面对经济下行压力,武汉市经济保持了稳中有进的发展态势,2019年全市实现地区生产总值16 223.21亿元,按可比价计算,经济增速达7.4%。地区生产总值较1978年增长了351倍,经济增长迅速。2020年,由于受新冠疫情的冲击,武汉市地区生产总值为15 616.06亿元,按可比价格计算,比上年下降4.7%。第一产业增加值402.18亿元,下降3.8%;第二产业增加值5 557.47亿元,下降7.3%;第三产业增加值9 656.41亿元,下降3.1%。其中,第一产业、第二产业和第三产业的地区生产总值分别为402.18亿元、5 557.47亿元和9 656.41亿元;产业结构不断优化调整,三次产业结构由1978年的11.70∶63.30∶25.00调整为2020年的2.60∶35.60∶61.08,第三产业比重超过60%。人均GDP增长迅速,由1978年的735元增加至2020年的131 441元。

(4) 重庆市概况

重庆位于东经105°11′~110°11′,北纬28°10′~32°13′,与湖北、湖南、贵州、四川、陕西等省接壤,总面积8.23万km²,辖38个区县。地貌以丘陵、山地为主,平均海拔400米,其中山地占76%,有"山城"之称。境内水系丰富,长江贯穿全境,另有嘉陵江、乌江等。属亚热带季风性湿润气候,年平均气温在 16～18℃,常年降雨量 1 000～1 450 毫米。重庆主城区辖区面积 5 472.68 km²,坐落在长江与嘉陵江交汇处,位于明月山与缙云山之间,城区被山水分隔。

重庆市是我国最年轻的直辖市,是长江上游地区经济中心、金融中心和重要的交通枢纽,是国家实施西部大开发和长江经济带西部地区的核心增长极。直辖以来,重庆市经济社会发展迅速。截至 2020 年,全市常住人口 3 208.93 万人,其中城镇人口规模为 2 229.08 万人,城镇化率达 69.50%。地区生产总值由 1997 年的 1 525.26 亿元增加至 2015 年的 25 002.792 亿元,增长了 16.39 倍。重庆市直辖以来,即 1997—2020 年,全市经济增长迅速,地区生产总值年均增速达 11.10%。重庆市经济发展可划分为几个重要的发展阶段:一是西部大开发至今,重庆市受西部大开发政策及国家支持,其经济处于快速发展阶段,2001—2020 年,地区生产总值年平均增速达 11.5%。二是中共十八大以来,我国经济发展进入新常态,经济增速不断放缓,但重庆市的经济增速在全国仍处于较高水平,2012—2020 年,地区生产总值年平均增速达 9.3%。三是"十三五"时期,即 2016—2020 年,地区生产总值年平均增速不断放缓,这一时期,其年平均增速仅为 7.2%。重庆市产业结构不断升级优化,产业结构由 1997 年的 20.35∶43.08∶36.57 调整为 2020 年的 7.20∶40.00∶52.80,第一产业所占比重大幅下降,第三产业占比不断提高。2020 年,按常住人口计,重庆市人均 GDP 为 78 173 元,较 1997 年的 5 306 元相比,增加了 14.73 倍。

(5) 对比分析

上海、武汉和重庆三个城市在经济发展、城镇化率及人均用地指标方面存在较大的差异。上海市的经济社会发展水平高于武汉和重庆两市,研究区经济发展水平和城镇化水平总体上呈现出从东向西逐渐递减的趋势。从经济总量看,上海市 2020 年 GDP 规模达 38 700.58 亿元,武汉市 GDP 规模为 15 616.06 亿元,重庆市 GDP 规模为 25 002.79 亿元;上海市经济总量分别是武汉市的 2.48 倍和重庆市的 1.55 倍。从城镇化率看,2020 年上海市城镇化率高达 89.30%,武汉和重庆两市的城镇化率分别为 74.70% 和 69.50%。从城市土地利用看,上海市城市土地占比高达 29.95%,远高于武汉市 10.09% 和重庆市 3.23% 的占比。人均城市建设用地面积也呈现出上海市高于武汉市和重庆市的特征,上海市的人均城市建设用地面积为 76.32 m²/人,远高于其余两市。上海市城市发展较早,经济社会发展水平较高,城市空间经过长时间的扩展,其城市建设用地规模较高,土地开发强度大;而武汉和重庆土地开发强度相对较低。

表 1-9 2020 年上海、武汉和重庆三市经济社会及用地指标对比

指标	上海市	武汉市	重庆市
GDP(亿元)	38 700.58	15 616.06	25 002.79
城市化率(%)	89.30	74.70	69.50
城市建设用地占市区比重(%)	29.95	10.09	3.23
人均城市建设用地(m²/人)	76.32	69.49	41.10

注:城市建设用地占市区比重=城市建设用地/市区面积×100%,数据来源于《中国城市统计年鉴(2020)》,因在中国城市统计年鉴中,所采用的城市建设用地面积和市区面积统计口径为市辖区,因此,重庆市的城市建设用地数据,仅统计了重庆市市辖区内的城市建设用地,重庆市所辖县域内的城市建设用地尚未统计进来,因此,城市土地占比相对较低。

从土地市场发展方面看,上海、武汉和重庆三市的土地市场发育程度、政策制度方面亦存在一定的差异。上海市 1987 年率先实行土地有偿使用制度,经过 30 多年的发展,土地市场化水平得到显著提升,形成了较为完善的土地市场,土地供应也由最初的增量用地供应为主逐渐向以存量用地供应为主转变。而武汉市和重庆市土地市场起步相对较晚,土地市场发育水平相对较低,土地供应仍以增量用地供应为主,存量用地供应占比较低。

第二章 / 国内外研究进展与述评

2.1 城市建设用地扩张研究

2.1.1 国外研究进展

(1) 城市建设用地扩张及其效应研究。研究表明城市用地扩张的影响具有双向作用(Ewing,1997),既存在积极作用(Gordon et al.,1997),也存在消极影响(Freeman,2001;Sarkodie et al.,2020)。在城市发展初期,城市的扩张往往是积极作用为主,伴随着工业化和城市化进程的推进,城市用地大规模向郊区扩张,出现了大量的城市蔓延(Anas et al.,2006;Martinuzzi et al.,2007;Bhatta et al.,2010;Lagarias,2012;Richardson et al.,2017;Liu et al.,2018;Keita et al.,2021;Amponsah et al.,2022)。有学者对城市蔓延的条件进行了探究,发现地形平坦、气候适宜、钻水井条件较好以及城市边缘区成为城市蔓延的有利条件,促进了城市蔓延(Burchfield et al.,2006)。城市蔓延带来了大量的社会和环境问题(Foley et al.,2005),如交通拥堵、住房短缺、环境污染、耕地流失、土地利用破碎化和生态环境破坏等问题(Foley et al.,2005;Schetke et al.,2012;Yang et al.,2014;He et al.,2017;Lu et al.,2018;Lu et al.,2020;Pereda et al.,2021)。

(2) 城市建设用地扩张模式与类型研究。不同学者对于城市扩张模式与类型定义和分类标准不同。有学者将单个城市空间扩张模式划分为集聚型和扩散型两大类，对于集聚型又进一步细分为连片式、分片式和蔓延式等类型；扩散型又细分为轴向式扩张和飞地式扩张（Gottmann，1961；Knox et al.，2013）。Forman（1995）则基于斑块—廊道—基底模式的生态学理论，将城市扩张分为边缘式、单核式、多核式、廊道式和散布式等五种类型。Minnery（1992）则将城市扩张模式划分为紧凑式、多节点边缘型、廊道扩张型和沿袭型等类型。还有学者将城市扩张分为填充式、外延式、蔓延式和园区式等类型（Camagni et al.，2002）。此外，Deng 等（2005b）将中国城市扩张模式分为单中心蔓延式（北京、成都等城市）、多核型（武汉、南京等城市）、蛙跳式（上海、天津等城市）、混合型（大连等城市）和线性蔓延式（广州、重庆等城市）等 5 种类型。

（3）城市建设用地扩张的驱动机制研究。城市用地扩张的驱动机制方面，通常认为城市扩张受人口、经济、政策及自然条件等诸多因素的共同影响（Bettencourt，2013；Li et al.，2018；Li et al.，2020a；Ouyang et al.，2021；Dong et al.，2022）。不同的影响因素在不同的城市扩张中驱动大小存在差异，而人口增长和经济发展是城市用地扩张最主要的影响因子（Seto et al.，2011；Li et al.，2020b）。在城市发展过程中，制度政策对城市用地扩张具有重要作用，国家发展战略、区域发展政策及开发区建设等通常会推动城市用地扩张，在中国尤其明显（Ding et al.，2011a；Kuang et al.，2016；Liu et al.，2022）。自然因素也是影响城市用地扩张的重要因素，对过去 2000 年全球城市化的空间分布探究发现，城市建设总体上趋向于更适宜种植以及更靠近江河海洋的区域发展，而大航海时代之后，靠近海洋的城市崛起更是印证了这一点（Motamed et al.，2014）。珠三角地区海岸线、离道路的距离等对于珠三角城市空间扩张有很大影响（Ye et al.，2013）。有学者研究指出，中国的城市建设用地扩张受全球化发展、市场经济体制改革和分权化财政体制的共同驱动（Lin et al.，2002；Xie et al.，2007）。也有学者通过对中国改革开放以来的城市发展状况进行研究，得出农业用地适宜性、交通便捷性和地形坡度在城市快速扩张过程中起到重要作用的结论（Christensen et al.，2016）。Wheaton

(1974)的研究表明居民收入水平也是城市空间扩张的重要因素,同时也引起了城市土地—人口密度的降低。而 Brueckner(2000)的研究表明,降低通勤成本和提高城郊基础设施的便利性,能够促进城市空间向郊区扩张。除了上述因素,其他因素也在一定程度上影响城市的扩张模式,比如信息技术的出现极大地改变了金融领域的发展,不少金融机构公司从市中心迁移到城市边缘(Longcore et al.,1996)。

（4）城市建设用地扩张模拟研究。元胞自动机(Cellular Automata,CA)模型是城市扩张模拟最常用的模型之一(Wolfram,1984；Kari,2005；Codd,2014)。CA 模型是一种网格动力学模型,使用完全离散的状态、时间和空间变量以及局部空间相互作用和时间因果关系进行模拟,经常用于模拟城市用地扩张及其演变(Tong et al.,2020)。随着研究的深入,学者们对 CA 模型进行了改进,He 等(2008)以北京市为研究区,将城市扩张动态的(UED)模型嵌入到 CA 模型中,对北京市未来的城市用到扩张进行了模拟和预测。也有学者基于分类和回归树(Classification and Regression Tree,CART)并结合CA 模型提取转换规则,并以河南省信阳市为研究对象,采用 CART - CA 模型对城市扩张进行模拟预测,整体模拟精度达 81.38%,kappa 系数 0.73,能够较好地模拟未来城市扩张状况(Yao et al.,2017)。Xu 等(2008)提出了基于人工神经网络(ANN)和元胞自动机(CA)的城市土地利用变化模拟模型,并以兰州市为例,模拟了兰州市 2005 年和 2015 年的土地利用变化。Yang 等(2016)将人工神经网络(ANN)—元胞自动机模型(CA)和景观格局指数(LPI)相结合,建立了新的模型,并以北京市昌平区为研究案例,基于 1988 年和 1998 年的土地利用数据,用所构建的模型模拟了 2008 年的土地利用状况,结果发现该模型相比于单独使用 CA 模型,能更好地模拟研究区域内的土地利用变化。还有学者将深圳市作为研究区,以 1996 年、2000 年和 2004 年的土地利用数据为基础,利用 CA - ANN 模型模拟了 2004—2020 年每间隔 4 年的土地利用变化情况(Li et al.,2015)。此外,CA - ANN 模型在其他地区的土地利用变化模拟中,也得到了广泛利用(Zhou et al.,2017b；Saputra et al.,2019；Zhou et al.,2020；Mallick et al.,2021)。除了上述模型外,有学者以印

度特里凡得琅城市群为研究区,基于 1987 年、1997 年、2007 年和 2017 年的
Landsat 卫星影像解译的土地利用数据,提取城市群的增长边界基础上,利用
ANN－MLP 和 CA 模型模拟和预测 2027 年的城市空间扩张状况(Chettry et
al.,2021)。此外,ANN-CA-Markov 模型、ClUE-S 模型等也在城市扩张模拟
中得到应用(Zhang et al.,2020;Chettry et al.,2021;Batisani et al.,2009;
Jiang et al.,2017)。

　　(5)城市建设用地扩张管理调控研究。随着城市蔓延的加剧,城市用地
扩张管理调控成为研究热点,学者们围绕如何进行城市扩张管控及其管控效
果评估开展了大量研究。"紧凑型城市"(compactness city)(Burton et al.,
2003;Dieleman et al.,2004;Abdullahi et al.,2018)、"理性增长"(smart
growth)(Handy,2005;Dierwechter,2017)等理念相继提出;在具体的城市增
长管理实践中,划定城市增长界限(Urban Growth Boundaries,UGBs)
(Dempsey et al.,2013;Janssen et al.,2018;Zhou et al.,2022)、分期分区发
展(Zoning)(Munroe et al.,2005;Smith,2018)、"绿带"(Green Belt)政策
(Amati,2006;Tang,2007;Amati,2010;Keil,2016;Walton,2019)、土地利用
规划(Smith et al.,2006;Halleux et al.,2012;Zhou et al.,2017a)等多种措施
以引导城市增长,控制城市蔓延(Gavrilidis et al.,2019)。关于城市增长管控
措施是否能够有效地发挥作用,学者们开展了大量的评估,不同的学者持有不
同的态度。有研究发现城市规划能够有效地控制大城市的城市蔓延,但是对
于中小城市来说,不仅没有起到控制作用,反而会促进其城市用地空间的扩张
(Shahraki et al.,2011);也有研究认为,城市总体规划的实施因土地管理的缺
失和政府管制不力而无法有效控制城市蔓延(Sharifi et al.,2014)。即使同一
种管控策略,在不同的区域其管控效果也会呈现出差异,比如同样是 UGB 管
理模式,对波特兰大都市区的研究结果表明,该策略可以有效地管控城市建设
用地扩张(Kim,2013),然而在美国俄勒冈州的研究却表明,对于大多数城市
而言,该策略并不能有效地发挥对城市蔓延的管控作用(Dempsey et al.,
2013);而来自瑞士的研究则表现出一种矛盾,一方面,UGB 可以提高其管
理区域范围内的土地利用效率,另一方面,对于城市管理区域之外,UGB 会

降低其土地开发强度(Gennaio et al.,2009)。此外,也有学者对中国土地利用总体规划对建设用地增长的管控效果进行了评估,结果发现土地利用总体规划实施虽然在对城市建设用地增长具有一定的管控效果,但其实施却未能阻止建设用地的快速扩张(Zhou et al.,2017a)。Shen 等人(2019)评估了土地利用规划对城市扩张的遏制效果,结果表明土地利用规划未能有效控制城市空间的扩张,反而促进了城市土地的碎片化扩张和大规模的农田转为城市用地。

2.1.2 国内研究进展

(1) 城市建设用地扩张的特征和模式研究。城市建设用地扩张特征和模式方面,学者们主要围绕全国、长三角、珠三角、京津冀地区及个别中西部地区,从全国尺度、区域尺度、城市尺度等不同尺度、不同视角对城市建设用地的扩张过程、时空格局、扩展特征、模式、演化趋势等开展了大量研究(刘盛和等,2000;李晓文 等,2003;黄季焜 等,2007;廖和平 等,2007;李加林 等,2007;张金兰 等,2010;关兴良 等,2012;廖从健,2013;高金龙 等,2014;刘志佳 等,2015;许芸鹭 等,2017;欧阳晓 等,2020;劳洁英 等,2021)。从城市土地扩张的模式类型来看,有学者基于景观指数将城市建设扩张模式分为边缘式、填充式和跳跃式 3 种类型(刘小平 等,2009;车通 等,2020;刘岁 等,2021;李丽等(2009)人对中国 135 个城市进行研究,将中国城市时空扩张模式概括分为 4 大类型,分别是方向型、狙击型、跨越型和辐射型。不同城市土地扩张强度、扩张模式和空间分布都存在差异。如东莞市 1979—2005 年不同阶段的城镇建设用地扩展经历了跳跃式分散—外延式集聚—混合式扩散—外延式集聚的过程(程兰 等,2009);上海市在城市发展早期,城市扩张主要是以中心市区为核心的单核扩张模式,随着时间的推移,城市扩展趋于复杂,除了中心城区发展,还出现了浦东为代表的卫星城和郊区城镇扩张,呈现出"多核扩展"模式(李晓文 等,2003)。翟飞相(2019)基于多时相遥感数据的郑州市城市扩张模式研究,研究结果表明不同的行政区所呈现的城市增长模式存在差异,城市扩张模式分为双核扩张模式、限制型扩张模式、政策主导型扩张模式、政策指引型(边缘)扩张模式和经济主导型外延扩张模式等类型。

　　(2)城市建设用地扩张的影响因素和驱动机制研究。研究表明经济发展、人口增长、政策及自然条件等因素共同影响城市建设用地扩张。有研究表明经济社会发展和政策对城市用地扩张具有重要影响(刘纪远 等,2009;黄宝荣 等,2017;吴金稳 等,2020;乔文怡 等,2021)。经济因素是城市建设用地扩张的最根本驱动因素,谈明洪等(2003)通过对宏观经济状况发展和城市扩张进行研究,得出城市经济快速发展和居民收入水平的提高是促推动城市扩张的根本驱动力。李天华等(2007)对南京市建成区进行分析,就发现南京的发展中,社会经济和政策对城市用地扩张的推动有重要影响。不同学者对长株潭城市群的扩张特征及其驱动因素进行研究,结果表明社会经济和溢出效应因素是影响城市用地扩张的主控因素(欧阳晓 等,2020);社会经济投资、人口增长和科技进步是驱动建设用地扩张的重要动力;人口和GDP是建成空间扩张的主导空间驱动因子(廖建军 等,2022)。也有研究表明工业化和居民收入水平的提高是推动城市扩张的重要驱动力(王雅竹 等,2019)。张京祥等(2006)发现,中国的城市建设用地扩张总体上与市场化经济体制改革、全球化发展趋势等密切相关。有学者探讨了转型背景下长三角城市用地扩张及影响因素的时空差异,结果表明全球化、市场化和分权化对城市建设用地扩张产生了重要影响。全球化是长三角城市发展的重要推动力,且存在明显的区域差异:上海、苏南和浙北地区市场化的发展推动了城市建设用地扩张;而后发地区需进一步激发市场改革红利(王少剑 等,2021)。此外,自然因素也会对城市用地扩张产生影响。自然地理环境是城市发展的最基础的条件,城市所处的区域、地形地貌以及气候水文条件等可以直接影响到城市扩张的潜力、方向和模式,如受到了地理环境的影响,重庆市城市扩张中多中心组团式发展(刁承泰,1990;廖和平 等,2007);地理因素对城市用地扩张具有一定的影响,海拔和坡度的升高对建设用地的扩张具有明显的抑制作用(黄宝荣 等,2017)。而对中国西南山区城市而言,除了人口、城镇化率等经济社会因素外,气温变化率、降水变化率和植被归一化指数等自然因素也是影响城市建设用地扩张强度的关键因素(王旭熙 等,2021)。

(3) 城市建设用地扩张的影响效应研究。随着我国工业化和城镇化进程的推进,城市建设用地在快速扩张的同时,也引发了大量的问题。如城市建设用地快速扩张中的土地利用效率低下问题(陈鹏,2009)。研究发现,在1996—2003 年,土地投入对我国第二三产业发展的贡献率高达 14.79%,超过了同时期全国 GDP 的增速(毛振强 等,2007),经济发展对土地的高度依赖使得土地扩张的趋势更加难以遏制。此外,不少研究表明,城市建设用地扩张会导致区域生态环境质量下降。如方创琳等(2010)对武汉城市群扩张过程中的生态状况进行研究,发现该城市群的扩张造成整个区域生态环境质量发生下降。而崔佳等(2013)对哈大齐工业走廊的研究也表明,工业走廊扩张中也引发了区域内生态环境恶化。有学者探讨了城市群扩张对生态用地的影响,结果表明城市扩张对半生态用地的直接影响大于对自然生态用地的直接影响,各尺度土地利用转移变化大同小异;城市扩张对自然生态用地的间接影响大于直接影响,且不同城市建设用地对自然生态用地的间接影响因耕地补偿机制的不同而有所差异(党雪薇 等,2022)。城市建设用地扩张造成生态系统服务功能的衰退,相对城市发展饱和区而言,发展区是生态系统服务功能下降最大的区域(李嘉译 等,2020)。此外,城市建设用地扩张对城市热岛效应的影响也得到关注,研究结果表明城市热岛效应与城市扩张间存在长期均衡关系,但有短期波动,城市扩张对城市热岛效应具有显著的影响(曾永明 等,2014);也有研究表明扩张快、规模大的城市,地表温度空间变化明显,城市扩张对地表热环境产生了显著影响,城镇化较慢、规模相对较小的城市,城市扩张对城市热环境的影响可能被其他因素掩盖,表现不明显(别小娟 等,2020);而海绵城市建设对区域热岛效应具有缓解作用(刘彦泽 等,2021)。城市用地扩张与 $PM_{2.5}$ 浓度变化密切相关,京津冀城市群 13 个城市 $PM_{2.5}$ 浓度随城市发展强度的增加均呈显著增加的趋势,且老城区的 $PM_{2.5}$ 浓度高于新扩张城区(赵安周 等,2022)。城市空间紧凑度对 $PM_{2.5}$ 污染具有加剧作用,同等规模的城市建筑面积扩张和不一样的城市格局会形成不同程度的污染(王桂林 等,2021)。

(4) 城市建设用地扩张模拟研究。元胞自动机(Cellular Automata,CA)

模型作为常用的城市扩张模拟模型,学者们利用 CA 模型对城市扩张模拟做了大量研究。樊风雷等(2008)基于珠三角核心区 1998—2003 年的城市面积数据,利用 CA 模型模拟 2003—2008 年和 2008—2013 年的城市扩张状况。郑占(2010)以武汉中心城区为研究区,将 CA 模型和 GIS 技术相结合,对未来城市用地扩张进行空间布局模拟。随着研究的深入,学者们对 CA 模型进行改进或结合其他模型一起模拟城市用地空间扩张。邝绮婷等(2015)以南京市为研究区,将 BP 神经网络模型和 CA 模型相结合,基于 BP 神经网络对 2005 年城市化情形的训练定义 CA 规则,模拟 2010 年情形并预测 2015 年情形。结果表明基于 BP 神经网络的城市扩张模型能够在 86% 的精度上实现城市用地模拟,并对未来情景做出预测,该模型在城市模拟和预测领域较有效。何力等(2017)则引入城市流模型对传统 CA 模型加以改进,模拟武汉城市圈的扩张变化。有学者基于支持向量机(Support Vector Machine,简称 SVM)改进了 CA 模型,模拟了莆田市 1988—2014 年的城市扩张的过程,相比传统 CA 模型城市用地转变 82.49% 的正确率,CA - SVM 模型在模拟城市用地扩张方面更具优势,城市用地转变正确率达到了 86.58%,能更好地模拟城市土地利用这一复杂系统的动态变化(张洁,2017)。也有学者以福州市为例,借助 GIS 空间分析技术,对 CA 和多智能体(ABM)相耦合的城市用地扩张模型进行改进,并模拟福州市 2000 年、2005 年、2010 年和 2015 年城市建设用地扩张在微观上的变化(陈宝芬 等,2017)。此外,也有学者基于土地利用数据和 FLUS 模型对黄河流域 2025 年和 2035 年呼包鄂榆城市群城镇化与土地利用时空演化特征进行多情景模拟预测,结果表明在自然发展情景、生态保护情景以及经济发展三种情景下,2025 年和 2035 年区域土地利用变化的空间结构和特征差异明显(魏乐 等,2022)。

(5)城市建设用地扩张调控机制研究。针对如何应对城市过快扩张中出现的问题,对建设用地扩张的调控和合理引导城市扩张得到广泛关注。早期的研究往往更多借鉴国外已有的可以有效控制城市蔓延的管理理念和策略。如黄晓军等(2009)对长春市"摊大饼"式的空间扩张进行研究,测量该城市的蔓延程度,然后对城市的蔓延提出相应的调控政策。而黄馨等(2009)则在对长春城市空间扩张特征、机理分析基础上,为遏制"摊大饼"式的城市空间扩张及其带来的负面效应,从城市增长模式、空间优化布局、房地产开发控制与引导、快速交通体系建设、耕地与生态系统保护等5个方面提出了调控长春城市空间快速扩张的主要对策。也有学者从城市用地增长管理机制和效能方面提出城市扩张调控机制,如对南京的城市用地扩张过程进行分析,提出通过加强区域统筹、扩大城市规划覆盖范围等办法来降低城市开发的盲目性,提高城市用地利用效率(陈爽 等,2009)。也有学者认为,应该理性地看待城市扩张问题,探讨中国城市蔓延的合理性。总结国际上对于城市扩张的治理经验和实践,根据中国的国情和发展阶段,在此基础上选择合理的方法来调控城市扩张(李效顺 等,2011)。此外,还有学者探讨了土地利用规划对建设用地扩张的管控效果,吕晓等(2015)从一致性和有效性的复核视角,以南通为研究区,探讨土地利用总体规划对建设用地的管控效果,结果表明规划实施的一致性较差,且规划管控仅在一定程度上有效。乔伟峰等(2019)则以南京市为例,基于土地利用总体规划的相关指标,从时间、空间、数量和质量等维度构建城镇扩张评估指标体系,对土地利用总体规划对建设用地的管控成效进行评估,结果表明南京市土地利用总体规划对建设用地扩张的管控有一定成效但仍需加强。还有学者以北京昌平区为例,利用空间逻辑回归模型和评价指数,探究城市规划和土地利用规划对建设用地扩张的影响。结果表明城市规划对住宅、工业和商业用地的扩张均有显著性影响,而土地利规划对住宅用地的开发有正影响,但对工业、商业、采矿用地扩张实施效果不佳(金浩然 等,2017)。城市增长边界和城镇开发边界作为城市建设用地管控的重要措施,其对城市建设用地的调控作用也得到了学者们的关注。有研究在对影响城市增长边界的影子进行分析的基础上,基于耦合神经网络与元胞自动机(ANN‐CA)模型按照不同限制条件和不同情景约束对杭州市2030年的城市增长边界进行多维模拟,并以生态保护、集约节约为原则划定了杭州城市未来增长边界(刘荣增 等,2021)。也有研究权衡生态安全与城市扩展间的关系,利用改进的CA模型模拟重庆万州城区的城镇用地发展情况并划定了增长边界(孔祥玉 等,2021)。此外,有学者以南京市中心城区作为研究区,综合利用回归分析模型、

InVEST 模型和 CA 模型,探索构建基于生态约束的城市开发边界划定方法,并划定城市开发边界(孙伟 等,2021)。

2.2　土地市场研究

2.2.1　国外研究进展

(1) 土地市场与土地资源配置研究。国外土地市场出现较早,发展较为成熟和完善。国外关于土地市场的研究起步较早,阿朗索(Alonso)在对已有的区位理论和级差地租进行完善的基础上,对城市土地市场理论和市场均衡条件下不同土地用途的竞标地租曲线进行了探讨(Alonso,1960;Alonso,1964)。随后,Mills(1967)和 Fujita(1982)对 Alonso 的单一城市中心模型进行了发展,使该模型成为研究城市土地利用结构以及城市经济结构的基础,该单一城市中心模型将区位与土地市场机制结合起来,在揭示城市土地市场本质的同时,强调城市土地利用效率。学者们围绕土地市场对土地资源的配置开展了大量研究,主流观点认为土地资源应该由市场来进行配置,土地市场能极大地提高土地资源的利用效率(Alonso,1964;Qian et al.,1997;Zhu,2000;Deininger,2003;Lerman et al.,2004;Messner,2008;Klaus et al.,2008;Liu et al.,2020;Lu et al.,2022)。但也有学者认为土地资源完全由土地市场配置也存在缺陷,会对土地利用产生负面影响,因而主张政府对土地市场进行适度的干预(Koopmans,1951;Evans,1999;Lin et al.,2000;Cheshire et al.,2004;Ambrose et al.,2005;Tian,2009)。

(2) 发展中国家土地市场发展研究。随着发展中国家土地市场的出现和不断发展,发展中国家的土地市场问题也得到了关注。有学者从对土地市场发展过程中土地产权不完善、土地市场价格的扭曲、土地管理者与土地使用者间的信息不对称、住房支付的高成本和低支付能力、土地供给不足、土地利用效率低下、土地市场机制不健全、城乡土地市场二元结构等方面对发展中国家土地市场发展及其存在的问题进行了研究,认为土地所有权的垄断、有限的土地供给、土地投机引起的土地价格过快上涨、土地市场发展滞后等问题是发展中国家土地市场发展中存在的共同问题(Dowall,1993;Xie,2002;Devas,2003;Ho et al.,2003;Zhu,2005;Zhu,2012;Liu et al.,2016)。随着研究的深入,土地市场的研究从最初的定性分析为主逐渐向定性分析和定量研究相结合。如 Liu(2016)对土地市场发展中的土地市场发育程度进行了定量研究,揭示了中国的土地市场化水平及区域差异特征,结果表明中国的土地市场化程度不断地提高,我国城市土地供给市场化水平已达到 35% 左右;沿海发达地区与内陆欠发达地区之间土地市场化水平的差异直到最近才显现出来。有学者对非洲国家埃塞俄比亚的土地市场实施绩效进行评估,研究结果表明埃塞俄比亚的城市土地租赁政策被认为是最有影响力的政策,主要通过拍卖或谈判进行。土地拍卖与销售价格之间存在高度差异,城市土地市场不仅受经济理性驱动,还受非经济因素驱动。土地市场不仅容易受到投机因素的影响,而且其城市土地征用主要是二级市场,(Weldesilassie et al.,2022)。也有学者基于 2004—2016 年中国 271 个城市的面板数据,分析土地市场对城市绿色全要素生产率的影响,结果表明无论是从土地出让价格维度还是土地出让规模维度分析,土地市场抑制了城市绿色全要素生产率的提高,不同维度的影响程度不同,且土地市场对城市绿色全要素生产率的抑制作用存在区域异质性(Li,2021)。Wang 等(2021)基于时空加权回归模型,探讨 2007—2015年中国政府激励和土地市场对工业用地效率的作用,结果表明 2007—2015 年政府激励和土地市场对工业用地效率的影响呈现显著上升的趋势;土地出让金、土地增值税、官方晋升激励对大部分城市的工业用地效率产生负向影响,土地市场化、地价对工业用地利用效率的影响存在显著的时空差异。

(3)土地市场调控机制研究。关于土地市场调控方面,有学者认为在发达国家的土地市场中,政府一般不应该对土地市场进行直接干预和调控,而是通过对土地要素进行管制来促进土地市场的发展,如有学者认为,土地市场应该是政府和私人部门平衡的结果(Dowall,1993)。但也有研究认为,由于会出现市场失灵,因此,在土地市场发展中,在以市场机制为主导的同时,也需要政府对其进行干预和调节，如 Lin 研究发现，政府通过税收、产权和法律等途径，对土地市场进行调控和干预，可以在一定程度上规范土地市场，当然也对土地的定价产生影响（Lin et al.，2000），政府干预行为有时候可能会扭曲土地市场，从而为政治参与者获利（Ambrose et al.，2005）。在发展中国家中，由于土地市场发展往往不够完善，因此政府通常通过制定相应的政策来规范土地市场的运行（Ding，2003；Owei，2007）。除了上述研究方面外，土地市场的影响因素也得到关注，土地市场的影响因素主要包括社会文化背景、法律法规和城市经济发展等（Kironde，2000；Sorensen et al.，2000；Williams et al.，2018）。而在土地市场中，价格体系处于核心地位，是各种因素最直接的反映，价格会随着土地市场而发生变化，并且会影响土地市场的发展（Filatova et al.，2009；Kundu，2019）。

2.2.2　国内研究进展

（1）土地市场发展历程及其市场化水平测度研究。我国土地市场起步较晚，1987 年深圳市进行的全国首次土地使用权公开拍卖，标志着土地资源配置机制实现计划向市场转轨，土地市场正式形成。此后，学者们围绕着土地市场的形成与发展、土地市场发展中存在的灰色市场、权力寻租、规范市场的形成与市场机制的健全等方面开展了相关研究（高波，1993；高波，1996；初玉岗，1994；袁绪亚，1997；李颖 等，1997；罗湖平 等，2017；郭琎 等，2019）。随着中国土地市场的不断发展，研究从前期的定性分析为主逐渐转向定量研究。土地市场化程度测度及其区域差异研究得到广泛关注，早期研究对土地市场化进行衡量时大都采用"土地市场出让量与全部土地供应量（含划拨和有偿出让）之比"来反映，据此测算，1992 年我国土地市场化程度仅为 3.87%，到 1997 年我国土地市场程度为 22.5%（曹振良 等，1997；常修泽 等，1998）。随着研究的深入，许多学者通过构建指标体系多维度对土地市场发育程度进行了测度，如李娟等（2007）在构建了包含土地市场化配置、市场供需均衡、市场价格、市场竞争和配套机制等方面的土地市场成熟度评价指标体系，以南京市为例进行了实证研究。张晔等（2015）从土地市场交易、供需均衡、地价敏感度、市场竞争、政府干预等方面构建土地市场成熟度评价指标体系,采用熵权可拓物元模型,评价了湖南省的土地市场成熟度,对湖南省土地市场总体状况及各项指标所处的阶段进行了判定,总体上土地市场成熟度处于"过渡期",并向"成熟期"转变,而各分项指标的发育状况则存在显著的差异性。宋洋等(2020)以黄河流域地级市为例,测算了2000—2016年土地市场化水平,结果表明研究时段内,黄河流域土地市场化水平表现出先持续上升后不断下降的阶段性变化特征。有学者以长江经济带为例,对土地市场中的工业用地市场化水平进行评价,结果表明,随着时间的推移,2007、2010、2004和2018年4个研究年份工业用地市场化水平的均值分别为0.56、0.74、0.97和1.15,长江经济带工业用地市场化水平整体上升(王春杰 等,2022)。

(2) 土地市场发育程度的区域差异研究。土地市场发育程度的区域差异性方面,多数学者主要从宏观层面对我国不同区域间土地市场发育程度的差异性进行比较分析,多数研究认为我国土地市场发育程度存在显著的区域差异,东部地区土地市场化水平总体高于中、西部地区,但区域间市场化程度的差距在逐渐缩小。如侯为义等(2012)对我国东、中、西三大地区的土地市场发育成熟程度进行了测算,发现土地市场发育存在显著的梯度差异特征,东部地区的土地市场发育水平远高于中西部地区。唐鹏等(2010)从土地市场交易结构出发,对我国1999—2007年省级地区的土地市场化程度进行测算,并揭示了土地市场水平的区域差异,认为我国土地市场化水平偏低,市场化水平呈现东部地区高于中、西部和东北地区,但区域间差距逐渐缩小。王青等(2007)对我国土地市场化的时空特征研究,也表明我国土地市场化程度由东向西不断降低,而土地市场化水平的区间差异则逐渐缩小。也有学者在对土地市场成熟度进行测度的基础上,探讨了影响土地市场发展的障碍因素(王琪 等,2019)。宋洋等(2020)探究了黄河流域土地市场化时格局演变及驱动因素,结果表明黄河流域土地市场化水平表现出先持续上升后不断下降的阶段性变化特征,呈现了"东高西低"的空间分异格局。也有学者对长江经济带工业用地市场化水平的时空格局演变进行了研究,表明长江经济带的工业用地市场化水平不断提升,但存在一定的区域差异,具体表现为下游地区>上游地区>中游地区(王春杰 等,2022)。也有学者探究了城市群工业用地市场化的区域差异及其收敛性特征,结果表明五大城市群的工业用地市场化水平均呈上升态势,但增长幅度在城市群间有较大差异,珠三角城市群增长幅度最大,而长江中游城市群最小。

(3)土地市场发展的影响因素研究。土地市场发展往往受经济社会发展、土地政策和政府行为等因素的影响。研究发现,土地市场化程度与经济社会发展、城镇化水平密切相关,二三产业产值、外商直接投资、城镇化水平、城镇居民收入等因素对土地市场化发展具有明显的推动作用(谭丹 等,2008;王良健 等,2011;任晓瑜 等,2020)。政府对土地市场的干预影响土地资源配置效率,合理的政府干预能在一定程度上抑制市场失灵带来的资源配置低效率问题(李明月,2007;林娟 等,2009),但政府过度干预土地市场则会造成农地过度非农化,从而导致土地利用效率降低(谭荣,2010);不同土地市场发育阶段,政府的职能、作用和对土地市场的干预程度不同(李明月 等,2004;石晓平,2005)。制度因素也是影响土地市场化发展的重要原因,土地产权制度约束、土地管理制度约束及完全的土地市场化体系尚未完全建立影响了土地市场化进程(张琦,2007)。土地出让方式和出让价格等土地市场内部因素也是影响土地市场化程度的重要方面(徐国鑫 等,2011)。宋洋等(2020)探究了黄河流域土地市场化时格局演变及驱动因素,结果表明黄河流域土地市场化水平的时空格局演变主要由经济发展水平、产业结构升级、固定资产投资、政府财政收支比、外商直接投资以及区位条件等因素共同驱动。此外,财政约束、地方政府间竞争、经济发展水平、产业结构和固定资产投资是影响长江经济带工业用地市场化水平的主要因素(王春杰 等,2022)。由此可见,中国土地市场化发展是多种因素共同作用的结果,经济社会发展水平、土地产权制度、土地管理制度、政府行为、价格机制等因素均在某种程度上影响着土地市场化发展。

(4)土地市场效应研究。随着研究的深入,土地市场化对经济社会发展、城市土地利用等方面的作用和影响也得到关注。王青等(2008)探讨了土地市场对经济发展的影响,表明土地市场化程度对经济增长具有显著影响,土地市场化程度高有助于促进经济发展;而徐元栋等(2017)的研究则表明,土地市场化程度与经济发展水平之间呈倒U形关系,大部分省份还未达到或者远低于拐点值,土地市场化改革促进经济增长的动力仍可持续。田传浩等(2014)基于实地调研数据,从土地市场契约稳定性和土地市场交易量两个维度,研究了土地市场发育对劳动力非农就业的影响,发现成熟的土地市场发育对农村劳动力的非农流动具有积极作用。李永乐等(2009)研究了土地市场发育对农地非农化的影响,发现土地市场发育对农地非农化虽有一定的抑制作用,但其抑制作用不高。谭术魁等(2013)利用面板数据模型,探讨了中国土地市场发育区域差异对房价的影响,发现土地市场发育水平对房价的影响存在区域差异且对房价的影响程度不一,土地市场发育对东部地区的房价起到抑制作用且作用较为显著,而对中部地区的抑制和对西部地区的促进作用并不显著。许恒周等(2013)通过对土地市场发育和土地集约利用对碳减排的影响研究发现,土地市场化和土地集约利用水平的提高对碳减排具有显著的减缓作用。钱忠好等(2013)探讨了土地市场化对城乡居民收入的影响,结果表明现阶段土地市场化水平对城乡居民收入具有正向作用,但随着土地市场化水平的提高,两者之间呈现倒U形关系。也有学者探讨了土地市场化对全要素生产率的影响,结果表明,我国总体及不同类型土地的市场化水平均呈现上升趋势,但工业用地市场化水平明显低于商服和住宅用地市场化水平;全要素生产率整体呈上升趋势,但上升幅度不明显(邱赛男,2021)。还有学者探讨了土地市场化对区域技术创新的影响及作用机制,结果表明在短期和长期上,土地市场化对区域技术创新均有显著的促进作用,且在稳健性检验后研究结论依然成立(龚广祥 等,2020)。土地市场化改革对土地可持续集约利用的影响机制及效应也得到了研究,结果表明土地市场化改革一定程度上促进了土地可持续集约利用水平的提高,并且这种影响效应在东部地区最为显著。由于现阶段我国土地市场化进程仍在不断推进以及区域间土地市场发展的不均衡,其对土地可持续集约利用水平的促进作用还有很大的提升空间(任逸蓉,2017)。

2.3　土地市场发展对土地利用的影响研究

2.3.1　国外研究进展

（1）土地市场与土地利用关系研究。国外关于土地市场发展与城市土地利用关系的研究最早从 Alonso 开始，Alonso 围绕城市土地如何在区位上进行合理配置进行了研究，对市场均衡条件下不同用途的土地的地租竞租曲线，及其在价格机制作用下形成的城市土地利用结构进行了探讨（Alonso，1964）。Mills(1967)和 Fujita(1982)在发展的单一城市中心模型中，基于 Alonso 的地租竞租理论，将城市用地区位与土地市场机制相结合，强调市场对土地利用的配置，并注重城市土地利用效率的提高。价格机制作为市场机制的核心内容，对土地利用的影响也得到关注。有研究表明，土地政策能提高控制区域的土地价格，从而减缓农用地转为城市建设用地，一定程度上有效地控制了城市蔓延（Brueckner,1990)。也有学者对土地价格与土地集约利用的关系进行了探讨，如 Zhu(2000)对新加坡的地价与土地利用进行了研究发现，价格提高对城市土地集约利用起到促进作用；日本都市圈地价的时空结构对于城市土地利用产生了重要影响（Ando et al.，2004）。有学者对巴西的城市土地市场与城市土地开发间的关系进行了探究，尝试找到适用于巴西不同城市土地市场对城市发展的评估方法（Serra et al.，2015）。也有学者验证了土地价格调控与工业用地使用强度的影响，结果表明最低价格政策对工业用地市场的影响表现为因价格过低而造成土地资源的浪费；土地价格调控提高了工业用地的使用强度（Lin et al.，2020）。

（2）土地市场发展与城市建设用地扩张研究。土地市场发展对土地利用结构及对城市扩张的影响也得到了研究。Du(2014)分析了北京土地市场发展对土地利用变化的影响，结果表明自 1992 年北京土地市场建立以来，城市土地利用结构和空间格局发生了重大变化，土地价格对土地利用变化影响显著,市场机制对土地资源的配置使得城市土地利用空间模式与以往存在较大差异。也有学者考察了城市住房、土地价格梯度和土地开发强度梯度的城市空间格局,进而对土地和住房价格的梯度以及土地价格与土地开发强度之间的关系进行探讨,结果表明土地开发和城市空间结构受土地市场的影响(Ding et al.,2014)。城市土地市场的发展改变了土地利用结构,土地市场的发展在对城市空间结构不断进行重塑的同时,也改变了城市土地价格,经典的地租理论讨论的土地价格随着交通基础设施的完善而随之改变,土地利用结构对应的也发生变化(Thapa et al.,2010;Mirkatouli et al.,2017)。Xiong 和 Tan(2018)探讨基于 2006 年和 2012 年的土地利用数据和利用多类逻辑回归模型,检验住宅、商业和工业用地相互转化的决定性因素,然后利用元包自动机(CA)模型模拟和预测 2020 年不同的土地供应结构(即住宅、商业和工业用地供应)对城市扩张模式的影响,结果表明住宅、商业用地供给越多,工业用地供给越少,城市扩张形态越集聚,但城市形态差异不明显。此外,土地市场发展对城市用地扩张的影响也得到了研究。Zhang(2000)研究了土地市场和政府在城市蔓延中的作用,比较了中国城市无序扩张的模式和推动力,指出土地市场、地方政府的土地出让意愿和经济改革中的分权化等是影响中国城市土地过快扩张的重要影响因素,城市扩张过程中土地市场发挥了重要驱动作用。

通常,城市扩张中较高的土地价格应有助于减缓城市扩张。然而,有研究表明土地市场发展对城市扩张并没有起到抑制作用,反而在一定程度上促进城市扩张。如有研究指出土地制度转型促进了城市土地市场的发育和繁荣,但由于土地产权的模糊,土地出让中的权力寻租及政府对土地财政的追求推动了城市用地大规模向外围地区扩张(Deng,2005a;Zhu,2005;Xu et al.,2009;Tao et al.,2010;Liu et al.,2018)。土地定价制度最初推出时有助于限制城市扩张;然而,由于地方政府干预土地市场,土地定价制度促进了城市的无序扩张(Zhou,2006)。

2.3.2 国内研究进展

(1) 土地市场对城市空间形态的影响研究。土地制度对城市土地利用模式、利用效率及城市空间发展与演变具有重要影响(陈鹏,2009)。土地制度改革以来,土地的有偿使用和市场化交易极大地推进了城市土地市场化进程,并显著地改变了城市土地开发过程,对城市土地开发规模、城市空间结构及土地利用效率产生了显著影响(洪世键,2009;黄贤金,2017)。有学者探讨了土地制度改革、土地市场发展与城市空间发展之间的关系,表明土地有偿使用在促进城市居住和工业用地的郊区化发展,加速了城市建设用地扩张和蔓延的同时,也促进了城市用地结构的调整和优化,城市土地有偿使用激活价格机制是城市空间结构优化的根本动力(朱才斌 等,1997;陈鹏,2008),正在形成的土地市场确实影响了城市土地开发和空间形态(丁成日,2006;陈鹏,2009)。土地使用制度改革和土地市场的完善在促进城市建设的同时,也会在一定时期内导致城市紧凑度不断降低而使得离散程度不断增大,城市地域形态和城市空间结构呈现逐渐分散和更加松散的态势(王冠贤,2002;陈鹏,2009)。土地市场机制对城市空间形态演变发挥了一定的作用,在土地市场的作用下,形成了中心地段紧凑发展、外围连续蔓延拓展的城市空间形态(尚正永 等,2017)。还有研究探讨了土地市场的核心要素地价与城市扩展间的关系,基于元胞自动机(CA)和GIS耦合动态方式,引入"灰度"原理建立了地价约束下的城市规模扩展模型,结果表明地价约束下城市用地扩展方向、速度和形式在不同的阶段呈现差异化特征;地价约束下城市用地形态紧凑度均高于实际形态,城市用地效益较高(李灿 等,2018)。

(2) 土地市场与土地集约利用研究。市场作为资源配置的基本方式,如何发挥市场机制的作用以促进土地资源的优化配置,从而提高土地利用效率和实现土地资源的节约集约利用,得到广泛关注。吴郁玲等(2009b)利用均衡理论和情景分析法,分析了不同的土地市场发育阶段、不同市场结构下土地资源的配置效率和土地集约度利用程度;并进一步以江苏省开发区为例,对土地市场发育对土地集约利用的影响进行了实证,分析表明土地市场发育的不同阶段对土地集约利用的作用效率不同(曲福田,2007;吴郁玲 等,2009a)。同时,对全国城市土地市场发展与土地集约利用的关系研究表明,土地市场化发育程度与土地集约利用间存在较为稳定的长期均衡关系,但其作用在东部、中部和西部地区存在显著的区域差异特征(吴郁玲 等,2014)。也有学者探讨了土地市场化改革对建设用地集约利用的影响,结果表明土地一级市场、二级市场均对城市建设用地集约利用具有显著的促进作用,且土地一级市场对建设用地集约利用的影响明显大于土地二级市场;土地市场化改革提高了土地市场化总体水平的同时,也提高了建设用地集约利用水平,两者间具有显著的正相关关系(李建强 等,2012)。总体上,土地市场化程度的提高有利于促进土地集约利用,但当市场化水平提高到一定程度后,其对土地集约利用的驱动作用逐渐减弱(杨红梅 等,2011;吴郁玲 等,2014)。

(3)土地市场对城市建设用地扩张的影响研究。随着土地制度改革的推进和土地市场的逐步发育和完善,土地市场业已成为当前城市建设用地扩张的重要驱动力(黄贤金,2017)。近年来,土地市场对城市建设用地扩张的影响得到越来越多的关注。李永乐等(2009)分析了土地市场发育对农地非农化的影响,总体上,土地市场发育对农地非农化虽有一定的抑制作用,但土地资源市场化配置对其抑制作用还不高。李菁等(2016)研究了土地市场化水平对城市用地扩张的影响,表明土地市场发育对城市用地扩张具有双向作用,总体上,土地市场化水平的提高在一定程度上能抑制建设用地扩张,但由于还受其他因素影响,土地市场对城市用地扩张的抑制效果仅在少数城市出现。刘力豪(2016)以全国地级以上城市为研究对象,对土地市场发展对城市建设用地扩张的影响进行了实证研究,表明中国土地市场的发展对于城市建设用地扩张发挥了显著的抑制作用,但其抑制作用存在明显的阶段效应;上述研究主要对土地一级市场发展及其对建设用地扩张的影响进行了实证。也有学者综合考虑一级土地市场和二级土地市场的发展,从全国地级以上城市层面对土地市场发展对城市建设用地扩张的影响进行了探讨,研究表明土地市场化水平的提高有利于减缓城市建设用地扩张,且存在显著的区域差异,土地市场发育对东部和中部地区城市扩张的影响较为显著,而在西部地区市场作用相对较弱(高燕语 等,2016)。由此可见,土地市场发育可能有利于提高土地利用效率,在一定程度上减缓和抑制城市建设用地扩张。然而,也有学者研究表明在现行财政和分权体制下,地方政府对土地财政的依赖和为追求土地出让金而大量进行土地征收,土地出让收益增长、土地价格提高对城市扩张具有显著的助推作用,在一定程度上加速了城市过快扩张和城市蔓延(吕萍 等,2007;刘琼 等,2014),土地出让收益对中西部地区的激励程度明显高于东部地区(李涛 等,2015)。土地财政对城市扩张的作用存在倒 U 形的动态影响,早期土地财政收入增长显著推动城市扩张,当土地出让收入达到一定峰值后,则会抑制城市扩张(李勇刚 等,2016)。也有学者以华中地区为例,探讨了土地市场因素对城市扩张的影响机制,结果表明较高的土地市场化水平可以显著抑制城市建设用地扩张,而较高的土地出让总价格会显著促进城市的扩张(康任嘉等,2019)。然而,也有学者研究表明在现行财政和分权体制下,地方政府对土地财政的依赖和为追求土地出让金而大量进行土地征收,土地出让收益增长、土地价格提高对城市扩张具有显著的助推作用,在一定程度上加速了城市过快扩张和城市蔓延(王青玉 等,2017;刘颜,2019)。综上,土地市场发展对城市建设用地扩张的影响具有双向作用,其具体作用方向取决于市场和政府的综合作用。

2.4　研究述评

2.4.1　已有研究特点

国内外学者围绕城市扩张和土地市场发展开展了大量研究,研究内容不断丰富,研究方法也不断完善。城市用地扩张方面,国内外研究大致经历了从最初的探讨城市用地扩张过程及其影响效应,到揭示城市用地扩张驱动机制,再到更加关注城市增长管控及其对管控措施的效果评估,进而反思城市增长管控政策的科学性和合理性的过程。土地市场发展方面,从最初的定性分析土地市场的形成、发展及存在问题等逐渐向定量分析转变,并围绕土地市场发育程度及其区域差异特征、土地市场发展的驱动因素等方面开展了大量研究。虽然有关土地市场和城市建设用地扩张方面的研究较多,但以往研究更多的是将土地市场发展、城市建设用地扩张分开进行研究,而将土地市场与城市土地利用相结合,探讨土地市场对城市土地利用的影响方面的研究较少。

近年来,虽有研究探讨了土地市场发展对城市土地利用,尤其是对城市建设用地扩张的影响,但研究多基于统计数据,从宏观尺度即以省域或地级以上城市为研究单元,探讨土地市场发展对城市建设用地规模扩张的影响。虽然也有少量研究以单个城市为研究单元,对土地市场发展与城市空间发展之间的关系进行了研究,但更多的是以定性分析或以案例分析方式,围绕土地制度改革、土地市场化进程对城市空间结构和城市空间形态变化的影响进行探讨;或采用定量分析方法,主要从土地价格对城市土地利用的影响进行实证。地块作为土地市场中土地供应的基本单元,土地市场的微观特性(如出让地块的区位、面积、价格、用途、模式、容积率等)对城市建设用地扩张格局、扩张模式及空间结构演变产生重要影响,但从地块尺度探讨土地市场对城市建设用地扩张及其空间形态演变的影响方面鲜有研究。土地市场对城市建设用地扩张影响的研究虽然涉及不同尺度,城市土地市场对城市建设用地扩张的影响存在尺度效应和分区效应,但已有研究更多关注单一尺度的实证,忽略了多尺度的关联性,从多尺度探讨土地市场对城市建设用地扩张的影响尚未报道。

2.4.2 需要进一步研究的问题

已有研究丰富了土地市场对城市建设用地扩张的影响研究,在宏观层面开展的理论和实证研究取得了很多极有价值的成果,为进一步探索多尺度视角下土地市场对城市建设用地扩张的影响提供了重要理论与方法基础。但相关研究在以下方面还有待进一步深化:① 研究视角方面,突破以往从单一尺度层面开展土地市场对城市建设用地扩张影响的研究,将地块尺度纳入多尺度土地市场对城市建设用地扩张的影响研究中,土地市场微观特性(如出让地块的区位、面积、价格、模式、容积率等)对城市建设用地扩张的影响值得关注,有必要开展多尺度(长江经济带、流域、城市、县域、地块)视角的研究。② 理论研究方面,有必要深入、系统地探讨多尺度视角下土地市场对城市建设用地扩张的影响机理,丰富土地市场及其效应的理论研究。③ 实证研究方面,首先,以长江经济带作为研究区,从宏观层面探讨土地市场与城市建设用地扩张状况,以及长江经济带和分流域(上游、中游、下游)土地市场对城市建设用地扩张影响;在此基础上,以长江经济带典型城市上海、武汉和重庆为研究区,基于多尺度视角,开展不同尺度尤其是地块尺度土地市场对城市建设用地扩张的实证研究,揭示土地市场对城市建设用地扩张影响的尺度效应及分区效应,并提出促进城市建设用地理性增长的土地市场调控政策与机制。研究不仅可以丰富我国土地市场及其效应研究的理论深度,同时对地方政府开展国土空间管控提供政策支撑,研究具有重要的理论及现实意义。

第三章 / 土地市场发展对城市建设用地
扩张的影响机理

3.1 基本概念界定

3.1.1 城市建设用地

由于我国国土部门和建设部门的关于城市用地的统计口径及分类体系的差异,不同部门对城市建设用地的界定不同,主要包括以下分类:一是《城市用地分类与规划建设用地标准》中,城市建设用地包括居住用地、公共管理与公共服务用地、商业服务业设施用地、工业用地、物流仓储用地、交通设施用地、公共设施用地和绿地。二是城市建成区,是指城市建筑连成片的市区,包括市区已集中连片开发建设部分及其周边与城市联系紧密、市政公用设施和公共设施基本完善的区域。三是城市规划区,从城市规划的角度对城市未来一定时期的用地需求进行划定,主要包括城市建成区和近郊区规划为城市建设的区域。四是新的土地利用现状分类中,将土地利用现状类型分为农用地、建设用地与未利用地三大类,其中,建设用地包括城市用地、建制镇用地、居民点与工矿用地、交通用地与农田水利设施用地。本书所涉及的研究区域既包括上海、武汉和重庆三市的城市主城区,也包括三个城市的市域,其城市建设用地的概念有所不同:城市主城区内的城市建设用地主要指城镇用地及工矿交通用地,其中,城镇用地指城市所辖主城区内建成区,工矿交通用地指厂矿、大型工业区用地、交通道路及机场等用地。而市域的城市建设用地则主要指城镇用地及工矿用地。

3.1.2 土地市场概念与结构

土地市场是人们进行土地商品交易所形成的相互关系,它由主体和客体所构成。主体是指从事土地资产交易的各种相关人员或单位,客体是指交易的对象,包括土地或土地权利。土地市场是土地供求双方为确定土地交换价格而进行的一切活动或安排(郑荣禄,1995)。土地出让方式和土地出让价格是被国家政府重点关注的内容(刘力豪,2016)。

我国土地市场发育较晚,于1987年建立土地市场有偿使用制度。经过30多年的发展,我国土地市场发育不断完善。我国土地市场由土地一级市场和土地二级市场构成。其中,国有土地使用权出让被认为是城市土地的初次分配,发生在政府和土地使用者之间的土地交易活动,因此也被称为土地使用权的一级市场(Lin et al.,2005;Koroso et al.,2013;刘力豪,2016)。土地一级市场中城市政府以征用方式将农村集体土地转为国有土地,并将国有土地的使用权通过划拨或有偿出让的方式提供给使用者。这一市场中,政府主要通过行政划拨、协议、招标、拍卖、挂牌、租赁或其他方式出让国有土地使用权。而二级市场中,土地使用权以转让、出租和抵押等方式在土地使用者之间进行交易,且土地使用权仅限于通过有偿竞争方式获得(Ho et al.,2003),因此被认为是城市土地的再配置(Lin et al.,2005;Xu et al.,2009)。由于二级土地市场的规模较小,且其对城市建设用地扩张的影响主要体现在城市用地功能的转换和结构的优化,对城市建设用地规模扩张的影响较小。因此,本书主要探讨一级土地市场对城市建设用地扩张的影响。

3.2 理论基础

3.2.1 土地区位理论

土地所处的空间位置对土地利用具有重要影响。最早德国农业经济学家和农业地理学家杜能于 1826 年在其作品《孤立国》中提出了区位论。该理论指出,农业土地的经营类型和集约化程度除了取决于其本身的自然特征之外,它和市场之间的距离是决定农业土地发展的更重要因素,即区位是土地用途和利用方式最重要的决定因素(姜鑫 等,2000)。杜能从农业区位利用角度阐述了对农业生产的区位选择问题。在此基础上,杜能为了阐述农产品生产地到农产品消费地的距离对土地利用类型产生的影响,提出了著名的"孤立国"模式,证明(市场)城市周围土地的利用类型及农业集约化程度都是以一个距离带一个距离带的发生变化,围绕消费中心形成一系列的同心圆,称作"杜能圈",距城市最近的郊区为高度集约经营区。随着到消费地距离的增加,土地经营愈益粗放(王万茂 等,2013)。1909 年德国经济学家韦伯发表了"论工业的区位",首次引用了"区位因素",即指一个地理点上能对工业生产起积极作用和吸引作用的因素。韦伯工业区位论中排出了社会文化方面的区位因素,只考虑原材料、劳动力和运费,认为运输成本和劳动成本是影响制造业区位选择的重要因素(金相郁,2004)。克里斯泰勒吸取杜能、韦伯区位理论的基本特点,并于 20 世纪 30 年代初提出"中心地理论",即"城市区位论",深刻揭示了城市、中心居民点发展的基础及等级—规模的空间关系,为城市规模—等级分布提供了基础理论。廖什在杜能、韦伯等人的区位论的基础上,从工业配置寻求最大市场角度,从总体均衡的角度来揭示整个系统的配置问题,提出的市场区位论认为,工业区位选择的最终目标是寻求利润最大化地点(王缉慈,2001)。因此,区位理论可以在很大程度上揭示不同用途土地的空间分布规律,从而为土地利用提供相应的理论依据。城市土地利用明显受到受区位的影响,不同的区位不仅仅会影响城市用地的功能配置,还可以直接影响土地的经济效益和开发利用程度。因此,在城市发展中,应依据不同用途土地的空间区位特征,合理布局城市用地,从而实现城市土地的高效利用。

3.2.2 地租地价理论

地租理论由威廉·配第在《赋税论》中首次提出,地租是土地农作物所取得的剩余收入,由于土壤肥沃程度、耕作技术水平,以及土地距离市场的不同,地租也有差异。配第还首次确定了土地价格,它是购买一定年限的地租总额,地价可以根据地租的资本化来评估(兰玲,2010)。亚当·斯密在1766年出版的《国民财富的性质和原因的研究》(简称《国富论》)中指出,地租是"作为使用土地的代价","是使用土地而支付的价格"。资本主义社会中,地主的收入是地租,这是土地私有制出现后的垄断价格(原玉廷,2013)。大卫·李嘉图在其1817年出版的著作《政治经济学与赋税原理》中指出:地租仅只是为了使用土地而付给地主的金额。地租产生必须具备土地数量有限性、土地的肥沃程度与位置的差别即土地有限性和差别性两个条件,从而产生了丰度地租、位置地租和资本地租。大卫·李嘉图地租理论可以归结为差额地租学说,即地租取决于使用土地所产生的利润,因此不同的劳动生产率产生的地租是有差异的(杨子生,2009)。马克思最后将地租分为绝对地租和级差地租两大类。绝对地租是土地所有者凭借土地所有权垄断而取得的地租。而级差地租是指租用较优土地所获取的归土地所有者的超额利润。可以说,地价本质是就是地租的资本化,包含了土地资源价格和土地资产价格两个层面(石忆邵 等,2004)。阿朗索提出了市场均衡条件下不同用途的土地的地租竞租曲线,地租和地价随着离城市中心距离的增加而逐渐降低(Alonso,1964)。作为土地利用的重要理论,地租和地价理论较好地揭示了城市用地空间布局及用地空间结构演变的内在机制。因此,在城市土地利用中,以地租地价理论为指导,充分发挥地价对土地资源的配置作用,以促进城市用地结构的优化和城市土地利用效率的提高。

3.2.3 城镇化理论

城镇化一般是指随着一个国家或地区社会生产力的发展、科学技术的进步以及产业结构的调整,农村人口向城市地区集中和乡村地区转变为城市地区,人口从第一产业向第二、三产业转换的过程。城镇化过程包括人口职业的转变、产业结构的转变、土地及地域空间的变化。由于不同的城市具有不同的地理位置、交通条件、工业化基础、经济发展水平和科技发展水平等客观条件,城镇化发展具有不平衡性。不同城市的城镇化发展水平呈现出明显的不平衡性。城镇化存在阶段性规律,美国地理学家诺瑟姆总结出将城镇化伴随着时间的改变而呈现出的阶段性的特点,城镇化进程可以视为一条"S"形曲线(Northam,1979)。根据各国特别是发达国家城镇化的历程,一般可以将其发展过程分为三个阶段。第一阶段为城镇化初期阶段,该阶段,城镇化水平较低且发展较为缓慢,城镇化水平往往不超过 30%。第二阶段为城镇化中期阶段,在这个阶段,城镇化水平急剧上升,城镇化水平超过 30%,甚至达到 70%。工业化较为先进,农业的生产效率也比城镇化初期阶段有了很大程度的提高。吸引大量的农村人口涌入城市,为城市的工业建设提供了大量的劳动力。第三阶段为城镇化后期阶段,在该阶段,城镇化水平继续提高,城市化水平会超过 90%。在该阶段,工业化的发展已经接近尾声,而社会发展的推动力量变成了信息产业。服务业得到很大程度的发展,在产业结构中的比重有较大的提升。目前,我国处于城镇化和工业化快速发展阶段,2020 年,城镇化率达到 63.89%,在城镇化和工业化的双轮驱动下,推动城市建设用地快速扩张,甚至出现城镇化率虚高和城市蔓延现象。城市建设空间过快扩张导致耕地大量流失、建设用地低效利用及生态环境问题加剧,影响城市可持续发展。随着我国城镇化进程的加快,城市建设用地持续扩张,将进一步加剧用地供需矛盾。因此,在城市发展和城镇推进中,合理引导人口城镇化,积极推进人地挂钩,严格控制城市建设用地规模,引导城市用地理性扩张。

3.2.4　土地供需理论

供给和需求是指商品的生产者和消费者之间的经济活动在市场机制运行下表现为一定的价格,商品的市场价格取决于供给和需求两种力量。供需均衡,即供求双方交易价格上的交点,成为均衡价格,其经过市场供求波动而形成(刘书楷,2004)。土地供给是指在一定的经济技术条件下,地球能够提供的生产生活用地数量,这其中又分为自然供给和经济供给,前者是直接可以利用的部分,后者是指因时间、地区和用途等因素引发的土地供给。而土地需求则是指为了满足生存和发展而对土地的生产消费和利用活动。土地的需求量取决于土地的需求程度和购买力。土地的供需平衡,主要包括一般均衡理论和非瓦尔拉斯均衡理论。在一般均衡理论中,土地的供给既体现了其使用价值,又表现为土地本身的价格和价值,所以又和一般商品有所区别。而土地的需求曲线和供给曲线交叉的地方即均衡价格点。由于土地的需求从长远来说是无限的,所以需要政府管理加以调节来缓解土地的供求矛盾,避免市场的局限性和盲目性。瓦尔拉斯认为市场的供需总体处于平衡状态,非平衡状态是短暂的,而非瓦尔拉斯均衡理论认为在实际经济状态中,除了价格信号,还有非价格信号,二者都会对供需产生影响,由于信息的不完全性,所以市场的运行并非总处于供需相等的均衡状态。因此,从一个时期整体来看,供需是平衡的,而具体到某一时间点,则会出现供需不平衡。因此,供需平衡是一种动态平衡,可以趋近帕累托最优(杨钢桥,1998)。城市发展中,通过市场机制引导土地供需均衡,促进城市建设用地理性增长。

3.2.5　可持续发展理论

现代可持续发展思想的提出源于人们对环境问题的逐步认识和热切关注。20世纪60年代后,随着"公害"的显现和加剧以及能源危机的冲击,几乎全球范围内开始了关于"增长的极限"的讨论。1972年召开的"只有一个地球"的第一次世界人类环境会议,并且通过了《人类环境宣言》。1982年在内罗毕召开了人类环境特别会议,会议通过了著名的《内罗毕宣言》。1983年联合国成立了"世界环境与发展委员会"(WCED),并于 1987 年向联合国大会正式提出了可持续发展的模式。可持续发展不但包含了对当代的发展要求而且包含对未来的发展构思。1992 年联合国环境和和平发展大会通过了著名的《里约宣言》《21 世纪议程》,可持续发展成为世界共同追求的发展战略目标(王万茂 等,2013)。可持续发展思想是区域和城市实现可持续发展的指导理念。关于可持续发展,在《我们共同的未来》报告中,布伦特夫人将其描述为:既能满足当代人的需求,又不对后代人满足需要的能力构成危害的发展(牛文元,2012)。具体来说,可持续发展就是谋求经济、社会与自然环境的协调发展,维持新的平衡,制衡出现的环境恶化和环境污染,控制重大自然灾害的发生。可持续发展理论涵盖了多个方面,包括自然资源利用、生态承载、环境保护和经济发展等多个方面(曾贤刚 等,2012)。作为人类赖以生存和发展的基本资源,土地是人类生产生活的基本载体。随着工业化和城市化进程的加快,城市建设空间侵占大量的耕地和生态用地,土地资源供给矛盾日益增加,如何解决人地矛盾,可持续发展是重要的解决途径。在城市空间扩展中,要以自然环境为基础,同资源环境承载能力相协调,实现城市空间的可持续扩展。因此,在城市发展中,要以可持续发展理念为指导,合理有序地开发城市土地,实现经济社会、资源环境和生态的协调发展。

3.3 土地市场发展对城市建设用地扩张的影响机理

土地市场发展的宏观政策、土地市场发育程度等在宏观层面影响城市建设用地扩张。而地块作为土地供应的基本单元,土地出让地块的特性则在微观尺度上对城市建设用地扩张产生影响。城市和县域尺度,土地市场主要通过土地出让价格与土地市场化水平等方面影响城市建设用地扩张。地块尺度,地块出让特性,即地块出让面积及其空间分布、地块出让价格及空间分布、地块出让强度、地块出让模式等对城市建设用地扩张产生影响。因此,本书从城市、县域和地块三个尺度探讨土地市场发展对城市建设用地扩张的作用机制和影响路径,揭示不同尺度土地市场发展对城市建设用地扩张的影响机理。

3.3.1 流域及以上尺度、城市、县域尺度土地市场对城市建设用地扩张的影响机理

市场是配置资源的基本方式和有效手段,土地市场最基本的作用是有效配置土地资源的利用(刘力豪,2016)。中国于 1987 年建立土地有偿使用制度,随着土地市场的运行和发展,土地市场不断成熟和完善。土地市场理论上有利于提高土地资源的配置效率,在完全竞争和发育完善的市场环境下,通过市场机制,价值规律会自然引致资源以最优的数量配置在最佳的用途和方向上,实现土地资源的高效配置和利用(曲福田 等,2007)。然而,在中国土地市场中,一级市场的土地供应始终由政府管控,加之土地市场起步较晚,现阶段土地市场发育并不完善,城市土地开发利用在受市场机制作用外,很大程度上也受政府土地供应行为的影响(Lin et al.,2009)。因此,城市建设用地扩张是市场机制和政府行为共同作用的结果。从土地市场对城市建设用地扩张的具体影响和作用途径来看,主要包括以下方面:

3.3.1.1 土地供应规模对城市建设用地扩张的影响

土地一级市场的供地规模主要来源于增量土地和存量土地两部分。增量土地指新增土地供给部分,主要通过农用地转为建设用地的供应;存量土地指具有开发利用潜力的现有城乡建设用地,通过旧城、老工业区等改造后,以收购、回收方式将土地储备起来进行供应。中国土地一级市场由政府垄断,土地供应完全由政府管控。土地供应中,政府大量征收和转用农用地,以新增建设用地供应为主,大规模进行城市新城、大学城、开发区和工业园区等建设,则土地市场中增量用地供应规模的增加将明显推动城市建设用地扩张(Ding,2011b)。由于当前中国土地一级市场中,有相当部分的土地供应量是新增建设用地,长时期的大规模新增用地供应导致城市用地快速增长和"摊大饼式"外延扩张,土地供应规模的增长在一定程度上促进城市建设用地扩张。如果土地供应中政府严格审批和控制新增建设用地,不断减少新增城市建设用地

供应规模,积极盘活城市存量低效用地,逐渐增加存量用地供应规模,不断促进城市土地利用效率的提高和城市用地结构的优化调整,则土地供应规模的变化在一定程度上起到减缓城市建设用地扩张的作用。

3.3.1.2 土地供应价格对城市建设用地扩张的影响

价格机制是在市场竞争过程中,价格变动与供求变动之间相互制约的联系和作用,价格机制是市场机制中最敏感、最有效的调节机制。土地出让价格的变动对土地供应规模产生重要的影响,进而影响城市建设用地扩张。如果土地出让价格过低,则过低的出让价格对城市建设用地扩张不仅未能起到调节限制的作用,反而会促使地方政府倾向于利用低成本土地进行招商引资,导致形成土地要素替代或土地依赖的经济增长模式,加速城市空间的低成本快速扩张。同时,过低成本的土地供应容易造成巨大的寻租空间,诱导开发商和政府行为扭曲的放大,人为加大土地市场的投机性,大规模进行开发区和工业园区圈地,加速城市空间过快扩张(陈鹏,2009)。随着土地市场的发展,土地供应价格逐渐显化,土地供应价格的提高将会减少"低价滥用"土地的需求,对城市建设用地扩张起到抑制作用。但如果地方政府为了抬高土地出让价格,土地出让中以追求出让金为目标,则将会加大土地供应规模以增加土地财政收入,土地财政收入的增加一方面为城镇建设带来资金来源,但另一方面却也成为影响地方政府推动城市新城、开发区和工业园区等建设的重要因素。土

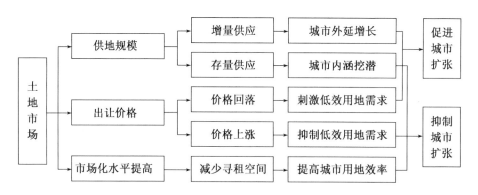

图 3-1 县域和城市以上尺度土地市场对城市建设用地扩张影响机理

地出让中若追求土地财政收入,则土地出让价格的提高,将会刺激土地出让规模的增加,反而会在一定程度上促进城市建设用地扩张。

3.3.1.3　土地市场化水平对城市建设用地扩张的影响

由于我国土地市场起步较晚,土地市场化进程仍处于不断推进之中,因此,土地市场化水平的提高对土地资源优化配置具有重要影响(赵贺,2004)。行政划拨和有偿出让的"双轨制"供地以及有偿出让中协议、招标、拍卖、挂牌等不同供地方式,其土地市场化程度和土地出让成本存在巨大差异。划拨和协议供地方式透明度低,政府作为土地供应者,权利的过度集中及有效监督的缺位,容易造成巨大的土地寻租空间,导致土地的低效利用。而招标、拍卖、挂牌的出让方式中,越靠后的供地方式土地市场化程度越高。土地供应中,如果不断降低行政划拨方式供地比重,而土地出让以招标、拍卖、挂牌等方式为主进行供应,不断提高有偿出让中"招拍挂"方式供地比重,则在竞争机制和价格机制作用下,土地供应中寻租空间得到压缩,土地交易透明度不断提高的同时,也会促进土地市场化程度和土地资源配置效率的提升。因此,土地市场化水平的提升有利于提高市场对资源的配置效率,进而促进土地资源的集约利用水平和利用效率,可能会减缓城市建设用地扩张。

3.3.2　地块尺度土地市场对城市建设用地扩张的影响机理

3.3.2.1　地块出让面积及其空间分布对城市建设用地扩张的影响

地块出让面积及其空间分布对城市建设用地扩展规模和扩展形态产生重要影响。从地块出让面积看,地块出让面积的增加将会促进城市建设用地扩张。土地出让以小宗地块出让为主,则城市建设用地规模增长相对较为缓慢,但容易导致城市用地空间破碎化,使得城市用地结构和用地形态更加复杂化;土地出让以大宗地块出让为主,则城市建设用地规模将出现大规模向外扩张,大宗地块供应利于降低城市用地空间破碎化,使得城市用地相对较为紧凑。从出让地块面积的空间分布看,出让地块的具体空间位置对城市建设用地扩张的影响不同。若出让地块位于城市内部,当城市发展到一定阶段后,城市内部地块出让通常以小宗用地供应和存量土地供应为主,属于城市用地存量用地再开发的过程,城市内部很少发生或不发生城市建设用地扩张。若土地出让地块位于城市郊区,由于郊区土地供应通常以大宗用地和增量土地供应为主,郊区土地供应将会带动城市建设用地扩张。因此,地块出让面积及空间分布在地块尺度上对城市建设用地扩张具有重要影响。

3.3.2.2 地块出让强度及其空间分布对城市建设用地扩张的影响

土地利用强度即单位土地面积的利用程度,可用人口密度或资本密度来度量。其中,资本密度可用容积率或建筑高度表示(闫永涛 等,2009)。本书利用容积率来反映土地利用强度。地块出让强度及其空间分布对城市建设用地扩张产生一定的影响。出让地块容积率越高,即出让地块利用强度越大,城市建设用地越倾向于高密度开发,则会促进城市建设用地的集约高效利用,将在一定程度上有利于抑制城市建设用地的大规模扩张。出让地块容积率越低,即出让地块利用强度越低,则城市建设用地通常以低密度形式开发为主,将会推动城市建设用地的大规模向外围地区扩张,甚至出现"摊大饼"式的低密度蔓延趋势。

3.3.2.3 地块出让模式及其空间分布对城市建设用地扩张的影响

出让地块的供应模式及其空间分布对城市建设用地扩张规模和空间形态产生重要影响。出让地块进行紧凑型供地,即供应地块紧邻原有建设用地或在建设用地扩展中留下的缝隙间进行填充,则城市建设用地扩张多以边缘式和填充式扩张为主,城市空间形态较为连续和紧凑。而土地供应以蛙跳式供地,即供地地块远离现有建设用地而进行跳跃性供应,城市用地扩张中出现大规模的飞地式扩张,将会促使城市空间大规模地向外围地区跳跃式扩张甚至出现无序蔓延。城市发展中,部分城市因受水体和山体阻隔需进行跳跃式供地。此外,城市开发建设中,还往往通过在城市郊区建立城市新城、设立工业园区和开发区等来带动郊区的发展。在城市新城和开发区等建设初期,相对建成区而言,用地供应多以跳跃式供地为主,城市建设用地中出现飞地式扩张。随着城市新城的建设和开发区的不断发展,逐渐与城市中心区相连,城市建设用地形成集中连片发展的态势。因此,出让地块的供地模式,对城市建设用地规模扩张和空间形态等方面产生深刻的影响。

3.3.2.4　地块出让价格及其空间分布对城市建设用地扩张的影响

阿朗索提出了市场均衡条件下不同用途土地的地租竞租曲线,地租和地价随着离城市中心距离的增加而逐渐降低(Alonso,1964)。研究表明,土地用途结构和地价空间分布符合阿朗索经典竞租模式,但也呈现多中心的特征(杨叠涵 等,2015)。土地供应价格的空间分布规律对城市建设用地扩张的影响表现在价格机制作用下,具有较强竞争优势的商业用地向城市中心集中;居住用地逐渐向城市边缘区布局,随着城市边缘区商业设施的发展和公共服务、交通等基础的不断完善,居住用地从原来的集中在城市中心不断向城市边缘地带发展;工业用地则通过“退二进三”等方式,逐渐退出城市中心区域并大规模向城市郊区转移。地块出让价格的变化将促进城市内部地区土地利用结构优化和土地集约利用水平的提高,但同时也推动了城市建设用地向城市边缘地区和远郊地区扩张。价格机制对城市用地结构优化和城市规模扩张起到调节作用。

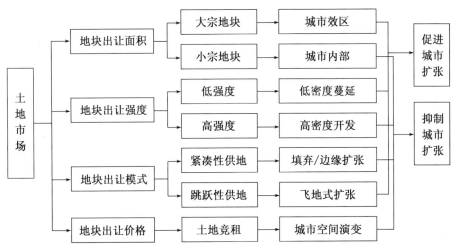

图3-2　地块尺度土地市场对城市建设用地扩张影响机理

3.3.3 不同尺度土地市场对城市建设用地扩张影响的区别与联系

不同尺度土地市场对城市建设用地扩张的影响存在区别与联系。在城市、县域尺度,虽然土地市场的关键性指标,即土地供应规模、土地出让价格和土地市场化水平三个指标相同,但其对建设用地扩张的作用机理存在差异。城市尺度上,土地市场的关键指标对城市建设用地扩张的影响在不同城市间作用不同,其具体影响和影响程度在城市间存在显著的区域差异。由于城市尺度上土地市场对城市建设用地扩张的影响差异只能体现在城市尺度,而不能具体地反映出城市内部县域尺度的差异特征。因此,需进一步在县域尺度上揭示土地市场对城市建设用地扩张影响的内部差异特征,在县域尺度上对土地市场对城市建设用地扩张的影响进行深化和补充。虽然县域尺度上的分析能反映和揭示出土地市场对城市建设用地扩张的影响在县域尺度上的空间分异规律,但难以在县域尺度上揭示出让地块特性及其空间分布对城市建设用地扩张的具有影响。因此,有必要进一步从地块尺度探讨土地市场对城市建设用地扩张的影响及其区域差异特征。不同尺度土地市场对城市建设用地扩张的影响,流域及以上—城市—县域—地块多个尺度间既有区别又有联系,不同尺度间层层递进。流域及以上—城市—县域—地块尺度间的关系详见图 3-3 所示:

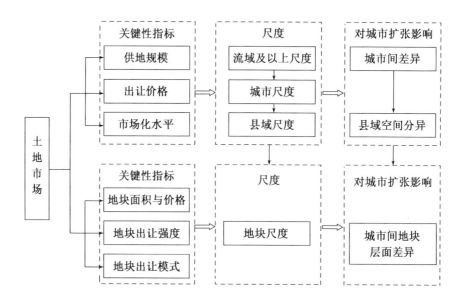

图 3-3 不同尺度土地市场对城市建设用地扩张影响关系图

第四章 / 长江经济带土地市场与城市建设用地扩张状况

4.1 长江经济带土地市场发展状况及特征

4.1.1 长江经济带土地市场总体发展状况

4.1.1.1 长江经济带土地供应规模与供地方式

从图 4-1 和表 4-1 可知 2001—2017 年,长江经济带土地供应规模总体上呈现出先快速增长后缓慢下降再快速增长的过程。2001—2003 年,土地供应规模增长较快,其规模由 77 937.71 hm² 增加到 157 057.10 hm²,增长了1.02 倍。2003—2008 年,土地供应规模总体上呈波动下降的趋势,土地供应规模由 2003 年的 157 057.10 hm² 下降至 2008 年的 108 053.90 hm²。2008—2014 年,土地供应规模呈快速增长的趋势,这一阶段,土地供应规模增加了218 439 hm²,年均增加 36 406.5 hm²。2015—2017 年,土地供应规模较上一时期增长缓慢。土地出让规模的峰值出现在 2014 年,其规模高达326 492.90 hm²。从土地供应的宗数看,2001—2017 年,土地供应宗数总体上呈现波动下降的特征(图 4-1),由 2001 年的 287 709 宗下降至 2017 年的79 432 宗。土地供应宗数的峰值年出现在 2001 年,低值年则出现在 2009 年,其供应宗数仅为 73 098 宗,仅为峰值年的 25.41%。研究期内,土地供应宗数总体呈下降趋势,而土地供应规模则总体呈现快速增长的特征,表明土地供应宗数由小宗供应向大宗供应转变。

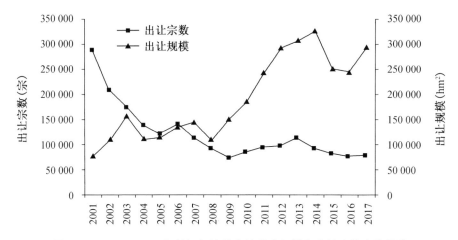

图 4-1　2001—2017 年长江经济带土地供应规模和出让宗数变化趋势

从土地供应方式看,2001—2017 年,土地供应总规模和总宗数分别为 3 260 876 hm² 和 2 057 128 宗。其中,以划拨方式供地规模和宗数分别为 1 472 365 hm² 和 451 667 宗,分别占土地供应总规模和总宗数的比重为 45.15% 和 21.96%。以出让方式供地规模和宗数分别为 1 736 108 hm² 和 1 417 029 宗,分别占土地供应总规模和总宗数的比重为 53.24% 和 68.88%。以租赁方式供地规模和宗数分别为 26 642 hm² 和 142 503 宗,分别占土地供应总规模和总宗数的比重为 0.82% 和 6.93%。以其他供地方式供地规模和宗数分别为 25 762 hm² 和 45 929 宗,分别占土地供应总规模和总宗数的比重为 0.79% 和 2.23%。综上可知,长江经济带土地供应方式中,土地供应以出让和划拨为主,租赁及其他供地方式所占规模和比重均较小。

从土地供应方式的时间变化特征看,2001—2017 年以划拨方式供地的比重呈现先减少再增加再稳定的趋势,而出让方式供地的比重则呈现先增加后减少的特征。研究时段内,以划拨方式供地规模所占比重由 2001 年的 40.50% 下降至 2008 年的 27.01%,其中,2006 年达到最低值,其比重仅为 21.17%。以划拨方式供地规模比重在 2009—2014 年不断提高,其比重由

表4-1 2001—2017年长江经济带土地供应情况

年份	总宗数（宗）	总面积（hm²）	划拨		出让		租赁		其他供地方式	
			宗数（宗）	面积（hm²）	宗数（宗）	面积（hm²）	宗数（宗）	面积（hm²）	宗数（宗）	面积（hm²）
2001	287 709	77 937.71	88 471	31 562.94	102 684	41 476.26	80 914	2 699.7	15 640	2 198.81
2002	207 859	111 710.20	58 851	37 553.33	113 325	68 530.43	25 040	2 809.87	10 643	2 816.55
2003	174 385	157 057.10	25 057	35 138.93	127 579	106 240.58	11 103	1 623.35	10 646	14 054.27
2004	136 161	112 047.00	17 264	25 340.79	110 703	79 165.16	5 265	5 127.40	2 929	2 413.68
2005	121 706	115 114.20	15 179	31 538.37	97 813	80 061.55	6 264	1 956.92	2 450	1 557.33
2006	138 211	135 652.60	17 748	28 716.39	115 226	105 297.10	3 796	853.81	1 441	785.32
2007	111 545	145 334.40	13 160	34 548.27	93 470	109 640.69	3 641	756.61	1 274	388.8
2008	91 832	108 053.90	12 512	29 186.68	74 627	77 029.12	3 835	500.90	858	1 337.2
2009	73 098	150 449.80	13 553	59 326.03	58 807	90 613.30	714	423.34	24	87.14
2010	84 634	186 805.60	15 577	68 348.28	68 479	118 077.15	575	380.22	3	0.44
2011	94 225	243 675.60	20 102	106 279.70	73 933	136 842.37	188	533.35	2	20.16
2012	95 515	293 924.90	25 891	158 003.18	69 409	135 328.91	215	593.58	0	0.00
2013	112 480	305 768.80	27 171	147 166.70	85 051	157 836.78	258	765.32	0	0.00
2014	90 002	326 492.90	24 324	205 658.30	65 620	120 551.15	56	282.55	2	0.85
2015	82 186	250 476.70	25 832	146 458.56	56 221	103 591.57	132	425.59	1	1.00
2016	76 148	246 771.10	25 844	144 582.54	50 131	96 331.57	173	5 857.04	0	0.00
2017	79 432	293 603.70	25 131	182 955.87	53 951	109 494.23	334	1 052.72	16	100.92
合计	2 057 128	3 260 876.21	451 667	1 472 364.86	1 417 029	1 736 107.92	142 503	26 642.27	45 929	25 762.47

表4-2 2001—2017年长江经济带不同供地方式占土地供应总宗数和总规模的比重情况

年份	总宗数(%)	总面积(%)	划拨		出让		租赁		其他供地方式	
			宗数(%)	面积(%)	宗数(%)	面积(%)	宗数(%)	面积(%)	宗数(%)	面积(%)
2001	100	100	30.75	40.50	35.69	53.22	28.12	3.46	5.44	2.82
2002	100	100	28.31	33.62	54.52	61.35	12.05	2.52	5.12	2.51
2003	100	100	14.37	22.37	73.16	67.64	6.37	1.03	6.10	8.96
2004	100	100	12.68	22.62	81.30	70.65	3.87	4.58	2.15	2.15
2005	100	100	12.47	27.40	80.37	69.55	5.15	1.70	2.01	1.35
2006	100	100	12.84	21.17	83.37	77.62	2.75	0.63	1.04	0.58
2007	100	100	11.80	23.77	83.80	75.44	3.26	0.52	1.14	0.27
2008	100	100	13.62	27.01	81.26	71.29	4.18	0.46	0.94	1.24
2009	100	100	18.54	39.43	80.45	60.23	0.98	0.28	0.03	0.06
2010	100	100	18.41	36.59	80.91	63.21	0.68	0.20	0.00	0.00
2011	100	100	21.33	43.62	78.46	56.16	0.21	0.21	0.00	0.01
2012	100	100	27.11	53.76	72.67	46.04	0.22	0.20	0.00	0.00
2013	100	100	24.16	48.13	75.61	51.62	0.23	0.25	0.00	0.00
2014	100	100	27.03	62.99	72.91	36.92	0.06	0.09	0.00	0.00
2015	100	100	31.43	58.47	68.41	41.36	0.16	0.17	0.00	0.00
2016	100	100	33.94	58.59	65.83	39.04	0.23	2.37	0.00	0.00
2017	100	100	31.64	62.31	67.92	37.29	0.42	0.37	0.02	0.03
合计	100	100	21.96	45.15	68.88	53.24	6.93	0.82	2.23	0.79

39.43%增加至62.99%;2015—2017年,其比重基本保持稳定,介于58.47%～62.31%之间。出让方式供地规模所占比重由2001年的53.22%增加至2008年的71.29%,表明该时期土地供应以出让为主。随后土地出让规模占土地供应规模的比重总体呈下降趋势,2010—2017年,其比重由63.21%下降至37.29%,下降了25.92%。以租赁和其他供地方式供地规模占土地供应规模的比重均呈下降的特征,租赁和其他方式供地规模占比分别由2001年的3.64%和2.82%下降至2017年的0.37%和0.03%。

从土地供应宗数看,以划拨方式出让宗数占土地出让总宗数的比重呈现先减少后增加的特征,其比重由2001年的30.75%下降至2014年的27.03%,其中,2007年的比重最低仅为11.80%;2015—2016年其比重由31.43%增加至33.94%,随后略微下降,2017年比重为31.64%。以出让方式出让宗数占土地出让总宗数的占比则呈现先增加后减少的特征,其比重由2001年的35.69%快速增加至2007年的83.80%,增加了48.11%。2008—2011年,其比重相对保持稳定,介于78.46%～81.26%之间。2011—2017年,其比重由78.46%下降至67.92%。租赁和其他方式供地宗数占比均呈下降趋势,分别由2001年的28.12%和5.44%下降至2017年的0.42%和0.02%。

综上可知,研究时段内,土地供应以出让和划拨为主,在不同时段其占比出现交替变化,而租赁和其他供地方式占比较低且不断下降。

4.1.1.2　长江经济带土地出让价格

2001—2017年,长江经济带土地出让价格总体呈不断提高的趋势。研究期内,土地出让总价款为188 068.42亿元,土地出让价款由2001年的705.66亿元增加至2017年的28 896.55亿元(表4-3),16年间增长39.95倍,年均增长率达26.11%。从土地出让单价看,长江经济带土地出让价款亦呈不断提高的趋势(图4-2)。2001年,土地出让单价为170万元/hm²,至2017年土地出让单价高达2 639万元/hm²。2001—2017年,长江经济带土地出让平均单价为1 083万元/hm²。不同时期,土地出让价格变化存在差异。2001—

2008 年,土地出让价格缓慢增长,其价格由 170 万元/hm² 增加至 661 万元/hm²,7 年间增长了 2.89 倍,年均增长率为 21.41%。2009—2011 年,土地出让价格继续增长,其价格由 996 万元/hm² 增加至 1 164 万元/hm²。2012—2017 年,土地出让价格总体上呈波动上涨的趋势。出让价格由 2012 年的 1 047 万元/hm² 增加至 2015 年的 1 618 万元/hm²,2015—2017 年,土地出让价格快速上涨,出让价格由 2015 年的 1 618 万元/hm² 快速增加至 2017 年的 2 639 万元/hm²。综上可知,研究期内,长江经济带土地出让总价格和出让单价均呈不断增长的态势。

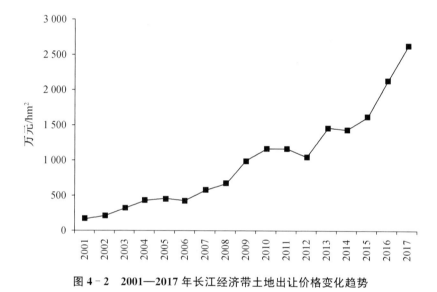

图 4 - 2　2001—2017 年长江经济带土地出让价格变化趋势

表 4 - 3　2001—2017 年长江经济带土地出让价格

年份	面积(hm²)	出让收入(万元)	出让价格(万元/hm²)
2001	41 476.26	7 056 643	170
2002	68 530.43	14 329 869	209
2003	106 240.58	33 835 056	318
2004	79 165.16	33 989 024	429
2005	80 061.55	35 554 157	444
2006	105 297.10	44 053 808	418

（续表）

年份	面积(hm²)	出让收入(万元)	出让价格(万元/hm²)
2007	109 640.69	63 297 891	577
2008	77 029.12	50 926 669	661
2009	90 613.30	90 263 500	996
2010	118 077.15	137 882 317	1 168
2011	136 842.37	159 259 525	1 164
2012	135 328.91	141 739 922	1 047
2013	157 836.78	231 283 132	1 465
2014	120 551.15	174 005 952	1 443
2015	103 591.57	167 655 795	1 618
2016	96 331.57	206 585 440	2 145
2017	109 494.23	288 965 546	2 639
合计	1 736 107.92	1 880 684 245	1 083

4.1.1.3　长江经济带土地市场化水平

用土地出让中"招拍挂"宗数占土地出让总宗数的比重来衡量土地市场化水平(刘力豪,2016)。从图 4-3 和表 4-4 可知,2001—2017 年,长江经济带土地市场化水平不断提高,由 17.53% 增加至 65.57%。进入 21 世纪以来,国务院先后颁布了《国务院关于加强国有土地资产管理的通知》(国发〔2001〕15号)、《关于 2005 年深化经济体制改革的意见》(国发〔2005〕9 号)等文件,明确要求大力推行国有资产有偿使用制度,提出经营性用地要全面推行招标、拍卖、挂牌出让制度,不断提高土地市场化水平。2006 年,国务院颁布《关于加强土地调控有关问题的通知》(国发〔2006〕31 号),要求工业用地必须采用招标、拍卖、挂牌方式出让,其出让价格不得低于公布的最低价标准。2007 年,国土资源部颁布了《招标拍卖挂牌出让国有建设用地使用权规定(国土资源部39 号令)》,规定:工业、商业、旅游、娱乐和商品住宅等经营性用地以及同一宗地有两个以上意向用地者的,应当以招标、拍卖或者挂牌方式出让。2008 年,国务院颁布《关于促进节约集约用地的通知》(国发〔2008〕3 号),规定要严格限定划拨用地范围,工业和经营性用地出让必须以招标拍卖挂牌方式确定土地使用者和土地价格。伴随着我国土地市场化改革进行不断推进,长江经济带土地市场化发育程度显著提高。但在不同时段,土地市场化水平呈现不同的阶段性特征。具体表现为:2001—2005 年,长江经济带以"招牌挂"方式出让土地宗数占土地出让总宗数的比重由 2001 年的 17.53% 提高至 2005 年的27.22%,土地市场化水平不断提高,但其市场化程度处于较低水平,土地市场化水平低于 30%。这一时期,虽然我国不断发展和完善土地市场,土地市场化水平不断不高,但这一时期,我国土地市场发育处于初步发展阶段(刘力豪,2016),因此,其市场化水平相对较低。2006 年以来,国务院及国土资源部先后颁布系列关于土地市场要素改革文件,加快了我国土地市场建设,土地市场发育程度显著提高。长江经济带土地市场化水平亦得到显著提高,其土地市场化水平由 2006 年的 23.94% 提高到 2017 年的 65.57%,提高了 41.63%。这一时段内,土地市场化分值年出现在 2015 年,其市场化水平为 69.03%,接近 70%。随着我国土地市场的不断发育和完善,土地市场化水平将进一步提高。

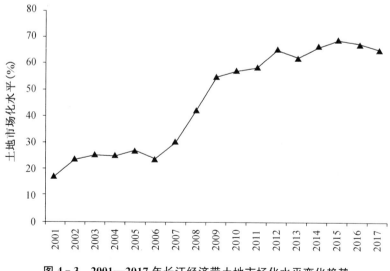

图 4 - 3 2001—2017 年长江经济带土地市场化水平变化趋势

表 4-4　2001—2017 年长江经济带土地市场化水平

年份	出让宗数(宗)	招拍挂宗数(宗)	土地市场化水平(%)
2001	102 684	17 997	17.53
2002	113 325	27 039	23.86
2003	127 579	32 351	25.36
2004	110 703	27 514	24.85
2005	97 813	26 629	27.22
2006	115 226	27 586	23.94
2007	93 470	28 330	30.31
2008	74 627	31 683	42.46
2009	58 807	32 434	55.15
2010	68 479	39 280	57.36
2011	73 933	43 264	58.52
2012	69 409	45 447	65.48
2013	85 051	53 111	62.45
2014	65 620	43 619	66.47
2015	56 221	38 809	69.03
2016	50 131	34 083	67.99
2017	53 951	35 373	65.57
合计	14 17 029	584 549	41.25

4.1.2　各省市土地市场总体发展现状与区域差异

4.1.2.1　各省市土地出让宗数与供应规模

从表 4-5 和表 4-6 可知,2001—2017 年,长江经济带 11 个省市土地出让总宗数为 205.71 万宗,占同期全国土地出让总宗数的 52.80%。研究时段内,不同省市土地出让宗数差异较大。其中,四川和湖南两省土地出让宗数最多,分别高达 33.97 万宗和 32.98 万宗;湖北、浙江、江苏和云南土地出让宗数

表4-5 2001—2017年长江经济带各省份土地出让宗数

（单位：宗）

年份	上海	江苏	浙江	安徽	江西	湖北	湖南	重庆	四川	贵州	云南	长江经济带
2001	4 339	13 452	20 876	15 472	20 465	38 769	90 246	9 769	28 264	14 317	31 740	287 709
2002	3 948	13 845	26 103	17 986	4 591	36 987	33 853	5 978	27 130	8 714	28 724	207 859
2003	3 706	23 294	28 957	10 410	3 369	20 157	25 982	4 548	29 130	4 822	20 010	174 385
2004	3 065	13 760	17 469	8 597	4 014	19 531	16 609	3 733	32 014	5 121	12 248	136 161
2005	2 468	12 976	12 383	7 150	3 350	17 100	15 359	3 519	32 979	4 197	10 225	121 706
2006	3 571	16 946	19 063	8 841	4 054	13 391	13 410	4 668	33 652	3 794	16 821	138 211
2007	1 256	10 114	13 418	7 395	2 780	13 001	13 915	3 458	33 988	3 591	8 629	111 545
2008	1 419	10 083	10 294	7 153	1 483	10 688	10 017	2 149	26 344	2 844	9 358	91 832
2009	1 228	11 093	10 634	4 443	3 307	9 696	9 366	1 984	10 535	2 601	8 211	73 098
2010	838	11 351	12 956	5 475	4 539	9 949	12 475	2 718	11 180	3 016	10 137	84 634
2011	1 148	11 679	12 031	6 841	6 129	11 684	12 861	2 871	13 183	4 005	11 793	94 225
2012	825	14 597	12 072	9 382	5 882	11 076	12 591	2 755	11 114	5 719	9 502	95 515
2013	874	16 026	13 570	10 648	8 313	13 659	14 549	4 272	12 649	6 005	11 915	112 480
2014	997	13 159	10 950	8 198	5 419	9 721	13 039	2 935	10 894	5 745	8 945	90 002
2015	965	13 840	9 374	7 800	5 835	8 781	12 226	2 458	10 357	5 151	5 399	82 186
2016	884	12 276	9 118	7 286	4 836	8 548	11 501	2 295	8 704	4 730	5 970	76 148
2017	830	12 548	11 013	7 742	5 474	8 850	11 768	2 125	7 617	4 391	7 074	79 432
合计	32 361	231 039	250 281	150 819	93 840	261 588	329 767	62 235	339 734	88 763	216 701	2 057 128

表 4 - 6 2001—2017 年各省份土地出让宗数占长江经济带出让总宗数的比重

（单位：%）

年份	上海	江苏	浙江	安徽	江西	湖北	湖南	重庆	四川	贵州	云南	合计
2001	1.51	4.68	7.26	5.38	7.11	13.48	31.37	3.40	9.82	4.97	11.02	100
2002	1.90	6.66	12.56	8.65	2.21	17.79	16.29	2.88	13.05	4.19	13.82	100
2003	2.13	13.36	16.61	5.97	1.93	11.56	14.90	2.61	16.70	2.77	11.46	100
2004	2.25	10.11	12.83	6.31	2.95	14.34	12.20	2.74	23.51	3.76	9.00	100
2005	2.03	10.66	10.17	5.87	2.75	14.05	12.62	2.89	27.10	3.45	8.41	100
2006	2.58	12.26	13.79	6.40	2.93	9.69	9.70	3.38	24.35	2.75	12.17	100
2007	1.13	9.07	12.03	6.63	2.49	11.66	12.47	3.10	30.47	3.22	7.73	100
2008	1.55	10.98	11.21	7.79	1.61	11.64	10.91	2.34	28.69	3.10	10.19	100
2009	1.68	15.18	14.55	6.08	4.52	13.26	12.81	2.71	14.41	3.56	11.23	100
2010	0.99	13.41	15.31	6.47	5.36	11.76	14.74	3.21	13.21	3.56	11.98	100
2011	1.22	12.39	12.77	7.26	6.50	12.40	13.65	3.05	13.99	4.25	12.52	100
2012	0.86	15.28	12.64	9.82	6.16	11.60	13.18	2.88	11.64	5.99	9.95	100
2013	0.78	14.25	12.06	9.47	7.39	12.14	12.93	3.80	11.25	5.34	10.59	100
2014	1.11	14.62	12.17	9.11	6.02	10.80	14.49	3.26	12.10	6.38	9.94	100
2015	1.17	16.84	11.41	9.49	7.10	10.68	14.88	2.99	12.60	6.27	6.57	100
2016	1.16	16.12	11.97	9.57	6.35	11.23	15.10	3.01	11.43	6.21	7.84	100
2017	1.04	15.80	13.86	9.75	6.89	11.14	14.82	2.68	9.59	5.53	8.91	100

也较多,均在 20 万宗以上,4 个省份的土地出让宗数分别为 26.16 万宗、25.03 万宗、23.10 万宗和 21.67 万宗。其余省份土地出让宗数均低于 20 万宗,其中,上海市的土地出让宗数最少,为 3.24 万宗,仅为四川省的 9.54%。从各省份土地出让宗数年均水平来看,2001—2017 年,四川省和湖南两省年均出让土地出让宗数分别为 2.00 万宗和 1.94 万宗,在各省份中处于最高水平。湖北、浙江、江苏和云南四省年均土地出让宗数分别为 1.54 万宗、1.47 万宗、1.36 万宗和 1.27 万宗,均大于 1 万宗;其余省份年均出让土地出让宗数均小于 1 万宗,其中,上海最低,仅为 0.20 万宗。

从土地出让宗数的时间变化来看,各省市土地出让宗数的变化存在差异性。2001—2017 年,上海、重庆、四川、贵州等省份的土地出让宗数总体呈波动下降的趋势。上海市的土地出让宗数由 2001 年的 4 339 宗减少至 2017 年的 830 宗,重庆市土地出让宗数由 9 769 宗减少至 2 125 宗,四川省由 28 264 宗减少至 7 617 宗,贵州省由 14317 宗减少至 4 391 宗。江苏、浙江、安徽、江西、湖北、湖南、云南等省份的土地出让宗数总体呈先下降后增加再波动变化的特征。其中,江苏省的土地出让宗数由 2001 年的 13 452 宗增加至 2003 年的 23 294 宗,呈现快速增长的趋势,随后土地出让宗数下降到 2008 年的 10 083 宗,2009 年至 2013 年土地出让宗数增加至 16 026 宗,2013—2017 年呈现波动变化的特征。其余省份的变化规律与江苏省基本一致,研究时段内,土地出让宗数呈波动变化的特征。土地出让年平均水平亦存在显著的差异性,四川、湖南、湖北、江苏和浙江等省份处于较高水平,而其余省市土地出让年平均水平相对较低(图 4-4)。

从各省份土地出让宗数占长江经济带出让宗数的比重看,上海市土地出让宗数占比变化相对较小,且总体呈下降的趋势,其占比由最高点下降 2.58% 下降至最低点 0.78%。江苏、安徽、浙江和四川省比重变化较大,江苏、安徽、浙江三省其占比均呈现快速增加的趋势。江苏省由 2001 年的 4.68% 快速增加至 2015 年的 16.84%;安徽省由 2001 年的 5.38% 增加至 2017 年的 9.75%;浙江省由 2001 年的 7.26% 增加至最高点 16.61%,随后呈波动变化的趋势。四川省土地出让占比波动较大,由 2001 年的 9.82% 快速

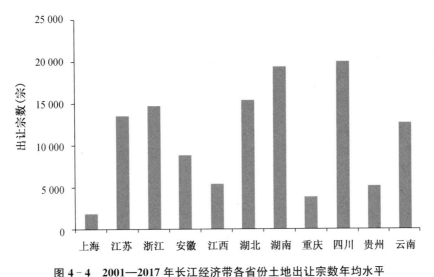

图 4 - 4　2001—2017 年长江经济带各省份土地出让宗数年均水平

增加至 2007 年的 30.47%，随后总体呈快速减少的趋势，由 2008 年的 28.69% 下降至 2017 年的 9.59%。其余省份土地出让占比基本保持相对稳定。

从表 4 - 7 和表 4 - 8 可知，2001—2017 年，长江经济带 11 个省市土地供应总规模为 326.09 万 hm²，占全国同期土地供应总规模的 44.82%。研究时段内，不同省市土地出让规模存在显著的区域差异特征。总体来看，江苏、浙江、四川等经济较为发达的省份土地供应面积较大。2001—2017 年，江苏省土地供应规模最高，达 60.90 万 hm²，浙江、四川、湖北和安徽四个省份的土地供应规模则分别为 44.76 万 hm²、35.79 万 hm²、33.35 万 hm² 和 32.73 万 hm²，供地规模处于较高水平。其余省份土地供应规模均低于 30 万 hm²，其中，上海市的土地出让规模为 11.25 万 hm²，在长江经济带 11 个省市中最少。从各省份土地供应规模年均水平来看，2001—2017 年，江苏省年均出让土地供应规模为 3.58 万 hm²，在各省份中处于最高水平。浙江、四川、湖北和安徽四个省份的年均出让土地供应规模分别为 2.63 万 hm²、2.11 万 hm²、1.96 万 hm² 和 1.93 万 hm²，其年均供地规模均高于 2 万 hm²。其余省份年均土地供应规模则均低于 1.90 万 hm²，其中，上海市年均土地供应规模最低，为 0.66 万 hm²，仅为供地规模最大省份江苏省的 18.48%，其原因一是上海市市域面积

表4-7 2001—2017年长江经济带各省份土地出让面积

（单位：hm²）

年份	上海	江苏	浙江	安徽	江西	湖北	湖南	重庆	四川	贵州	云南	长江经济带
2001	10 886	12 530	16 157	3 148	2 120	11 403	6 257	3 491	6 168	1 468	4 309	77 938
2002	14 569	20 324	34 238	7 097	5 904	5 493	6 805	3 159	8 309	1 427	4 386	111 710
2003	13 884	44 898	41 679	14 256	3 784	8 541	8 264	5 449	9 976	1 638	4 688	157 057
2004	10 853	22 900	26 468	3 029	5 376	8 392	8 821	6 392	9 325	1 696	8 796	112 047
2005	9 598	29 413	25 403	9 427	4 632	6 423	8 193	5 240	11 635	1 340	3 808	115 114
2006	13 074	31 880	24 123	16 417	6 705	9 634	8 018	7 693	10 460	2 217	5 432	135 653
2007	5 128	36 373	25 557	15 854	7 239	11 281	12 214	8 218	11 804	2 823	8 843	145 334
2008	4 574	29 865	16 471	13 130	5 198	7 561	6 882	5 003	9 531	2 351	7 487	108 054
2009	4 897	34 567	20 841	14 074	16 129	9 298	6 939	9 557	14 913	7 206	12 030	150 450
2010	2 926	37 874	27 933	17 524	17 908	16 873	13 425	11 240	14 631	16 493	9 979	186 806
2011	4 239	41 755	27 309	22 398	25 883	21 007	29 786	17 834	28 727	10 902	13 835	243 676
2012	2 343	48 392	31 318	34 829	23 438	25 645	24 088	12 705	33 297	44 165	13 705	293 925
2013	2 266	52 483	29 644	38 032	33 820	33 849	23 824	14 515	31 280	29 481	16 575	305 769
2014	3 656	41 809	27 316	33 805	17 399	32 890	27 406	18 229	51 796	19 509	52 679	326 493
2015	3 090	41 764	21 240	26 674	18 041	23 712	21 709	12 182	47 857	16 154	18 053	250 477
2016	3 512	40 124	22 994	28 508	18 985	23 823	26 904	13 918	31 030	15 110	21 865	246 771
2017	3 048	42 051	28 950	29 109	22 162	77 724	21 201	12 912	27 176	14 709	14 562	293 604
合计	112 543	609 002	447 640	327 310	234 724	333 549	260 739	167 736	357 914	188 688	221 031	3 260 876

表 4-8 2001—2017 年各省份土地出让规模占长江经济带土地出让总规模的比重

(单位:%)

年份	上海	江苏	浙江	安徽	江西	湖北	湖南	重庆	四川	贵州	云南	合计
2001	13.97	16.08	20.73	4.04	2.72	14.63	8.03	4.48	7.91	1.88	5.53	100
2002	13.04	18.19	30.65	6.35	5.28	4.92	6.09	2.83	7.44	1.28	3.93	100
2003	8.84	28.59	26.54	9.08	2.41	5.44	5.26	3.47	6.35	1.04	2.98	100
2004	9.69	20.44	23.62	2.70	4.80	7.49	7.87	5.70	8.32	1.51	7.85	100
2005	8.34	25.55	22.07	8.19	4.02	5.58	7.12	4.55	10.11	1.16	3.31	100
2006	9.64	23.50	17.78	12.10	4.94	7.10	5.91	5.67	7.71	1.63	4.00	100
2007	3.53	25.03	17.59	10.91	4.98	7.76	8.40	5.65	8.12	1.94	6.08	100
2008	4.23	27.64	15.24	12.15	4.81	7.00	6.37	4.63	8.82	2.18	6.93	100
2009	3.26	22.98	13.85	9.35	10.72	6.18	4.61	6.35	9.91	4.79	8.00	100
2010	1.57	20.27	14.95	9.38	9.59	9.03	7.19	6.02	7.83	8.83	5.34	100
2011	1.74	17.14	11.21	9.19	10.62	8.62	12.22	7.32	11.79	4.47	5.68	100
2012	0.80	16.46	10.66	11.85	7.97	8.72	8.20	4.32	11.33	15.03	4.66	100
2013	0.74	17.16	9.69	12.44	11.06	11.07	7.79	4.75	10.23	9.64	5.42	100
2014	1.12	12.81	8.37	10.35	5.33	10.07	8.39	5.58	15.86	5.98	16.13	100
2015	1.23	16.67	8.48	10.65	7.20	9.47	8.67	4.86	19.11	6.45	7.21	100
2016	1.42	16.26	9.32	11.55	7.69	9.65	10.90	5.64	12.57	6.12	8.86	100
2017	1.04	14.32	9.86	9.91	7.55	26.47	7.22	4.40	9.26	5.01	4.96	100

小于其他省份,二是上海市经过长时间的发展,城市发展较为成熟,土地供应由原来的增量用地供应逐渐向存量用地供应转变,促进城市内涵式发展,因此,土地供应规模较其他省份小。综上可知,长江经济带各省份年均供地规模差异较大,总体上经济发展水平较高省份土地供应规模高于经济欠发达省份。经济发展水平与土地供应规模密切相关,经济发展水平是影响长江经济带土地供应规模的主要因素之一。

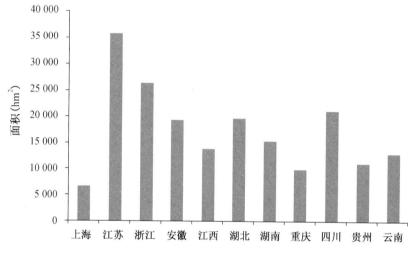

图 4-5　2001—2017 年长江经济带各省份土地出让面积年均水平

从土地出让面积的时间变化来看,2001—2017 年,上海市土地出让规模总体呈下降的趋势,由 2002 年的最高值 14 569 hm² 下降至 2013 年的最低值 2 266 hm²,随后呈波动变化。江苏、浙江、安徽、江西、湖北、湖南、四川、贵州、云南等省份的土地出让规模总体呈快速增加的趋势。其中,江苏、湖北、四川三个省份的土地出让规模变化最大,江苏省由 2001 年的 12 530 hm² 快速增加至 2013 年的最高值 52 483 hm²,随后出现下降,但仍保持在 40 000 hm² 以上。湖北省由 2002 年的最低值 5 493 hm² 增加至 2017 年的 77 724 hm²,2010 年后土地出让规模迅速增加。四川省土地出让规模由 2001 年的 6 168 hm² 增加至 2014 年的最高值 51 796 hm²,随后土地出让规模出现下降。湖南、江西、四川、贵州、云南等省份土地出让规模多数从 2012—2014 年以后出现下降,这与我国经济发展进入新常态相关。各省份经济发展在 2012 年以后进入新常态,经济发展增速下降,经济发展对用地规模的需求相对减少。

从土地出让面积占长江经济带土地出让总面积的比重来看,2001—2017年,上海市土地出让规模占比呈快速下降的趋势,其占比由 2001 年的13.97%快速下降到 2017 年的 1.04%。江苏、浙江两省土地出让规模占长江经济带土地出让规模的比重较大,江苏省比重最高值出现在 2003 年,其比重高达 28.59%,随后占比呈现波动下降,但仍保持在 14.00%以上;浙江省占比最高值出现在 2002 年,其占比高达 30.65%,随后呈快速下降的趋势,由 2003年的 26.54%下降至 2014 年的最低值 8.37%,2015—2017 年,其占比相对保持稳定,介于 8.00%~10.00%之间。安徽、江西、贵州、云南等省份的占比呈快速增加随后出现减少的趋势,而湖北、湖南两省则呈现波动变化的趋势。上述省份中,贵州和江西省的土地出让规模占比呈快速增加,贵州省由2003 年的低值 1.04%迅速增加到 2012 年的 15.03%,随后出现下降,占比保持在 5.00%~7.00%之间;江西省由 2003 年的低值 2.41%增加至 2013年的 11.06%,随后出现下降,占比保持在 5.00%~8.00%之间。总体上看,长江经济带各省市土地出让规模占比存在显著的区域差异,东部发达地区的上海、江苏、浙江三省市占比较高且呈不断下降的趋势;中部地区的湖北、湖南两省占比呈波动增加后下降的趋势,而江西则呈现快速增加的趋势;西部地区的贵州、四川等省份占比快速增加。研究时段内,中西部地区的省份土地出让规模总体呈增加的趋势,这与西部大开发和中部地区崛起战略的实施密切相关。

4.1.2.2　各省市土地出让价格

从图 4-6 和表 4-9 可以看出,长江经济带各省市土地出让价格不同,土地出让价格存在显著的区域差异性。2001—2017 年长江经济带各省份土地出让年平均价格中,上海市、江苏省、浙江和重庆省四个省市的土地出让价格最高,上海年平均出让价格高达 5 237.53 万元/hm²,是年平均价格最低省份贵州省的 9.62 倍。江苏、浙江和重庆三个省市的年平均出让价格分别为1 145.59 万元/hm²、1 635.41 万元/hm² 和 1 144.59 万元/hm²。贵州和云南两省的年平均出让价格最低,分别为 628.69 万元/hm² 和 582.50 万元/hm²。其余湖北、湖南、江西、安徽等省份的年平均出让价格在 643.00 万元/hm²～942.50 万元/hm² 之间。总体上,长江经济带土地出让价格年平均水平呈现东高西低的特征。

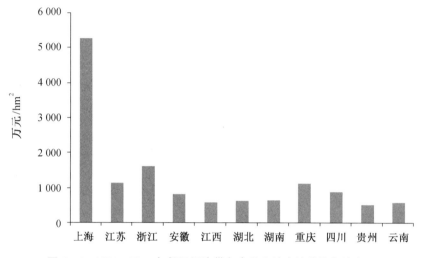

图 4 - 6 2001—2017 年长江经济带各省份土地出让价格年均水平

从长江经济带各省市土地出让价格的变化看,2001—2017 年,除浙江和云南两省土地出让价格呈波动变化外,其余 9 个省市的土地出让价格总体呈现快速增长的趋势。其中,上海市土地出让价格增长最快,其价格由 2001 年的 159 万元/hm² 增加到 2016 年的最高值 19 252 万元/hm²,增长了 120.08 倍。其次为重庆市,土地出让价格从 2001 年的 51 万元/hm² 增加至 2017 年的 3 131 万元/hm²,增长了 60.39 倍。四川、湖北、云南三个省份的土地出让价格增长也较快,分别增长了 36.33 倍、25.64 倍和 21.97 倍。江西、贵州和安徽三个省份的土地出让价格增长较为缓慢,分别增长了 3.68 倍、10.11 倍和 10.22 倍。土地出让价格的变化与土地市场的发育程度、经济发展速度、土地出让区位及用地紧缺程度密切相关。

表4-9　2001—2017年长江经济带各省份土地出让价格

（单位：万元/hm²）

年份	上海	江苏	浙江	安徽	江西	湖北	湖南	重庆	四川	贵州	云南
2001	159	243	242	179	285	75	95	51	71	109	60
2002	191	315	214	164	240	161	228	152	99	161	53
2003	421	313	371	241	274	281	248	252	303	170	197
2004	690	410	485	1 537	289	269	272	359	430	204	217
2005	600	444	575	384	347	343	260	399	461	385	285
2006	493	462	543	235	295	347	294	409	532	485	256
2007	1 745	504	923	385	306	436	396	590	864	432	173
2008	2 310	609	969	466	343	497	532	842	634	493	408
2009	3 966	1 004	2 009	666	384	506	452	1 055	713	467	426
2010	4 551	1 306	2 067	868	666	581	598	1 334	991	588	732
2011	3 677	1 369	2 011	856	610	715	851	1 474	869	616	1 175
2012	4 046	1 156	1 728	771	712	611	906	1 855	1 015	592	1 020
2013	8 153	1 691	2 663	1 183	856	880	1 123	2 081	1 289	828	1 121
2014	10 084	1 721	2 069	1 236	1 033	881	1 073	1 748	1 294	847	776
2015	14 549	1 932	2 327	1 203	1 026	1 153	1 163	1 962	1 351	886	876
2016	19 252	3 005	3 794	1 857	1 297	1 262	1 313	1 764	1 513	846	906
2017	14 763	2 991	4 812	2 008	1 334	1 998	1 497	3 131	2 651	1 211	1 378

4.1.2.3　各省市土地市场化水平

从图4-7和表4-10可以看出,长江经济带各省市土地市场化水平存在显著的区域差异。2001—2017年长江经济带各省份土地市场化年均水平中,江西省的土地市场化年均水平最高,为78.83%;其次,上海、浙江、安徽、重庆、贵州等省(市)的土地市场化程度处于较高水平,其市场化年均水平介于60.00%～62.39%。而湖南、湖北、四川和云南的市场化水平相对较低,其中,四川省土地市场化年均水平最低,为24.74%,仅为江西省的31.39%,而湖

南、湖北、和云南三省的年均市场化水平均低于50.00%。总体上,东部发达
地区的土地市场化程度较高,而中西部地区除重庆、江西和安徽省外,其余省
份土地市场程度较低,各省市的土地市场化程度差异较大。东部地区土地市
场发育较早,其市场化水平较高,而中西部地区除个别省份土地市场发育较为
成熟外,其余绝大多数省份土地市场发育相对较晚,因此,其土地市场化水平
相对较低。

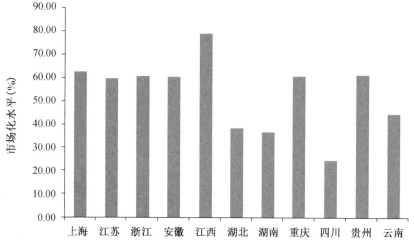

图4-7   2001—2017年长江经济带各省份土地市场化程度年均水平

从长江经济带各省市土地市场化水平的变化看,上海、江苏、浙江、安徽、
江西和重庆等省市土地市场化水平显著提高。其中,上海市土地市场化水平
由2001年的6.87%提高到2015年的最高值99.12%,随后土地市场化水平
略有下降,但仍保持在90.00%以上。江苏省土地市场化程度由2001年的
16.14%提高到2015年的最高值91.34%。安徽、浙江、江西、重庆等省市土
地市场化水平由2001年的不到21.00%快速提高到90.00%以上。湖北、湖
南、四川和云南四个省份土地市场化水平相对较低,且呈现出波动变化的特
征。其中,湖南和四川两个省份的土地市场化水平最低,其土地市场化水平最
高值仅分别为45.92%和51.99%。进入21世纪以来,国家对土地市场的发
展和完善高度重视,出台了很多相关政策促进土地市场的发展,与此同时,各
地方政府也根据自身土地市场的发展制定相应的政策和规章制度,发展和完

善土地市场,促进了土地市场化水平的不断提高。

表 4-10 2001—2017 年长江经济带各省份土地市场化水平 (单位:%)

年份	上海	江苏	浙江	安徽	江西	湖北	湖南	重庆	四川	贵州	云南
2001	6.87	16.14	16.25	5.28	20.30	11.17	24.28	12.36	2.58	16.43	41.96
2002	15.36	23.11	11.87	13.50	43.42	13.83	36.81	34.50	6.21	37.67	46.13
2003	21.91	18.86	12.99	22.01	59.80	20.42	35.34	37.38	11.84	52.72	49.14
2004	15.13	20.39	17.08	23.97	60.95	21.49	41.54	29.23	8.53	43.00	51.26
2005	25.02	21.71	23.07	37.28	68.95	23.88	45.16	36.52	8.78	52.83	51.70
2006	8.27	21.18	17.97	28.02	65.14	24.54	45.92	40.20	6.95	58.92	34.24
2007	34.36	36.02	50.49	47.04	80.06	23.57	38.16	37.05	7.24	58.18	54.72
2008	85.97	68.37	75.15	74.87	98.99	43.29	43.45	66.46	9.68	59.89	50.48
2009	89.58	77.91	91.94	75.81	90.86	31.93	37.64	77.93	29.91	58.59	34.61
2010	96.22	85.28	93.31	79.34	93.41	43.41	31.98	75.14	34.44	54.05	31.30
2011	96.08	89.80	90.73	81.58	94.53	46.18	34.95	76.21	33.15	59.05	37.06
2012	94.68	91.29	89.55	85.42	94.48	56.38	34.84	74.23	42.24	75.19	48.09
2013	89.23	85.51	88.45	88.12	95.07	51.74	32.43	52.68	41.16	81.82	43.04
2014	94.48	90.04	91.99	89.47	91.23	64.45	36.72	87.15	37.42	83.05	43.82
2015	99.12	91.34	90.52	92.66	94.33	65.53	36.65	97.60	38.40	85.14	51.62
2016	94.33	89.77	86.98	89.25	93.85	56.09	36.18	97.39	51.99	85.48	47.51
2017	93.94	88.70	83.93	90.38	94.68	50.65	31.75	96.98	50.12	82.35	41.05
年均	62.39	59.73	60.72	60.24	78.83	38.15	36.69	60.53	24.74	61.43	44.57

4.1.3 市域尺度土地市场总体发展状况

4.1.3.1 各市(州)土地供应规模空间分布及演变特征

为了能够直观地反映长江经济带土地供应规模的分布状况及差异,本书将研究区域的 127 个城市①的土地供应规模进行统计。据已有研究,1988—
2001 年为我国土地市场形成阶段(Chen et al.,2015;刘力豪,2016)、2005 年
国务院下发《关于 2005 年深化经济体制改革的意见》及 2010 年后我国经济发
展进入新常态为界,将长江经济带土地供应规模分为 2001 年、2005 年、2010
年和 2017 年四个截面,通过 ArcGIS10.6 自然断裂法,将土地供应规模划分
为五个等级(图 4-8)。从图 4-8 可知,长江经济带土地供应规模存在显著的
空间分异特征,总体呈现出"东高西低"的态势。随着时间的推移,土地供应规
模在空间上呈现以长三角城市群的主要城市为核心逐渐向西部地区的城市蔓
延增长的趋势。

根据 2001 年土地出让规模截面图,长江经济带土地出让规模最高值
(4 481.79~10 886.24 hm²)、高值(2 570.62~4 481.78 hm²)、中值(1 136.55~
2 570.61 hm²)、低值(387.35~1 136.54 hm²)、最低值(5.15~387.34 hm²)。
2001 年,长江经济带土地出让规模较高的城市主要分布在长三角城市群、长
江中游城市群和成渝城市群。高值及以上城市数量占长江经济带城市总数的
5.51%,主要集中分布在上海、苏州、杭州、黄石、荆州、长沙和重庆等市,土地
供应规模均在 2 500 hm² 以上,其中,上海市土地供应规模最大,高达
10 886.24 hm²。中值区主要分布在宁波、嘉兴、金华、绍兴、衢州、温州、台州、
南京、无锡等市,占城市总数的 8.66%。低值及以下城市数量占长江经济带
的比重为 85.82%,集中分布在长江经济带的中游和上游地区的城市。2005
年,土地供应规模总量显著提高,供地规模较 2001 年提高了 37 176.46 hm²。
根据 2005 年长江经济带土地出让规模分布截面图,不同土地出让规模类型,
即最高值、高值、中值、低值和最低值的空间分布特征可知,从高值及以上城市
数量看,占长江经济带的比重较上一时期有所降低,占城市总数的 6.30%,其
空间分布在长三角城市高度聚集,主要分布在上海、南京、宁波、苏州、杭州、盐

---

① 因土地数据和《中国国土资源统计年鉴(2002—2018 年)》中湖北省直辖的县级行政单元仙桃
市、潜江市、天门市、神农架林区数据统一用省直辖县数据表示,未能剥离数据到具体的县域,因此,将
仙桃市、潜江市、天门市、神农架林区合并为湖北省直辖县。书中涉及的各市(州)土地出让规模、出让
价格、土地市场化水平图件及长江经济带空间计量都合并为省直辖县。

城、南通、无锡、合肥等市，而在西部地区零星分布，主要分布在重庆和成都两市。中值区城市占比为 14.96％，主要集中分布在长三角城市群内的城市，上游和中游地区主要分布在攀枝花、武汉和长沙等市。低值及以下城市占比为 78.74％，主要集中分布在贵州省内的绝大多数城市、四川省以西和与贵州相邻的城市及云南省西部地区的城市，在安徽省和湖南等省境内呈零星分布。2010 年，土地出让规模较上一时期继续增长，出让规模较 2005 年增加了 71 691.40 hm²。根据 2010 年长江经济带土地出让规模类型空间分布截面图可知，高值及以上城市数量占比为 9.45％，其空间分布呈现由东部地区的城市向西部地区城市蔓延的趋势，主要集中分布在长三角和成渝城市群。中值区城市数量占比较 2001 年提高了 3.94％，占比为 18.90％，空间分布上，中值区分布呈现由长三角城市群向中西部地区城市蔓延的趋势。低值及以下城市占比总体呈下降趋势，其占比为 71.65％，主要集中分布在云南、四川、贵州和湖南省境内的城市，在安徽和湖北境内呈零星分布。2017 年长江经济带土地出让规模呈继续增长的态势，其出让规模较 2010 年增加了 106 798.16 hm²。根据 2017 年长江经济带土地出让规模类型空间分布截面图可知，其空间分布发生了显著变化，高值及以上城市数量占比迅速下降，占比仅为 2.36％，空间上呈零星分布，主要分布在十堰、重庆和徐州。中值区城市数量占比略有下降，为 17.32％，主要分布在长三角、长江中游和成渝城市群。低值及以下城市数量较上一时期迅速提升，占比较上一时期提高了 16.31％，占比为 80.31％，主要集中分布在云南、四川省境内的绝大多数城市和湖南西部地区的城市，在湖北、安徽等省内呈零星分布。综上可知，长江经济带土地供应总量呈不断提高的趋势，但其空间分布存在显著的空间分异特征，不同阶段城市土地供应类型区的城市占比和空间分布处于不断变化中，但总体上呈现由长三角城市群逐渐向长江中游和成渝城市群蔓延的趋势。

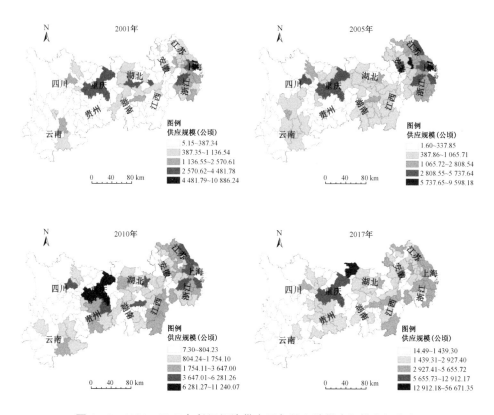

图 4-8   2001—2017 年长江经济带主要年份土地供应规模空间分布

4.1.3.2   各市(州)土地出让价格空间分布及演变特征

根据前文研究,将长江经济带土地出让价格分为 2001 年、2005 年、2010 年和 2017 年四个截面,通过 ArcGIS10.6 自然断裂法,将土地出让价格划分为五个等级(图 4-9)。从图 4-9 可知,长江经济带土地出让价格存在显著的空间差异特征,总体呈现出"东高西低"的态势。随着时间的推移,土地出让价格呈显著提升的态势,空间分布上呈现以长江经带的长三角、长江中游、成渝、黔中和滇中城市群为核心,逐渐向周边城市蔓延的趋势。

根据 2001 年土地出让地价截面图,长江经济带土地出让价格最高值(451.01~939.00 万元/hm²)、高值(283.01~451.00 万元/hm²)、中值(164.01~283.00 万元/hm²)、低值(77.01~164.00 万元/hm²)、最低值

（2.00～77.00 万元/hm²）。2001 年，长江经济带土地出让价格处于较低水平，土地出让价格高于 280 万元/hm² 的城市数量为 19 个，占长江经济带城市总数量的 14.96％；地价中值区的城市数量为 23 个，占长江经济带城市总数量的 18.11％；土地出让价格最高值为 939 万元/hm²。土地出让价格空间分布存在显著的空间分异特征，出让价格较高的城市数量较少，主要集中分布在长三角城市群，在其他省市呈零星分布。地价低值区主要分布在湖北省、重庆市、四川省和云南省内的大多数城市。2005 年，长江经济带土地出让价格显著提高，土地价格高于 441 万元/hm² 以上的城市数量增加到为 27 个，占长江经济带城市总数量的比重为 21.26％，城市土地出让价格最高的城市为南昌市，其出让价格为 1 074 万元/hm²。土地出让价格高值城市主要分布在长三角城市群和四川、云南、贵州等省内的少数城市。地价中值区的城市数量为 36 个，占长江经济带城市总数量的 28.35％。地价低值区的数量明显减少，主要分布在云南省西南、西北部和四川省西北部，其余省份境内呈零星分布。该时期，土地出让价格呈现出由东部地区的城市向中西部地区的城市蔓延的趋势。2010 年，土地出让价格继续提高，出让地价高于 1 000 元/hm² 的城市数量为 33 个，占长江经济带城市总数量的 25.98％，出让价格最高为温州市，其出让价格为 4 965 万元/hm²。地价中值区和低值区的价格较 2005 年显著提高，中值区的土地出让价格介于 972～1 638 万元/hm²，低值区及以下城市的地价介于 123～972 万元/hm²。空间分布上，高地价地区主要集中分布在长三角城市群和成渝城市群、黔中和滇中城市群；地价低值区主要分布在湖北、湖南、云南和四川省境内。2017 年，地价高于 3 000 万元/hm² 的城市数量为 19 个，占长江经济带城市数量比重的 14.96％，出让地价最高的城市为杭州市，出让价格为 14 884 万元/hm²。土地出让价格较高城市主要分布在长三角、长江中游、成渝和滇中城市群。中值区和低值区的土地出让价格显著比 2010 年提高，中值区城市的土地出让价格介于 2 441～4 022 万元/hm²；低值区及以下城市的土地出让价格介于 85～2 442 万元/hm²。空间分布上，土地出让价格低值区主要分布在中西部地区城市群以外的城市，出让地价总体上由东部地区城市向中西部地区的城市降低；总体上呈现"东高西低"的分布格局。2000年以来,我国相继出台了促进土地市场发展和完善的政策和措施,推动土地市场的发展,经过10余年的发展,我国土地市场不断发育和完善,土地价格也不断得到提高。

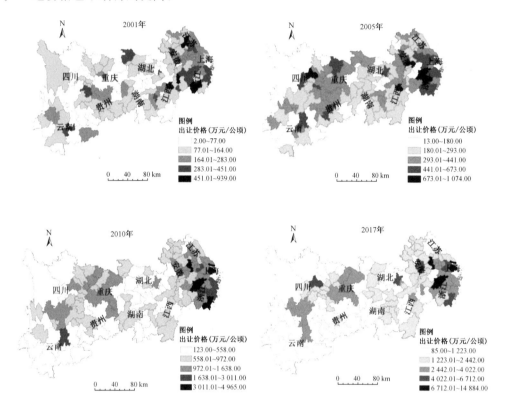

图 4‐9 2001—2017 年长江经济带主要年份土地出让价格空间分布图

4.1.3.3 各市(州)土地市场化水平空间分布及演变特征

根据前文研究,将长江经济带土地市场化水平分为2001年、2005年、2010年和2017年四个截面,通过ArcGIS10.6自然断裂法,将土地市场化水平划分为五个等级(图4‐10)。从图4‐10可知,长江经济带土地市场化水平存在显著的空间差异特征,长江下游地区和上游地区的城市土地市场化水平高,而中部地区的城市土地市场化水平相对较低,总体呈现出"东西高、中部低"的态势。随着时间的推移,土地市场化水平显著提升,空间分布上总体呈现以长江经带的长三角城市群逐渐向西部地区的城市蔓延的趋势。

2001 年,长江经济带各城市土地市场化水平总体较低,土地市场化水平空间分布存在显著的差异,土地市场化水平较高的城市数量较少,且在空间上呈零星分布,主要分布在东部地区的盐城、泰州、衢州三市,中部地区的孝感、衡阳、郴州、上饶等市和西部地区云南省境内的玉溪、昆明、红河、楚雄、丽江等市,这些城市的土地市场化水平高于 36%,最高值出现在玉溪市,其土地市场化水平达 86.48%。土地市场化水平高于 50.00% 的城市数量为 9 个,仅占长江经济城市总量的 7.08%。这一时期,我国土地市场处于初步形成阶段,土地出让以划拨和协议出让为主,招标、拍卖和挂牌出让的土地较少,因此,土地市场化水平较低。2005 年,长江经济带各城市土地市场化水平显著提升,市场化水平较高的城市数量大幅增加,且在空间上呈集聚分布的特征。土地市场化水平在 50.00% 以上的城市数量增加到 37 个,占长江经济城市总量的 29.13%。土地市场化水平最高的地区为文山自治州,其土地市场化水平高达 99.26%。空间分布上,主要集中分布在江西省境内的大多数城市、湖南西部的城市及云南西南和南部的城市,在湖北、安徽、贵州等省内呈零星分布。土地出让低值城市主要集中分布在长三角城市群内部的城市、湖北和四川省境内。相比较而言,一些经济发达地区内的城市土地市场化水平较低,其原因主要是这些城市,划拨出让土地宗数较多、协议出让占有偿出让土地比重又大,土地基本都由地方政府管控,很难在比较接近完全竞争的有偿出让市场上进行交易(刘力豪,2016)。进入 21 世纪,国家不断出台政策和法规文件推进土地市场建设,尤其在 2005 年国务院下发《关于 2005 年深化经济体制改革的意见》,提出经营性用地要全面推行招标、拍卖、挂牌出让制度,非经营性用地要建立公开供地机制。因此,土地出让中招标、拍卖、挂牌出让的宗数和规模显著增加,土地市场化水平显著提升。2010 年,长江经济带各城市土地市场化水平快速提升,空间分布上呈高度聚集的态势。土地市场化水平高于 50% 以上的城市数量迅速提高到 91 个,占长江经济带城市总量的比重达 71.65%。土地市场化水平较高的城市集中分布在长三角城市群、成渝城市群、黔中和滇中城市群及安徽和江西境内的绝大多数城市,总体呈现"东西高、中部低"的空间分布格局。土地市场化水平较低的城市集中分布在湖南境内的大多数城市和川西北、川东北地区的城市。2005 年后,由于国家全面推行"招拍挂"的土地出让政策,各城市土地出让中协议出让的宗数所占比重不断下降,使得各城市土地市场化水平得到快速提升。2017 年,长江经济带土地市场化水平继续提高,土地市场化水平高于 50.00% 的城市数量增加到 102 个,占长江经济带城市总量的比重达 80.31%。随着土地市场的不断发育和完善,土地市场化水平大幅度提高。空间分布上,土地市场化水平高值地区集中分布在长三角城市群、成渝城市群、黔中城市群以及安徽和江西省内的绝大多数城市,在云南和湖北境内城市呈零星分布。这一时期,云南、湖南和湖北三省境内土地市场化水平较高的城市数量大幅减少,成为土地市场化水平低值聚集区。

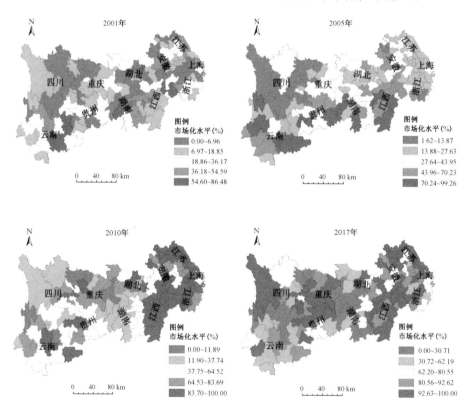

图 4 - 10　2001—2017 年长江经济带主要年份土地市场化水平空间分布图

4.2 长江经济带城市建设用地扩张状况及特征

4.2.1 长江经济带城市建设用地扩张分析方法

4.2.1.1 城市建设用地扩张速度率与强度

用年均扩张速率和扩张强度指数来表征长江经济带城市建设用地扩张状况。年均扩张速率能够揭示长江经济带城市建设用地不同时期的扩张快慢。具体公式如下：

$$V_t = \left(\sqrt[T]{\frac{S_b}{S_a}} - 1 \right) \times 100\% \qquad (4-1)$$

式中，S_a、S_b 分别为研究期初、期末城市建设用地面积，T 为时间间隔。

扩张强度指数是指研究区域在研究时段内，城市建设用地扩张面积占区域总面积的比例（廖建军 等，2022；张颖诗 等，2022）。

$$ELL = \frac{S_b - S_a}{TLA} \times \frac{1}{T} \times 100\% \qquad (4-2)$$

式中，ELL 为扩张强度指数，S_a，S_b 为研究期初，期末城市建设用地面积，T 为时间间隔，TLA 是指区域总面积。

4.2.1.2 城市建设用地扩张标准差椭圆分析方法

标准差椭圆（Standard deviational ellipse）能揭示空间要素分布及其变化特征，是一种常用的空间统计方法。利用标准差椭圆揭示长江经济带城市建设用地的空间分布及其变化特征。具体公式如下：

$$P = \left(\frac{\sum_1^n x'_i}{n}, \frac{\sum_1^n y'_i}{n} \right) \qquad (4-3)$$

$$R = \arctan \left[\frac{\sum_1^n x_i'^2 - \sum_1^n y_i'^2 + \sqrt{(\sum_1^n x_i'^2 - \sum_1^n y_i'^2)^2 + 4\sum_i^n x_i' y_i'}}{2\sum_i^n x_i' y_i'} \right] \times \pi$$

$$(4-4)$$

$$D = \sqrt{\frac{\sum_1^n (x_i' \cos R - y_i' \sin R)^2}{\sum_1^n (x_i' \sin R - y_i' \cos R)^2}} \qquad (4-5)$$

$$S = \sqrt{\frac{\sum_1^n (x_i' \sin R - y_i' \cos R)^2}{n}} \qquad (4-6)$$

式中:P 为标准差椭圆的中心坐标,R 为方位角,D 和 S 分别表示方向性和离散性指标,D 越大,表明城市建设用地扩张的方向性越明显;S 越大,则表明城市建设用地空间分布的离散程度越高。x_i' 和 y_i' 分别表示城市建设用地扩张斑块到平均中心坐标偏差。

4.2.1.3　城市建设用地扩张标准差距离分析方法

　　该方法是通过标准差在二维空间中呈现,以标准距离大小来反映空间地理要素偏离重心强度。在空间上,以滇中城市群城市建设用地标准距离值来表达城市建设用地在该地区空间分布重心和平均范围,在时间上,基于标准距离的重心与动态变化来反映滇中城市群城市建设用时空演变特征。计算公式为

$$SD_w = \sqrt{\frac{\sum_{i=1}^k w_i (p_i - \overline{p_w})^2}{\sum_{i=1}^n w_1}} + \sqrt{\frac{\sum_{i=1}^k w_i (q_2 - \overline{Q_w})^2}{\sum_{i=1}^n w_i}} \qquad (4-7)$$

式中,SD_w 是标准距离,p_i、q_i 是地理要素 i 坐标,n 是要素总数量,w_i 代表地理要素 i 权重,$\{\overline{P_w}, \overline{Q_w}\}$ 是加权重中心。

4.2.1.4　城市建设用地扩张重心方法

　　长江经济带城市建设用地处于动态扩张过程中,而城市建设用地重心的

迁移反映了城市用地扩张的空间轨迹。本书采用重心模型来反映长江经济带城市建设用地扩张的空间变化轨迹。设重心模型由长江经济带 11 个省份单元构成，Z_{ij} 为 i 地区 j 年某要素值。(x_i, y_i) 分别为第 i 个省份的几何中心坐标，(x_j, y_j) 为第 j 年该要素的重心坐标，则长江经济带城市建设用地扩张重心模型如下（陈志刚　等,2007;樊杰　等,2010）：

$$\begin{cases} x_i = \sum_{i=1}^{n} (Z_{ij} x_i) / \sum_{i=1}^{n} Z_{ij} \\ y_i = \sum_{i=1}^{n} (Z_{ij} y_i) / \sum_{i=1}^{n} Z_{ij} \end{cases} \qquad (4-8)$$

4.2.1.5　热点分析方法

利用 Getis-Ord G_i^* 方法揭示城市建设用地扩张热点区域与冷点区域的空间分布规律（杨兴柱　等,2019）。具体公式如下：

$$G_i^*(d) = \frac{\sum_{j=1}^{n} w_{ij}(d) x_j}{\sum_{j=1}^{n} x_j} \qquad (4-9)$$

为了便于解释和比较，对上式进行标准化处理，标准化后的公示如下：

$$Z(G_i^*(d)) = \frac{G_i^*(d) - \mathrm{E}(G_i^*(d))}{\sqrt{\mathrm{Var}(G_i^*(d))}} \qquad (4-10)$$

式中：$\mathrm{E}(G_i^*(d))$ 和 $\mathrm{Var}(G_i^*(d))$ 分别为 $G_i^*(d)$ 的数学期望值与方差。若 $Z(G_i^*(d))$ 为负值且统计显著，则表示城市建设用地扩张斑块 i 在低值聚集的冷点范围区内，如 $Z(G_i^*(d))$ 为正值且统计显著，则表示城市建设用地扩张斑块 i 在高值聚集的热点范围区内。

4.2.2　长江经济带城市建设用地扩张特征

4.2.2.1　城市建设用地扩张规模

利用 1990 年、2000 年、2010 年和 2015 年 30m 分辨率的土地利用数据，分析长江经济带 1990—2015 年城市建设用地扩张规模及特征。从表 4-11 可知,长江经济带城市建设用地规模呈现快速扩张的趋势。1990 年,长江经济带城市建设用地规模为 10 358.85 km²,至 2015 年,其城市建设用地扩张增长到 39 337.81 km²,增长了 28 978.96 km²,年均增长 1 159.16 km²。不同时期,长经济带城市建设用地扩张规模存在差异。具体为:1990—2000 年,城市建设用地规模增加了 3 295.10 km²,年均增长面积为 329.51 km²;2000—2010 年,城市建设用地规模增加了 15 144.24 km²,年均增长面积为 1 514.42 km²,其增长规模是上一阶段的 4.60 倍;2010—2015 年,城市建设用地规模增加了 10 539.62 km²,年平均增长面积为 2 107.92 km²。综上可知,长江经济带城市建设用地扩张呈现显著的阶段性特征,其城市建设用地扩张规模 2010—2015 年>2000—2010 年>1990—2000 年。其原因是 20 世纪 90 年代以来,在改革开放政策的驱动下,我国经济社会发展迅速,2000 年以来实施西部大开发,在东部率先发展和西部大开发的政策驱动下,我国经济进入快速发展阶段,经济发展推动了城市建设用地快速扩张。

表 4-11　1990—2015 年长江经济带城市建设用地面积及扩张规模

(单位:km²)

区域	1990 年	2000 年	2010 年	2015 年	1990—2000 年	2000—2010 年	2010—2015 年
安徽省	943.37	1 096.30	2 291.67	3 079.65	152.93	1 195.37	787.98
贵州省	316.13	358.57	577.20	1 126.42	42.43	218.63	549.22
湖北省	1 160.31	1 486.82	3 005.97	4 557.44	326.52	1 519.15	1 551.47
湖南省	964.60	1 188.19	2 591.91	3 723.57	223.58	1 403.72	1 131.66
江苏省	3 248.45	4 239.70	9 029.66	9 706.25	991.25	4 789.96	676.59
江西省	575.77	743.84	1 382.57	2 493.47	168.07	638.73	1 110.90
上海市	613.26	888.91	1 370.60	1 440.34	275.65	481.69	69.74
四川省	744.89	1 099.78	2 274.21	3 405.75	354.88	1 174.43	1 131.55
云南省	431.26	632.59	1 291.10	2 319.94	201.33	658.51	1 028.84
浙江省	1 106.60	1 524.87	4 010.98	5 732.27	418.27	2 486.11	1 721.29
重庆市	254.20	394.39	972.32	1 752.70	140.19	577.93	780.38
长江经济带	10 358.85	13 653.95	28 798.19	39 337.81	3 295.10	15 144.24	10 539.62

从表4-11和图4-11、4-12可知,长江经济带城市建设用地扩张规模
及其空间分布存在显著的区域差异特征。1990—2000年,东部地区的上海、
江苏、浙江等省市城市建设用地扩张迅速,其建设用地规模分别增加了
275.65 km²、991.25 km²和418.27 km²。而中西部地区省份城市建设用地规
模增加较为缓慢,重庆市和安徽省分别增加了140.19 km²和152.93 km²,贵
州省仅增加了42.43 km²。这一时期,东部地区改革开放进程快于中西部地
区,吸引了大量的外资和产业,经济社会发展迅速,推动了城市用地规模快速
扩张。而中西部地区对外开放程度较低,因而其经济发展相对东部地区较为
缓慢,其城市建设用地扩张规模小于东部地区。2000—2010年,东部地区的
江苏省和浙江省城市建设用地增长迅速,其规模分别增加了4 789.96 km²和
2 486.11 km²;中部地区的湖北省、湖南省和安徽省城市建设用地规模增长较
快,分别增加了1 519.15 km²、1 403.72 km²和1 195.37 km²;而西部地区的

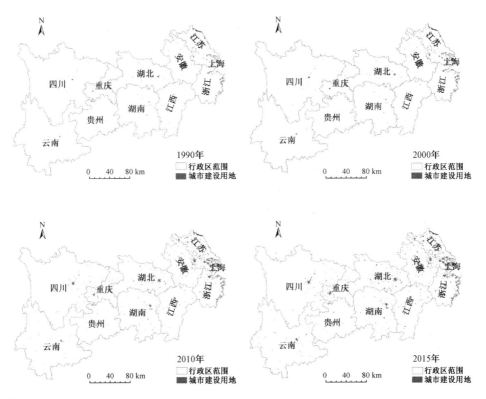

图4-11　1990—2015年长江经济带城市建设用地分布图

省份除四川省外,其余省份城市建设用地规模增长较为缓慢。2010—2015 年,东部地区浙江省城市建设用地增加最快,其用地增长规模为 1 721.29 km²;其余增长较快的省份集中在中西部地区,湖北、湖南、四川、江西和云南 5 个省份的城市建设用地增加规模高于 1 000 km²,介于 1 028.84 km²～1 551.47 km²;而上海市的城市用地面积仅增加了 69.74 km²。这一时期,在西部大开发和中部崛起战略下,中西部地区省份承接东部地区的产业转移,并吸引外资进行投资,经济社会发展迅速,经济社会发展对城市建设用地的需求增大,城市建设用地增长迅速。而上海经过长时间的发展,城市发展较为成熟,其城市建设用地增长以内涵式增长为主,建设用地增长进入缓慢发展阶段。从长江经济带新增城市建设用地的空间分布来看,总体而言,新增的城市建设用地主要分布在各省市的省会城市,并由省会城市逐渐向周边城市扩张。从区域分布来看,其新增城市建设用地规模呈现由东向西逐渐减少的特征。

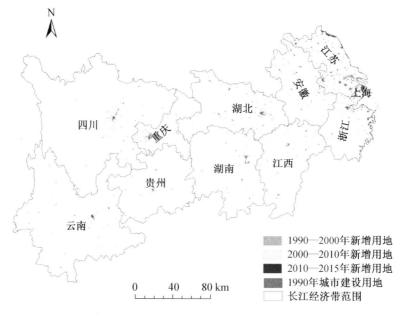

图 4‑12　1990—2015 年长江经济带城市建设用地扩张分布图

4.2.2.2　城市建设用地扩张速度率与强度

基于 1990 年、2000 年、2010 年和 2015 年 30m 分辨率的土地利用数据，借助 ArcGIS10.6 提取相应年份的城市建设用地面积，并根据公式(4-1)和(4-2)计算长江经济带不同省份的城市建设用地年均扩张速率和扩张强度指数。结果具体详见下表：

表 4-12　长江经济带城市建设用地年均扩张速率和扩张强度指数（单位：％）

区域	1990—2000 年		2000—2010 年		2010—2015 年	
	扩张速率	扩张强度	扩张速率	扩张强度	扩张速率	扩张强度
安徽省	1.51	0.11	7.65	0.85	6.09	0.56
贵州省	1.27	0.02	4.88	0.12	14.31	0.31
湖北省	2.51	0.18	7.29	0.82	8.68	0.83
湖南省	2.11	0.11	8.11	0.66	7.51	0.53
江苏省	2.70	0.92	7.85	4.47	1.46	0.63
江西省	2.59	0.10	6.39	0.38	12.52	0.67
上海市	3.78	4.35	4.43	7.60	1.00	1.10
四川省	3.97	0.07	7.54	0.24	8.41	0.23
云南省	3.91	0.05	7.39	0.17	12.44	0.26
浙江省	3.26	0.40	10.15	2.36	7.40	1.63
重庆市	4.49	0.49	9.44	2.01	12.51	2.72
长江经济带	2.80	0.16	7.75	0.76	6.44	0.53

从表 4-12 可知，1990—2000 年长江经济带城市建设用地年均扩张速率为 2.80％，扩张强度指数为 0.16％；2000—2010 年城市建设用地年均扩张速率为 7.75％，扩张强度指数为 0.76％；2010—2015 年，城市建设用地年均扩张速率为 6.44％，扩张强度指数为 0.53％。总体上，长江经济带城市建设用地年平均扩张速率和扩张强度指数总体呈现先增后减的趋势。其原因是 1900—2010 年，长江经济带经济社会发展迅速，对城市建设用地的需求量较大，城市建设用地处于快速扩张期；2012 年以来，我国经济发展进入新常态，经济发展速度有所放缓，经济社会发展对城市建设用地的需求有所降低，因

此,2010—2015年城市建设用地扩张速率和扩张强度低于2000—2010年。

从长江经济带内部看,不同省份的城市建设用地扩张速率存在显著的区域差异。城市建设用地扩张速率方面,1990—2000年,重庆、浙江、云南、四川和上海5个省市的城市建设用地年均扩张速率快于其余省份,其年均扩张速率分别为4.49%、3.26%、3.91%、3.97%和3.78%,而贵州省和安徽省城市年均扩张速率最慢,分别为1.27%和1.51%。2000—2010年,这一阶段其城市建设用地扩张速率较上一阶段显著提高,城市建设用地总体处于快速扩张阶段。其中,浙江、重庆、湖南三个省市扩张速率分别高达10.15%、9.44%和8.11%;安徽、湖北、四川、云南等省份的扩张速率均高于7.0%。这一时期,在西部大开发和中部崛起战略下,中部和西部地区的经济进入快速发展阶段,从而推动了城市建设用地扩张。2010—2015年,贵州、江西、云南和重庆4个省市的城市建设用地处于高速扩张阶段,其扩张速率分别为14.31%、12.52%、12.44%和12.51%;而东部地区的省份扩张速率相对较低,江苏省、上海市的扩张速率仅为1.46%和1.00%。这一时期,国家颁布了《国务院关于进一步促进贵州经济社会又好又快发展的若干意见》(国发〔2012〕2号),支持贵州经济社会发展,2号文明确了促进贵州经济社会又好又快发展的主要任务,提出了一系列含金量高、操作性强的政策措施,给予了贵州有力支持,为贵州加快发展提供了前所未有的战略机遇。因此,贵州在这一阶段进行大规模的城市建设、工业园区开发和基础设施建设,推动了城市建设用地快速扩张。2010年5月,国务院批准设立重庆"两江新区",新区成立以来,吸引了大量的资金和产业,经济社会发展对城市建设用地需求量大,因此,重庆市城市建设用地处于高速扩张阶段。2015年9月,国务院发布《国务院关于同意设立云南滇中新区的批复》,同意设立国家级新区——云南滇中新区,打造中国面向南亚东南亚辐射中心的重要支点、云南桥头堡建设重要经济增长极、西部地区新型城镇化综合试验区和改革创新先行区。滇中新区的成立和建设,对云南省经济社会发展及城市建设用地扩张起到了促进作用。同时期,江苏和上海经过长时间的发展,城市发展较为成熟,上海市和江苏省有条件的地区大量盘活存量建设用地,严格控制新增城市建设用地规模,因此,其城市建设用地处于低速扩张阶段。

　　长江经济带各省份城市建设用地扩张强度亦存在显著的区域差异特征。总体上,大多数省份的城市建设用地扩张强度指数不断增加,其中,重庆市增加最快,由 1990—2000 年的 0.49％增加至 2010—2015 年的 2.72％。其余贵州、湖北、江西、四川、云南等省中西部地区省份的城市建设用地扩张强度指数呈不断增加的趋势。而东部地区的上海、江苏、浙江和安徽 4 个省市和中部地区的湖南省的新增城市建设用地扩张强度指数呈现先增后减的特征。长江经济带不同省市的城市建设用地扩张强度指数的变化情况与其经济社会发展水平、城市发展策略及国家战略密切相关。

4.2.2.3　城市建设用地扩张标准差椭圆和标准距离

　　根据 1990—2015 年长江经济带城市建设用地扩张空间分布的标准差椭圆分布图(图 4 - 13)可知,1990—2015 年长江经济带城市建设用地扩张的标准差椭圆长轴走向始终为东北—西南方向,而短轴指向为西北—东南方向,表明长江经济带城市建设用地扩张格局分布趋向于东北—西南,也反映了在东北—西南方向上的建设用地扩张规模较西北—东南方向更为集中。

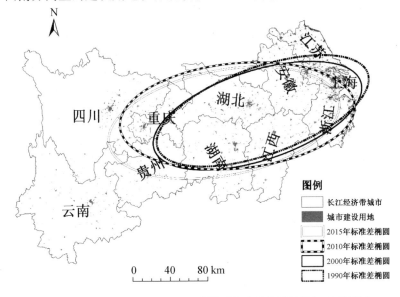

图 4 - 13　1990—2015 年长江经济带城市建设用地扩张标准差椭圆

从表 4 - 13,1990—2015 年长江经济带城市建设用地扩张标准差椭圆结果及参数可知,1990—2000 年,标准差椭圆的长轴减少了 19.24 km,而短轴增加了 6.97 km,表明长江经济带城市建设用地空间扩张的方向性有所改变,趋于西北—东南方向转变,但目前城市建设用地扩张依然为东北—西南方向,即城市建设用地扩张主要集中在长江经济带的东部地区,但在中西部城市也有一定规模的扩张。2000—2010 年,标准差椭圆的长轴增加了 64.59 km,短轴增加了 52.43 km,表明了长江经济带城市建设用地规模扩张的方向性增强,主要为东北—西南方向,城市建设用地在东部地区扩张的同时,中西部省份的城市建设用地规模亦呈现大规模扩张。2010—2015 年,标准差椭圆的长轴减少了 7.92 km,短轴增加了 0.03 km,表明长江经济带城市建设用地扩张方向变动较小,基本与上一阶段保持一致。从其方位角看,1990—2010 年,长江经济带城市建设用地扩张方位角分别为 71.21°,72.83°和 84.91°,旋转角度整体由 1990 年的 71.21°旋转至 2010 年的 84.91°,向西南方向偏转 13.70°,偏转角度表明长江经济带城市建设用地扩张整体表现为向西南扩张的趋势;2010—2015 年,旋转角度整体由 84.91°旋转至 79.97°,向东北方向偏转了 4.94°,表明长江经济带城市建设用地扩张向西南扩张转向东北扩张,但其方向转变不大,城市建设用地空间扩张格局基本与上一阶段保持一致。此外,标准差椭圆外圈覆盖的区域主要包括长江经济带的江苏省的西南角,浙江省、湖北省、湖南省、江西省、安徽省、重庆省、贵州省等省份的绝大多数地区,四川省的东部地区和云南省的东北角等区域;而椭圆内部覆盖的区域为上海、浙江、江苏、湖北、湖南、江西、安徽等省份的绝大部分区域及重庆、贵州的东部地区等区域。通过对不同年份椭圆圈层变化对比,发现研究区内椭圆内圈主要涵盖东部地区和中部地区的省份,而椭圆外圈层则主要涵盖中部地区的省份和西部地区的省份,表明 1990—2015 年,长江经济带城市建设用地扩张由前期的东部地区省份扩张为主逐渐转向后期中西部地区的省份扩张为主。总体上,东部地区的城市建设用地总规模高于中西部地区的省份。

表 4-13　1990—2015 年长江经济带城市建设用地扩张标准差椭圆参数

年份	X 轴距离(km)	Y 轴距离(km)	旋转角(度)
1990 年	296.54	775.80	71.21
2000 年	303.51	756.56	72.83
2010 年	355.94	821.15	84.91
2015 年	355.97	813.23	79.97

基于标准距离分析不同年份长江经济带城市建设用地空间分布状况(表 4-14、图 4-14),标准距离值由 1990 年的 587.28 km 减少至 2000 年的 576.41 km,然后上升至 2010 年的 632.84 km,再减少至 2015 年的 627.72 km,表明时序上 1990—2000 年长江经济带城市建设用地分布呈现略微收缩的趋势;而 2000—2010 年城市建设用地的空间分布向外扩张,广度不断拓展; 2010—2015 年城市建设用地空间扩张又呈现略微缩的趋势。

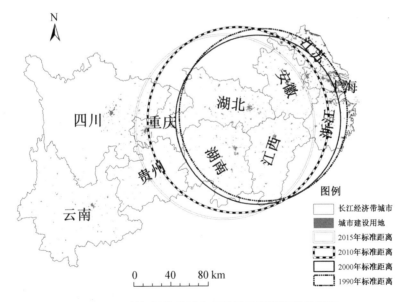

图 4-14　长江经济带城市建设用地扩张标准差距离

表 4‑14　1990—2015 年长江经济带城市建设用地扩张标准差距离

年份	标准距离(km)
1990 年	587.28
2000 年	576.41
2010 年	632.84
2015 年	627.72

4.2.2.4　城市建设用地扩张重心变化分析

利用 ArcGIS10.6 软件的标准差椭圆工具对长江经济带城市建设用地进行分析,得到 1990—2015 年长江经济带城市建设用地重心坐标(即标准差椭圆质心)的迁移路径,详见表 4‑15 和图 4‑15。

表 4‑15　1990—2015 年长江经济带城市建设用地重心转移

年份	迁移距离(km)	坐标
1990 年	/	(115.13°E,30.20°N)
2000 年	49.34	(114.48°E,29.47°N)
2010 年	139.85	(113.20°E,29.53°N)
2015 年	104.86	(112.19°E,29.32°N)

1990 年长江经济带城市建设用地扩张重心在湖北省黄石市境内,坐标为(115.13°E,30.20°N);2000 年城市建设用地扩张重心仍在湖北省黄石市境内,坐标为(114.48°E,29.47°N);2010 年城市建设用地扩张重心在湖北省荆州市境内,坐标为(113.20°E,29.53°N);2015 年城市建设用地扩张重心在湖北省岳阳市境内,坐标为(112.19°E,29.32°N)。1990—2000 年城市建设用地扩张重心在湖北省黄石市境内向西转移了 49.34 km;随后,2000—2010 年由黄石市向荆州市转移了 139.85 km;2010—2015 年由荆州市向岳阳市转移了 104.86 km。1990—2015 年长江经济带城市建设用地扩张重心由东向西转移,表明城市建设用地扩张由东部地区的省份向中西部地区的省份转移。

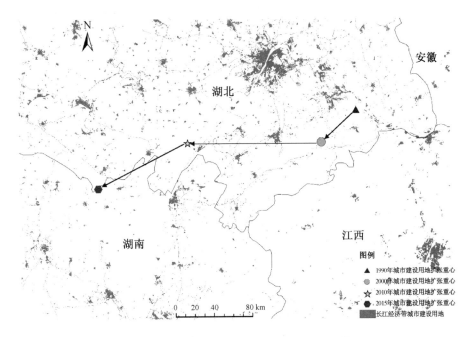

图 4 - 15 长江经济带城市建设用地扩张重心转移

4.2.2.5 城市建设用地扩张热点分析

利用 ArcGIS10.6 软件中的空间统计模块(Spatial Statistics Tools)中的 Getis-Ord G_i^* 工具计算出长江经济带 1990—2000 年、2000—2010 年和 2010—2015 年三个时段城市建设用地扩张的 G_i^* 指数,并根据其数值将城市建设用地扩张依次划分为 7 类:极显著冷点区、显著冷点区、冷点区、不显著区域、热点区、显著热点区、极显著热点区,绘制出 1990—2015 年长江经济带城市建设用地扩张空间格局集聚演变图(图 4 - 16 至图 4 - 18)。长江经济带城市建设用地扩张热点区和冷点区均存在显著的空间极化现象,热点区和冷点区作为极化的核心,集聚趋势随着时间的推移逐渐发生演变。

长江经济带城市建设用地扩张热点区(含热点、显著热点和极显著热点)整体经历了由下游城市不断向中上游城市蔓延的时空演变历程。1990—2000年,城市建设用地扩张热点区域主要集中在长江经济带下游的上海、江苏和浙江三个省市内的城市,具体为上海、盐城、连云港、南京、无锡、苏州、徐州、宁波等市;长江中游和上游热点区城市较少,仅有武汉、重庆、成都和怀化等市。2000—2010 年,城市建设用地扩张热点区域空间分布在长江下游和中游城市与上一个时段基本保持一致,极少城市热点类型发生了变化,苏州市由原来的热点区变为显著热点区,盐城市由原来的显著热点区变为热点区;中游地区宜昌市由原来的不显著区变为显著热点区,其余城市热点类型保持不变。2010—2015 年,长江经济带城市建设用地扩张热点区域较前一时期发生了显著变化,表现为:城市建设用地扩张热点区数量显著增加,且呈现由下游地区向中上游地区扩散的趋势。长江经济带下游,杭州市和金华市分别由原来的冷点区和不显著区演变为热点区。长江中游的长沙市和上游的昆明市均由原来的不显著区演变为热点区;上游的重庆市由原来的热点区演变为显著热点区。

长江经济带城市建设用地扩张冷点区(含冷点、显著冷点和极显著冷点)的空间分布主要集聚在长江经济带上游和中游的城市,下游城市分布较少,具有显著的空间集聚特征。1990—2000 年,冷点区主要分布在长江上游云南省内的大理、玉溪、曲靖三个地州,四川省内的乐山、攀枝花、广元、绵阳和德阳等市,贵州省内的黔东南地区;此外,长江经济带中游的武汉和湖北均有分布,长江下游主要分布在安徽省内的部分城市。极显著冷点区域主要集中分布在长江经济带上游的云南省、四川省和贵州省内的绝大部分城市,安徽省内的铜陵、池州、黄山、宣城等市和浙江省的衢州和丽水两市。2000—2010 年,极显著冷点区分布区域较上一时期显著减少,主要分布在云南、贵州和四川的西部地区,冷点区主要分布在长江中游的湖北和湖南省境内,在安徽和江西境内亦有少数分布。这一时期,云南、贵州和四川省境内的东部地区由原来的极显著冷点区演变为冷点区。2010—2015 年,极显著冷点区主要分布在长江经济带上游的云南、贵州和四川省境内的绝大多数城市,中游的湖南西部亦呈集中分布,而下游地区则主要分布在安徽省境内的铜陵、安庆、池州、宣城和黄山等市。总体上,1990—2015 年,长江经济带城市建设用地扩张极显著冷点区集中分布在长江上游地区,而冷点区则主要集中分布在长江中游地区,长江下游地区冷点区分布相对较少,冷点区演变规律呈现由西向东减少的特征。

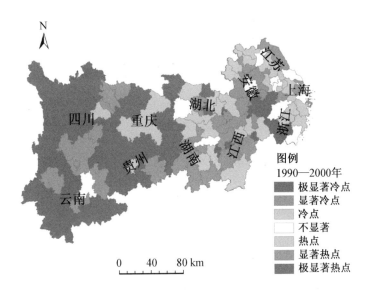

图 4‑16 1990—2000 年长江经济带城市建设用地扩张热点分布图

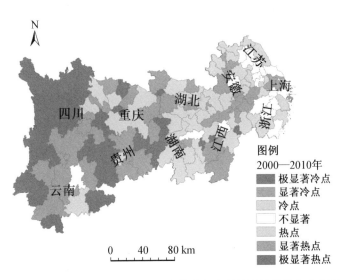

图 4‑17 2000—2010 年长江经济带城市建设用地扩张热点分布图

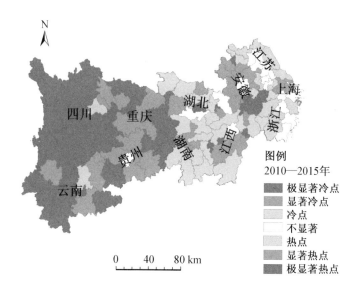

图 4‑18　2010—2015 年长江经济带城市建设用地扩张热点分布图

第五章 / 典型城市土地市场与城市建设用地扩张特征

5.1 典型城市土地市场状况及特征

5.1.1 上海市土地市场状况及特征

5.1.1.1 上海市土地市场发展历程

上海市于 20 世纪 80 年代末开始城市土地使用制度改革,逐步建立了土地使用权有偿出让、转让制度,土地供应方式由行政划拨逐步向有偿使用为主转变。其土地市场发展大致经历了以下阶段:

市场化配置阶段(1987—1994 年),上海市于 1987 年率先建立了土地有偿使用制度。1988 年和 1989 年,通过招标方式出让了虹桥经济开发区两宗土地,面积分别为 1.29 hm² 和 0.36 hm²,出让价格为 2 805 万美元和 828 万美元,土地使用权期限为 50 年。随着土地批准的不断推广,至 1994 年,全市共批租土地 484 块,但以协议出让为主,招标方式出让地块仅为 6 宗。这一时期土地批租仅限于外销商品房,对于内资开发企业仍以行政划拨方式进行供地。

市场化配置拓展阶段(1995—2000 年),土地批租由外资企业向内资企业

拓展。1995 年 1 月 1 日起,凡内资开发商业、金融等经营性项目的用地全部
纳入批租轨道。对于内资企业商业等六类经营性用地,虽以协议方式取得,但
其地价由政府指定优惠地价,即按外资企业土地使用费标准来确定,仍带有行
政划拨色彩。这一时期,对于 365 万 m² 棚户区和 1 050 万 m² 旧城改造区,虽
然采取批准方式供地,内外资企业均可参与。为了鼓励企业参与旧城改造,政
府制定了优惠的土地政策,免收土地出让金,实行"零批租"。这一段,虽然土
地市场化配置领域不断拓展,配置水平不断提高,但仍带有一定的行政划拨
色彩。

基本市场化配置阶段(2001 年至今),2001 年,上海市实行了内外销售商
品住房的并轨。2001 年出台了《上海市土地使用权出让招标拍卖试行办法》,
规定 7 月 1 起,除经认定的旧区改造地块外,对商业、旅游等经营性用地通过
招标、拍卖方式出让土地使用权。这一举措在扩大土地批租覆盖范围的同时,
也增加了土地批租的透明度。2003 年,逐步推进"熟地"招标出让,进一步加
强了土地制度建设,土地有偿制度不断得到完善。经过 30 年的改革,上海城
市土地市场不断发展完善,形成了发育较为成熟的土地市场。

5.1.1.2 上海市土地市场供应情况分析

(1) 土地供应规模呈现先升后降的阶段性特征

上海市土地市场供应规模总体呈现先升后降的阶段性特征。从图 5 - 1
可知,1999—2002 年土地供应宗数和规模总体呈增长的态势,土地供应宗数
增加了 943 宗,供应规模由 6 715.96 hm² 增加到 14 568.90 hm²,共增加
7 852.94 hm²,年均增长率为 29.45%,这一阶段,土地供应面积增长波动较
大。2003—2005 年,土地供应面积和供应宗数逐年下降,到 2005 年分别下降
至 9 598.18 hm² 和 2 468 宗。2006 年,土地供应规模由之前的下降转为急剧
增加,年均增长率达 36.21%。2007 年以后土地供应呈波动下降趋势,由
2007 年的 5 127.59 hm² 下降至 2017 年的 3 048.33 hm²,土地供应波动性
较大。

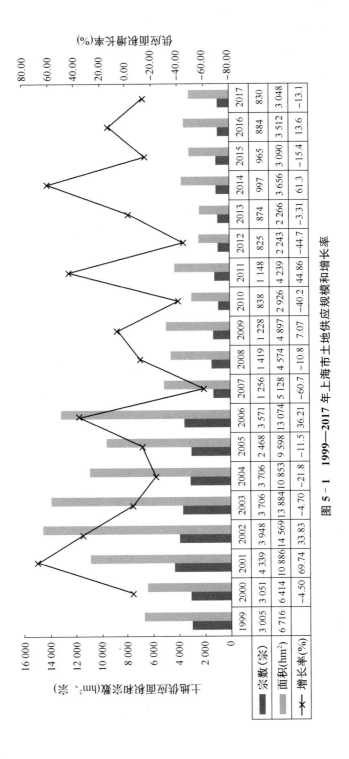

	1999	2000	2001	2002	2003	2004	2005	2006	2007	2008	2009	2010	2011	2012	2013	2014	2015	2016	2017
宗数（宗）	3 005	3 051	4 339	3 948	3 706	3 706	2 468	3 571	1 256	1 419	1 228	838	1 148	825	874	997	965	884	830
面积（hm²）	6 716	6 414	10 886	14 569	13 884	10 853	9 598	13 074	5 128	4 574	4 897	2 926	4 239	2 243	2 266	3 656	3 090	3 512	3 048
增长率（%）		−4.50	69.74	33.83	−4.70	−21.8	−11.5	36.21	−60.7	−10.8	7.07	−40.2	44.86	−44.7	−3.31	61.3	−15.4	13.6	−13.1

图 5 - 1　1999—2017 年上海市土地供应规模和增长率

(2) 土地供应方式市场化程度逐渐增强

从表 5-1 可知,1999—2017 年上海市土地供应方式发生了显著变化。2000 年前,土地供应以无偿划拨供应为主,其供地规模占一级市场的比重高达 50% 以上,1999 年和 2000 年分别高达 51% 和 58%。2001 年下半年开始,上海市逐步改变以划拨和协议出让为主的土地供应方式,逐步实行招标、拍卖和挂牌方式供地。土地有偿出让规模占土地供应规模的比重由 1999 年的 29.88% 提升至 2005 年的 67.63%,之后呈波动下降至 2009 年的 50.24%,随后土地有偿出让规模占土地供应规模的比重呈上升趋势,至 2014 年,其比重达 65.06%;2015—2017 年,其比重急剧下降,比重分布在 35.34% ～ 48.81%。2001 年起,有偿出让方式供地规模逐渐高于行政划拨供地,土地市场化程度不断提高。从土地出让供应内部看,协议出让供地宗数在 1999—2006 年总体呈增加趋势,2006 年达到了 2 395 宗的高值。2007 年以来,协议出让方式供地宗数急剧下降,以"招拍挂"方式供应的宗数不断增加,其占土地供应宗数的比重由 2000 年的 0.07% 快速增加至 2015 年的 99.12%,2016—2017 年比重略有下降,分别为 94.33% 和 93.94%。招拍挂出让方式成为一级土地市场的主要供地方式,土地市场化水平提高显著。

表 5-1　1999—2017 年上海市土地出让情况

年份	出让		协议宗数（宗）	招拍挂宗数（宗）	招拍挂占出让宗数比重（%）
	面积(hm²)	宗数(宗)			
1999	2 006.74	1 187	1 187	0	0.00
2000	2 252.76	1 368	1 367	1	0.07
2001	5 228.33	1 981	1 845	136	6.87
2002	6 729.94	1 621	1 372	249	15.36
2003	6 985.85	1 538	1 201	337	21.91
2004	7 135.04	1 738	1 475	263	15.13
2005	6 491.31	1 539	1 154	385	25.02
2006	7 680.13	2 611	2 395	216	8.27
2007	2 180.60	684	449	235	34.36

（续表）

年份	出让		协议宗数（宗）	招拍挂宗数（宗）	招拍挂占出让宗数比重（%）
	面积（hm²）	宗数（宗）			
2008	2 468.15	663	93	570	85.97
2009	2 460.24	595	62	533	89.58
2010	1 933.94	423	16	407	96.22
2011	2 578.21	663	26	637	96.08
2012	1 487.22	451	24	427	94.68
2013	1 337.49	390	42	348	89.23
2014	1 473.98	435	24	411	94.48
2015	1 105.79	228	2	226	99.12
2016	800.69	194	11	183	94.33
2017	1 005.59	264	16	248	93.94

（3）土地供应结构日趋合理

2009—2017 年上海市工业用地所占土地供应总面积的比重先增加后减少，其比重由 2009 年的 24.67% 增加至 2012 年的 38.79%，随后出现下降，2014 年占比为 19.46%，2015—2017 年其占比进一步下降，比重降到 10% 以下。住宅用地供应面积呈现阶段性变化特征，2009—2014 年住宅供地占土地供应总面积的比重先增加后波动减少，由 2009 年的 19.93% 增加至 2011 年的 26.92%，2012 年以来呈波动下降，至 2014 年降至 14.25%。这与房地产市场的发展密切相关，在经历了 2013 年房价较快上涨后，2014 年前三季度房地产市场进入了调整，表现为开发投资增速回落和楼市销售量减少，进而影响住房市场土地供应。住宅用地供应在 2015—2017 年出现波动变化，2015 年住宅用地占比较上一年增加了 8.41%，2016 年出现下降，而到 2017 年又有所回升，其占比增加至 21.04%。商服用地占土地供应规模的比重 2010 年和 2013 年较高外，其余年份保持在 3.27%～7.78%。其他土地占土地供应总面积的比重总体呈增加的态势，2009 年其他用地占土地供应总面积的比重为

47.62%,至 2014 年以后,增加至 60%以上,其中 2016 年比重高达 77.77%。其他用地中,公共服务设施用地和交通用地等公益性用地面积在土地内部结构调整中有所增加,土地供应结构渐趋合理。

表 5-2 2009—2017 年上海市土地供应的用途及占比

年份	住宅用地		商服用地		工业用地		其他用地	
	面积 (hm²)	比重 (%)	面积 (hm²)	比重 (%)	面积 (hm²)	比重 (%)	面积 (hm²)	比重 (%)
2009	975.82	19.93	381.03	7.78	1 208.19	24.67	2 332.25	47.62
2010	704.13	24.06	561.45	19.19	692.58	23.67	967.99	33.08
2011	1 140.89	26.92	277.21	6.54	1 357.20	32.02	1 463.55	34.53
2012	487.13	20.79	155.48	6.64	908.96	38.79	791.62	33.78
2013	525.58	23.20	249.12	11.00	523.35	23.10	967.54	42.71
2014	520.97	14.25	229.58	6.28	711.39	19.46	2 193.81	60.01
2015	700.16	22.66	142.61	4.61	289.22	9.36	1 958.38	63.37
2016	360.32	10.26	114.76	3.27	305.47	8.70	2 730.98	77.77
2017	641.39	21.04	119.31	3.91	266.79	8.75	2 020.83	66.29

5.1.1.3 上海市土地市场供应的空间特征

基于 2009—2013 年上海市土地供应样点数据,利用 GIS 空间分析和统计方法揭示土地供应空间分布特征。经筛选,剔除信息缺漏和异常值数据 52 个点后,获得有效样本点 3 284 个,以划拨方式供应的土地样本点为 579 个,出让方式供应的土地样本点为 2 705 个。土地供应类型中,住宅用地样本为 527 个,商业用地样本为 506 个,工业用地样本为 1 651 个,其他用地样本 600 个(图 5-2)。

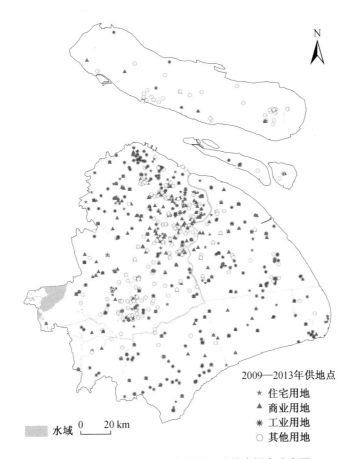

图 5-2 2009—2013 年上海市土地供应样点分布图

（1）土地供应数量的空间分布特征

上海市土地供应在空间分布上存在差异,土地供应不断向主城区外围区域扩展(图 5-3)。从 2009—2013 年土地供应规模空间分布看,中心城区土地供应规模不断减少,而外围地区的土地供应规模不断增加,主要集中在浦东新区、奉贤、松江、青浦、金山和宝山等区域。其中,浦东新区土地供应规模最高,达 2 073.71 hm²,奉贤和松江次之,分别为 1 448.04 hm² 和 1 414.06 hm²,三区土地供应规模占同期土地供应总量的比重近 40%。中心城区土地供应以存量供应为主导,外围地区土地供应以增量供应为主,兼存量供应。近年来,上海市注重土地节约集约利用,积极盘活存量建设用地,存量土地供应规模逐渐增加。2009—2013 年,除 2011 年增量建设用地占土地供应面积的比重近 53％，存量建设用地供应占比小于 50％外，其余年份存量建设用地供应占比保持 52.39％～63.30％，土地供应以存量供应为主，城市发展由外延扩张逐渐向内涵式挖潜发展转变。

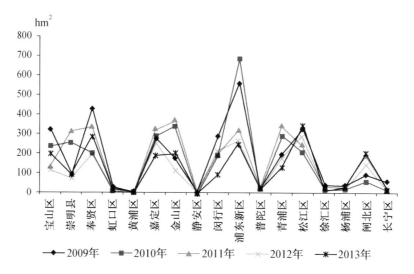

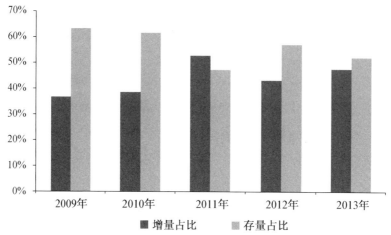

图 5‑3　2009—2013 年上海市土地供应空间分布及供应结构

（2）土地供应用途的空间分布特征

不同用途的土地出让样点数据直接用分布图表示，往往难以显示其空间特征（图 5‑4）。而核密度（Kernel）分析法用于计算要素在其周围邻域的密度，得到要素密度随距离衰减的空间分布形态（张珣　等，2013）。采用

Silverman 提出的核密度分析方法(汤国安,2006;王法辉,2009),借助 ArcGIS 空间分析模块,采用 kernel Density 工具分析上海市土地出让点的空间分布特征。具体公式为

$$f_n(x) = \frac{1}{nh} \sum_{i=1}^{n} k\left(\frac{x-x_i}{h}\right) \tag{5-1}$$

式中,$f_n(x)$ 为核密度函数,h 为距离衰减阈值,即宽带,$k(\cdot)$ 函数为空间权重函数,$x-x_i$ 为估计点 x 到样本 x_i 处的距离。

不同的核密度宽带选择可以得到研究对象在不同空间尺度的分布特征,为了更好地反映土地出让点的空间分布状况,经过反复试验,上海市选取 4 km 为距离阈值,分辨率 100 m,分别对住宅、商业、工业和其他用地出让点进行核密度分析,揭示不同土地出让类型的空间分布特征和集聚形态。

1) 住宅用地供应空间分布特征

上海市住宅用地在城市中心区域出让宗数和规模较少,且以小规模出让为主。2009—2013 年,上海市虹口、静安、普陀、徐汇、杨浦、闸北和长宁等区共出让住宅用地 71 个地块,其中,仅有 30% 的地块出让规模介于 5～14.21 hm²,其余地块出让规模均小于 5 hm²,这些地块以存量用地再开发为主,用地以内部填充式发展为主导。中心城区外围地区出让的住宅用地外延式扩张较为明显,主要向中心城区东北和西南方向拓展,集中分布在宝山、嘉定、浦东、青浦和松江等区域,5 个区出让地块宗数和规模分别占上海市住宅用地出让地块宗数和规模的 61% 和 64%。这些区域出让地块规模相对较大,57% 的地块出让规模大于 5 hm²,其中,21% 的地块出让规模则大于 10 hm²。此外,在崇明、奉贤和闵行等区域出让住宅用地亦有一定规模分布,分别占上海市住宅用地出让规模的 7.30%、8.50% 和 8.53%,61% 的地块出让规模大于 5 hm²。上海市住宅用地呈现一定的空间聚集性,高聚集区主要分布在上海内环线外侧、陆家嘴外围和中心城区近郊区,形成集中连片的居住用地区,而在远郊地区则分布较为零散,聚集程度相对较低。总体上,上海市住宅用地供应空间分布呈现出中心城区供应地块少且以小规模出让为主,而外围地区则出让地块多且以大规模供应为主,住宅用地供应向中心城区外围区域转移

的格局。

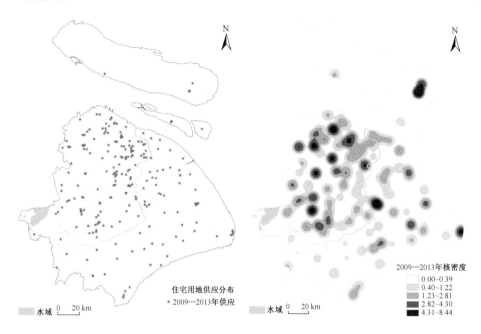

图 5-4 2009—2013 年上海市住宅用空间分布和核密度

2) 商业用地供应空间分布特征

上海市商业用地在城市中心区域出让密集,向中心城区西北和西南方向拓展明显。2009—2013 年,上海市商业用地在虹口、静安、普陀、徐汇、杨浦、闸北和长宁等中心城区分布较为密集,但出让规模较少,出让规模仅占全市商业出让规模的 11%。商业用地出让多以小规模地块为主,85% 的地块出让规模小于 5 hm²,且以存量用地再开发为主。商业用地出让规模较多区域主要集中分布中心城区外围的宝山、嘉定、闵行、青浦及浦东新区等地区,共占全市商业用地出让规模的比重高达 68.06%。地块以小规模出让为主,73.24% 的地块出让规模小于 5 hm²,而仅有 9.7% 的地块出让规模大于 10 hm²。此外,出让商业用地在崇明、奉贤、松江等区域亦有一定规模分布,其出让规模共占全市商业用地出让规模的 18.46%。商业用地出让空间分布呈现显著的聚集特征,主要集中在五角场、徐家汇、真如、花木等商圈周边,与原有商圈形成集中连片的大型商业区;而在大型商业区外围的吴淞地区、虹桥、莘庄、川沙等周边形成小型商业区。总体上,上海市出让商业用地聚集程度较高,呈现出大集中、小分散的特征。商业用地出让在中心城区以小规模出让为主,外围地区以大规模出让为主,出让用地向中心城区外围拓展的空间分布格局。

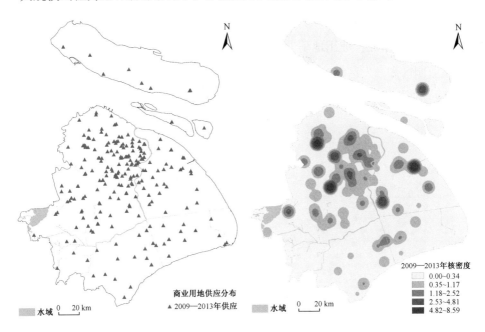

图 5-5 2009—2013 年上海市商业用地分布和核密度

3)工业用地供应空间分布特征

工业用地出让呈现郊区化,并主要向开发区继续集聚。2009—2013 年,上海市工业用地出让在中心城区分布较少,且多以小规模地块出让为主。黄浦、普陀、徐汇、杨浦和闸北等区工业用地出让规模共占全市工业用地出让规模 8.83%,其中,闸北区分布相对较多,占比为 7.39%。中心城区外围的工业园区中,工业用地出让规模和出让宗数明显增加,在中心城区西南和西北地区,工业用地在空间分布上较为连续,尤其是南部片区,沿主要交通干线形成集中连片的工业发展带。工业园区主要集中分布的奉贤、金山、浦东新区、松江和嘉定等区域,其出让工业用地面积共占全市出让工业用地面积的比重达 69.29%,其中,奉贤、金山和浦东占比较高,分别达 19.20%、18.60% 和 11.65%。此外,在闵行、青浦区也有一定规模的工业用地分布,规模占比分别为 7.71％和 6.88％。工业用地出让中,85.77％的地块出让规模小于 5 hm²,其出让规模占全市工业用地出让规模的比重为 50.59％;而仅 4.30％的地块出让规模大于 10 hm²,大宗工业用地出让规模占全市出让工业用地面积的比重则达 28.27％,主要集中分布在金山、奉贤、浦东和嘉定等区域内的工业园区。总体上,出让工业用地呈现郊区化且向工业园区高度聚集的特征,并不断向工业园区和开发区的边缘地带聚集。

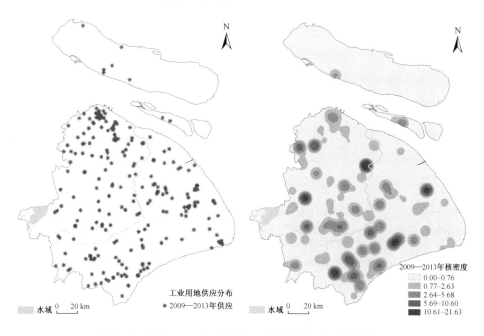

图 5-6　2009—2013 年上海市工业用地空间分布和核密度

4）其他用地供应空间分布特征

其他用地主要包括公共管理与公共服务用地、特殊用地、交通运输用地、水域及水利设施用地和其他土地等类型。2009—2013 年,其他用地以小幅地块出让为主,86％的出让地块面积小于 5 hm²。其他用地出让分布极其不均衡,在虹口、黄浦、静安和杨浦等区域分布极少,出让规模占全市其他用地规模的比重均小于 1％,这些区域发展较为成熟,基础设施和公共服务设施较为完备。其他用地出让主要集中分布在崇明、浦东新区、松江、宝山、闸北和闵行等区域,共占全市其他用地出让规模的 84.10％,其中,崇明、松江和浦东三区占比较高,分别为 15.82%、17.64% 和 31.32%。其他用地出让中,宝山、崇明和浦东新区等区域以交通用地出让为主,占该区域其他用地出让规模的比重分别为 65.17%、78.63% 和 55.44%;杨浦和嘉定两区以科教用地出让为主,占该区域其他用地出让规模的比重高达 55.41% 和 58.28%;奉贤、青浦和松江等区域则以公共管理和公共服务用地出让为主,占该区域其他用地出让规模的比重分别为 68.47%、42.82% 和 43.55%。其他用地出让在中心城区、长江西侧和浦东新区沿江地区分布较为连续和密集,其他外围地区分布较为稀疏。其他用地中,公务服务设施、交通基础设施用地等公益性用地出让,在为区域提供基础设施和公共服务的同时,也会吸引房地产、商业和工业的集聚,在一定程度上促进经营性用地的出让。

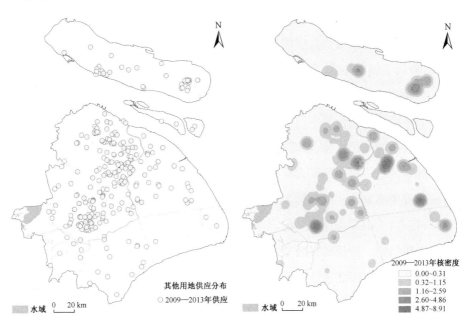

图 5-7　2009—2013 年上海市其他用地空间分布和核密度

(3) 地价空间分布特征

根据土地供应数据,提取 2009—2013 年经营性土地出让样本,分析地价空间分布特征。为了提高不同年份土地出让价格在时间上的可比性,根据上海、武汉、重庆三市地价指数(http:www.landvalue.com.cn/),参考高金龙等

(2013)、王爱等(2016)和崔娜娜等(2017)的相关研究,将研究样本的土地出让价格统一修正到 2013 年水平,2013 年地价=2009 年地价×2013 年地价指数÷2009 年地价指数。为了进一步揭示地价空间分布规律,利用 ArcGIS 空间分析功能,采用空间插值方法进行分析。反距离加权(IDW)是一种常用的空间插值方法(包善驹 等,2015),它以插值点与样本点间的距离为权重进行加权平均。设平面上分布一系列离散点,已知其坐标和值为 X_i,Y_i,Z_i($i=1$,2,$\cdots$,n)通过距离加权求 z 点值,则 z 值公式具体如下:

$$z = \left[\sum_{i=1}^{n} \frac{Z_i}{d_i^2}\right] / \left[\sum_{i=1}^{n} \frac{1}{d_i^2}\right] d_i^2 = (X-X_i)^2 + (Y-Y_i)^2 \qquad (5-2)$$

IDW 通过对邻近区域的每个采样点值平均运算获得内插单元。采用 IDW 对修正后的地价数据进行空间插值,构建了 2009—2013 年上海市住宅、商业和工业用地的地价数字模型图,并分别以 5 000 m、10 000 m 和 500 m 为距离,分别绘制出住宅、商业和工业地价等值线图(图 5-8 至 5-13)。

1) 住宅地价空间分布特征

上海市住宅地价呈一定的圈层结构,并呈现出多中心结构特征。在上海市内环线内的人民广场、淮海路、南京路等地形成明显的地价高值中心,由此向外围地区地价呈现圈层式衰减,地价变化在空间上具有一定的连续性。在衰减过程中部分地区地价出现突起、跳跃,存在明显的空间变异性。虹桥、陆家嘴、花木、宝山等地地价突起,形成几个地价次中心,地价空间分布呈现多中心的空间结构。地价低谷区主要分布在陆家嘴外围地区、城市南部工业园集中分布区和城市西北地区。上海市住宅地价等值线分布不均衡,在市中心内环线内地价等值线分布较为密集,并形成不同级别的峰值中心,地价变化由中心向外围递减幅度较大。二环线外围地区地价等值线分布相对较为稀疏,地价变化幅度相对较小;而在城市远郊的南部片区和崇明等区域,地价等值线分布稀疏,地价变化幅度不明显,地价衰减幅度随着距离市中心的增加而呈现减小的趋势。全市住宅地价梯度呈现北陡南缓、北高南低的态势,随着虹桥、宝山、陆家嘴等地价次中心的发展壮大,城市西南片区、西北片区及浦东新区等区域住宅地价也呈现上涨趋势,在趋势变化上,在南北方向和东西方向上均呈现出较为明显的倒 U 形曲线。总体上,上海市住宅地价围绕不同级别的峰值中心逐渐向外递减,地价变化具有空间连续性的同时,也具有明显的空间变异性,住宅地价呈现多中心的空间结构特征。

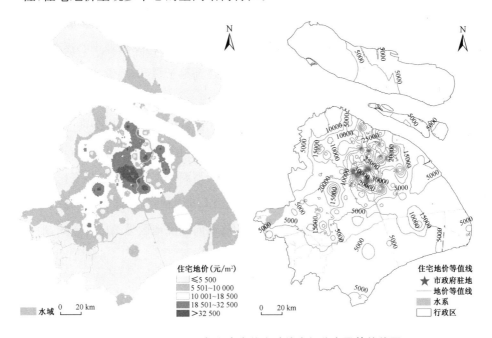

图 5-8　2009—2013 年上海市住宅地价空间分布及等值线图

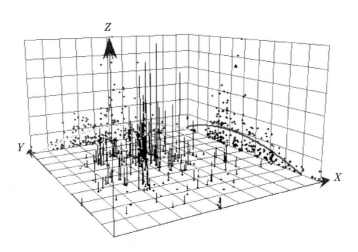

图 5-9　上海市住宅价格趋势面分析

2) 商业地价空间分布特征

上海市商业地价呈多中心结构。商业中心主要分布在人民广场、南京路、淮海路、五角场、真如、徐家汇等区域,形成分布较为集中的大型商圈。商业地价具有较高的向心性和显著的空间连续性,商业地价在上述区域形成地价峰值区,并由此向外呈圈层式逐渐递减。商业地价变化中,从商业中心逐渐向外地价急剧下降,再到外围地区地价下降幅度逐渐趋于缓和,地价变化在空间分布上具有一定的连续性。商业地价等值线在市中心大型商圈集中区域分布较为密集,在浦东新区的川沙片区形成一个封闭的峰值中心,将成为商业地价的次级中心,商业地价有向多中心发展的趋势。商业地价等值线在中心城区外围地区分布极少,表明城市远郊区尚未形成大型商业街区。在趋势变化上,在南北方向和东西方向上呈现出较为明显的倒 U 形曲线。总体上,上海市商业地价单中心结构明显,地价从市中心商业逐渐向外围地区呈圈层式递减,地价变化具有空间连续性。

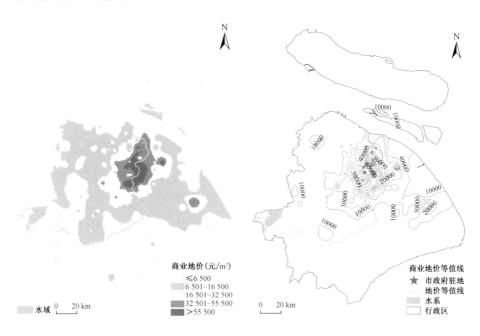

图 5‑10　2009—2013 年上海市商业地价空间分布及等值线图

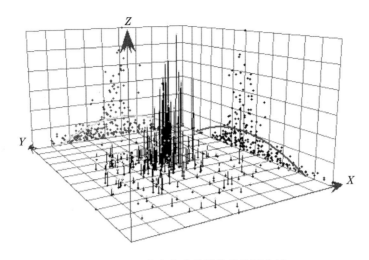

图 5‑11　上海市商业地价趋势面分析

3）工业地价空间分布特征

上海市工业地价空间分布呈现典型的多中心结构特征。工业地价在闸北区和虹口区形成峰值中心,闸北依托市北工业新区和彭浦工业小区,以发展都市型工业为主;虹口以外滩地区为核心,在大力发展航运业的同时,积极吸引企业入驻,形成产业集聚。闸北和虹口作为中心城区,拥有发达交通体系和优越的区位条件,吸引大量产业集聚,工业用地出让地价高于周边区域。在漕河泾经济技术开发区、漕河泾出口加工区、浦东空港物流园区等发展较为成熟的工业园区形成了地价次级中心,工业地价空间结构呈现多中心的布局模式。工业地价由峰值中心和次级中心逐渐向外围递减,在闸北和虹口高峰值区急剧降低,再到外围地区变化相对较为缓和。地价等值线在闸北和虹口地区分布密集,在其东南方向分布逐渐稀疏,地价等值线在不同级别的峰值中心呈现明显的同心圆分布;而在市中心西北和西南地区,地价等值线分布稀疏。由此可知,上海市工业地价总体呈现出北高南低、东高西低的态势。工业地价在趋势变化上,在南北方向和东西方向上倒 U 形曲线不明显。

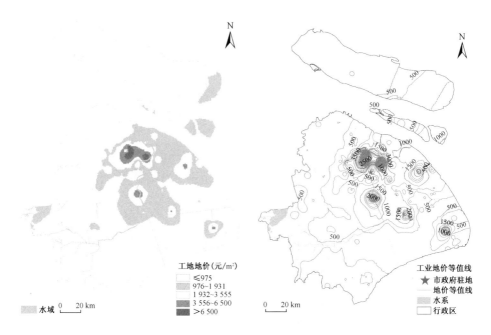

图 5‑12　上海市 2009—2013 年工业地价空间分布及等值线图

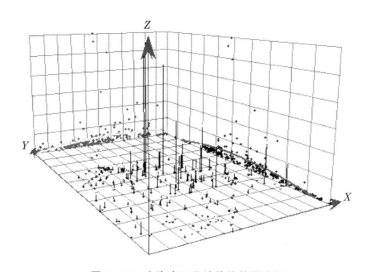

图 5‑13　上海市工业地价趋势面分析

（4）土地利用强度空间分布特征

利用容积率来反映土地利用强度，采用 IDW 法进行空间插值，分析不同用地类型利用强度的空间分布特征。

1) 住宅用地

根据图 5 - 14 可知,住宅用地容积率在城市中心区、浦东新区和奉贤等区域形成不同级别的高值中心,呈现多中心的空间结构,并由不同级别的高值中心向外逐渐递减。在城市内环线、内环线以北至中环线地带等区域形成的住宅用地容积率高值区空间分布较为连续,而在浦东新区内的张江高科技园区、金桥出口加工区,以及南部的奉贤区等区域形成的住宅用地容积率高值区分布较为零星。上海市市中心、沪宁沿线地带,及长江东侧沿江地区利用强度较高,而外围地区用地强度相对较低。

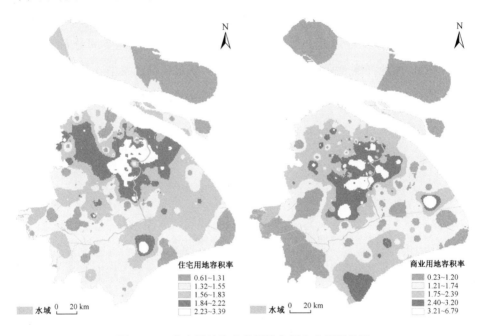

住宅用地容积率
■ 0.61~1.31
■ 1.32~1.55
■ 1.56~1.83
■ 1.84~2.22
□ 2.23~3.39
■ 水域　0 20 km

商业用地容积率
■ 0.23~1.20
■ 1.21~1.74
■ 1.75~2.39
■ 2.40~3.20
□ 3.21~6.79
■ 水域　0 20 km

图 5 - 14　住宅用地和商业用地容积率空间插值图

2) 商业用地

从上海市商业用地容积率空间插值分布图可知,商业用地容积率空间结构也呈现典型的多中心空间结构,商业用地容积率在淮海路、南京路、徐家汇、外滩、五角场、陆家嘴、浦东空港等地形成多个高值中心,并由高值中心逐渐向外围呈圈层式递减。商业用地容积率的空间结构与商业中心的分布密切相关,其容积率高值中心集中连片性不强,更多的是呈现点状分布特征。总体上，上海市市中心商业集中分布区、边缘大型商圈分布区及陆家嘴—高桥一带商业用地强度高，而外围地区用地强度逐渐降低。

3）工业用地

从上海市工业用地容积率空间插值分布图可知，工业用地容积率空间分布呈现郊区化，容积率高值中心主要向工业园区集聚，在宝山城市工业区、张江高科技园区、浦东空港物流园区等地形成集中连片的高值中心，并在莘庄工业区、青浦工业区、外滩等地形成点状高值中心，工业用地容积率整体上从不同级别高值中心向外围地区逐渐下降，其变化在空间分布上具有一定的连续性。工业用地容积率高值区主要集中分布在市中心边缘和远郊地区，且多数是上海市近年来工业用地主要拓展区域。总体上，工业用地空间分布郊区化趋势明显，用地强度较高地区主要向工业园区集聚且呈现集中连片的特征，工业用地在大规模向城市边缘的工业园区集中的同时，也呈现低密度蔓延趋势。

图 5-15 工业用地容积率空间插值图

5.1.2　武汉市土地市场状况及特征

5.1.2.1　武汉市土地市场发展历程

武汉市于 20 世纪 90 年代初进行土地市场化改革。1992 年武汉市正式实行土地使用制度改革,实行土地有偿供应。通过开展土地批租,土地市场逐步开始发育。至 1994 年 5 月底,武汉市市区共出让土地 327 宗;1999 年,武汉市全年共出让土地 130 宗,面积为 171.68 hm²,均以协议出让方式进行供地。为进一步深化土地有偿使用制度改革,武汉市于 2000 年建立土地储备制度,对经营性用地采取招标、拍卖、挂牌等方式统一进行供地,加强土地资源的市场化配置。土地批租方式逐渐多样化,由单一的协议出让转向协议、招标、拍卖、挂牌等多种方式进行供地,供地方式市场化程度不断提高。2004 年,武汉市政府出台了《市人民政府关于加强国有土地使用权出让转让管理有关问题的通知》,要求全面实行招拍挂制度,商业、旅游、娱乐、商品住宅等开发、经营性用地,必须以招标、拍卖或者挂牌等方式出让,并进一步规范了土地交易行为。随着土地有偿使用制度改革的深化,土地市场的不断发展和完善。

5.1.2.2　武汉市土地市场供应情况分析

(1) 土地供应规模呈现波动性增长趋势

从图 5-16 可知,1999—2017 年武汉市土地供应规模总体呈现出先波动性增长后波动性下降的态势,具有明显的阶段性特征。1999—2003 年,土地供应总量不断增长,供地宗数由 404 宗增加到 735 宗,而供地面积则大幅增加,由 471.86 hm² 增加到 2 649.41 hm²,增长了 4.61 倍。2004—2005 年土地供应规模出现下降,这与国家开展土地市场治理整顿密切相关,加大了违法用地查处力度,土地供应快速增长趋势得到遏制。随后土地供应总量逐年增加,到 2007 年供地规模达到 3 598 hm²。2008—2009 年,受金融危机影响,经济增长下行,土地供应规模也出现下降。2009 年以后,受国家 4 万亿投资刺激和"双保政策"影响,土地供应规模快速增加。2010—2013 年,土地供应规模

在个别年份出现下降，但总体呈波动增加趋势，至 2013 年，土地供应规模达
9 453.20 hm²。2014—2017 年，土地供应规模呈波动性下降，土地供应规模由
2014 年的 6 720.61 hm² 下降至 2017 年的 4 064.71²。从供地方式看，2000 年
以前，土地供应以划拨为主，2000 年后，出让供应成为主要的供地方式；而租
赁及其他供地规模较小，且总体呈下降趋势。

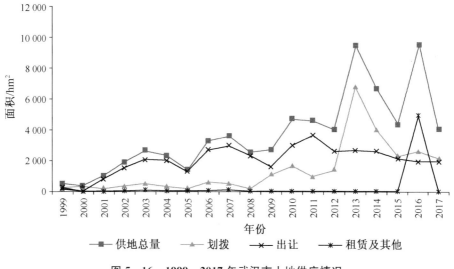

图 5‑16　1999—2017 年武汉市土地供应情况

(2) 土地供应方式市场化程度逐渐增强

1999—2011 年，武汉市土地供应中出让方式供地宗数和规模显著增加，
并成为主要的供地方式，土地市场化程度不断增强。1999 年，土地供应中，划
拨、出让、租赁及其他三种供地规模分别占供地总量的比重为 41.67%、
36.38% 和 21.95%，划拨供应占主导，出让供地均以协议方式进行供应，土地
市场化程度低。2001 年以后，出让供地宗数和规模快速增加，超过划拨方式
供地宗数和规模，成为主要的供地方式。土地出让中，2001 年以来，协议出让
方式供地宗数急剧下降，由 2001 年的 1426 宗下降到 2007 年的 437 宗，随后
每年以协议出让宗数均在 100 宗以内，且呈波动下降的趋势，到 2017 年协议
出让宗数仅为 41 宗。与此同时，以招拍挂方式供地宗数快速增加，由 2001 年
的 2 宗增加至 2011 年最高值时的 574 宗，随后出现波动下降，至 2017 年招拍

挂方式供地 363 宗。招拍挂方式供地宗数占出让宗数的比重由 2001 年的 0.14％增加到 2007 年的 38.62％,2008 年以来,占比保持在 82.71％～ 93.03％,招拍挂出让方式成为一级土地市场的主要供地方式,土地市场化水平显著提高。

表 5 - 3　1999—2017 年武汉市土地出让情况

年份	出让		协议出让宗数(宗)	招拍挂宗数(宗)	招拍挂占出让比重(％)
	面积(hm²)	宗数(宗)			
1999	171.68	130	130	0	0
2000	—	—	—	—	—
2001	842.00	1 428	1 426	2	0.14
2002	1 536.69	440	421	19	4.32
2003	2 078.55	581	505	76	13.08
2004	2 006.40	681	593	88	12.92
2005	1 281.94	538	412	126	23.42
2006	2 671.52	594	428	166	27.95
2007	2 954.34	712	437	275	38.62
2008	2 311.79	464	31	433	93.32
2009	1 613.27	468	78	390	83.33
2010	3 014.74	504	44	460	91.27
2011	3 657.38	617	43	574	93.03
2012	2 616.67	532	92	440	82.71
2013	2 667.10	561	40	521	92.87
2014	2 618.92	490	53	437	89.18
2015	2 128.69	429	43	386	89.98
2016	1 945.42	388	49	339	87.37
2017	1 973.34	404	41	363	89.85

注:武汉市 2000 年数据缺失。

(3) 土地供应结构不断优化

从表 5 - 4 可知,2009—2017 年,武汉市土地供应结构处于不断变化中,住宅用地占土地供地规模的比重总体呈下降趋势,由 2009 年的 32.55％下降至 2014 年的 13.41%,随后 2015 年和 2017 年两年的占比较 2014 年有所增加,其比重分别为 21.15%和 20.86%,而 2016 年占比最低,仅为 7.37%。商服用地占比相对较小且呈波动下降,由 2009 年的 5.19%增加至 2010 年的8.61%,随后逐年下降,至 2014 年占比仅为 2.32%,随后占比有所提高,2015年和 2017 年,占比分别为 5.21%和 5.03%。武汉市作为工业城市,工业用地占土地供应规模的比重相对较高,2009 年比重为 28.25%,2011—2012 年土地出让以工业用地供应为主导,占供地规模比重分别高达 47.70%和42.98%,随后出现下降,但仍处于较高水平;2016 年工业用地占比出现突变,呈迅速提升,其占比高达 63.06%,2017 年出现下降,占比为 29.59%。其他用地占土地出让规模比重呈先降后升再降的趋势,占比由 2009 年的 34.01%下降到 2011 年的 17.81%,随后呈增加趋势,至 2014 年,占比达 57.07%;随后,其占比出现下降,2016 年降至最低,仅为 26.30%。其他用地中,公共服务用地和交通用地供应规模总体呈波动增加的趋势,占其他用地供应面积的比重由 2009 年的 49.17%增加至 2012 年的 62.41%,随后出现下降;交通用地占比由 2009 年的 42.53%增加至 2014 年的 71.71%。武汉市土地供应结构变化中,住宅用地和工业用地供地规模占比不断下降,公益性用地规模在土地供应结构调整中不断增加,土地供应结构不断得到优化。

表 5-4　2009—2017 年武汉市土地供应的用途及占比

年份	住宅用地		商服用地		工业用地		其他用地	
	面积（hm²）	比重（%）	面积（hm²）	比重（%）	面积（hm²）	比重（%）	面积（hm²）	比重（%）
2009	886.44	32.55	141.24	5.19	769.14	28.25	926.10	34.01
2010	1 575.88	33.47	405.14	8.61	1 355.85	28.80	1 371.05	29.12
2011	1 296.39	28.00	300.88	6.50	2 208.69	47.70	824.65	17.81
2012	804.34	20.01	220.37	5.48	1 727.98	42.98	1 267.58	31.53
2013	1 834.70	19.41	435.36	4.61	1 685.53	17.83	5 497.60	58.16
2014	901.32	13.41	155.67	2.32	1 828.23	27.20	3 835.39	57.07
2015	931.25	21.15	229.40	5.21	1 239.98	28.16	2 003.31	45.49
2016	707.82	7.37	314.03	3.27	6 053.98	63.06	2 524.79	26.30
2017	847.83	20.86	204.49	5.03	1 202.57	29.59	1 809.81	44.53

5.1.2.3　武汉市土地市场供应的空间特征

运用 2009—2013 年武汉市土地出让空间数据,分析土地供应空间分布特征。共收集武汉市土地供应样点 4 722 个,经筛选,剔除信息缺漏和异常值数据样点后,获得有效样点 4 674 个。以划拨和租赁方式供应的土地样本点为 1 849 个,出让方式供应的土地样本点为 2 825 个。土地供应中,住宅用地样本为 1 302 个,商业用地样本为 446 个,工业用地样本为 1 569 个,其他用地样本 1 357 个(图 5 - 17)。

图 5 - 17　2009—2013 年武汉市土地供应样点分布图

(1) 土地供应数量的空间分布特征

武汉市土地供应数量在空间分布上存在明显的差异,总体呈现出中心城区到外围逐渐增加的趋势。从 2009—2013 年土地供应规模看,7 个中心城区中,江岸、江汉、硚口、武昌、青山等区供地面积较少,仅占全市供地规模的 14.23%,而洪山和汉阳供地规模较大,分别供地 5 337.35 hm² 和 1 821.93 hm²,占全市供地规模的 20.36% 和 6.95%。中心城区外围的江夏、蔡甸两区供地规模较多,供地面积分别为 4 303.41 hm² 和 4 703.09 hm²,分别占全市土地供应规模的 17.94% 和 16.41%,占到全市供地规模的 1/3。在东西湖、黄陂、新洲分布也有较大规模分布,三区供地面积共占全市供地规模的 20.91%。武汉市土地供地规模主要向中心城区的南部及西南片区拓展,在城市北部片区拓展规模相对较小,城市外围区的土地供应主要向开发区和工业园区集中。武汉土地供应仍以增量供应为主,存量供地所占比重较小,城市用地仍大规模向外拓展。

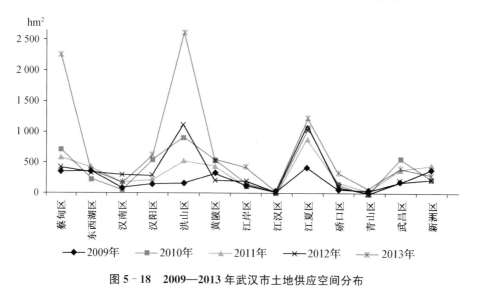

图 5 - 18 2009—2013 年武汉市土地供应空间分布

(2) 土地供应用途的空间分布特征

根据武汉市土地供应数据,采用前文的核密度函数,经反复试验,选取 3.5 km 为距离阈值,分辨率为 100 m,分别对住宅、商业等不同供地类型进行核密度分析,揭示其空间分布特征。

1）住宅用地供应空间分布特征

武汉市住宅用地在城市中心区域出让密集，主要向城市南部和西部拓展。集中分布在中心城区内及其边缘地带，而远郊区住宅用地出让较少，住宅用地出让规模呈现出从中心城区向外围逐渐递减的空间分布格局。江岸、江汉、硚口、武昌、青山、汉阳、洪山等 7 个主城区共出让 796 宗地，出让用地规模为 3 190.71 hm²，分别占全市住宅用地供应宗数和供应规模的 54.92% 和 49.69%。其中，供应面积小于 5 hm² 的地块占全市住宅供应宗数的达 68%，而供应面积大于 10 hm² 的地块占比仅为 13.56%，土地供应以小规模地块供应为主。在江夏、蔡甸区住宅用地出让规模也较大，分别占到全市住宅用地供应规模的 16.52% 和 14.97%，主要集中在蔡甸区东北与主城相连地带、经济技术开发区和江夏区内的开发区，在其他区域住宅用地供应规模相对较小。住宅用地空间分布呈现一定的聚集性，在武昌、汉口、汉阳形成三个高度集聚区，在中心城区边缘居住用地集中程度有所降低，而在远郊区呈零星分布。总体上，武汉市住宅用地供应空间分布呈现中心城区出让密集，但多以小幅地块供应为主，从中心城区向外围土地出让密集程度呈下降趋势，供应住宅用地主要向中心城区以西和以南地区拓展的空间格局。

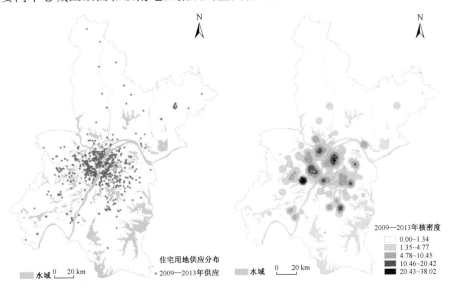

图 5‑19　2009—2013 年武汉市住宅用地分布和核密度

2) 商业用地供应空间分布特征

武汉市商业用地出让在中心城区出让密集,出让用地主要向中心城区西部、西南及南部方向拓展。2009—2013 年,从商业用地出让宗数和规模看,江岸、江汉、硚口、武昌、青山、汉阳、洪山等 7 个主城区出让宗数和规模分别占全市商业用地的 56.05% 和 41.82%。主城区出让用地以小规模地块出让为主,宗地面积小于 5 hm² 的地块数量占其出让宗数的比重高达 88.00%。主城区外围的东西湖区、蔡甸区和江夏区商业用地出让规模较大,三区出让宗数仅占全市的 32.51%,但其出让规模则占到 51.03%;中心城区东北部的新洲、黄陂等区域商业用地出让规模较少。商业用地空间分布具有明显的聚集性,在中心城区以武昌、汉口、汉阳三镇为核心形成高度集聚区,聚集程度由此逐渐向周边递减;随后在中心城区蔡甸东北部、江夏区北部等城市边缘地带形成高度聚集区,并逐渐向外围地区迅速降低。总体上,武汉市商业用地出让从中心城区到外围地区,出让宗数呈递减趋势,而出让规模在近郊区出现增加再到外围区迅速递减,商业空间分布呈现明显的集聚特征。

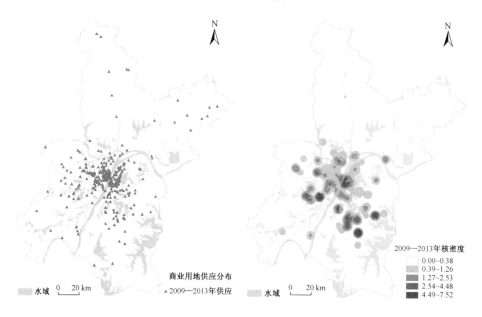

图 5‐20　2009—2013 年武汉市商业用地分布和核密度

3）工业用地供应空间分布特征

武汉市工业用地出让郊区化明显，出让工业用地主要向中心城区外围的开发区集中。从 2009—2013 年工业用地出让情况看，江岸、江汉、硚口、武昌、青山、汉阳、洪山等 7 个主城区出让工业用地规模较少，其出让宗数和规模仅分别占全市工业用地的 14.28% 和 12.42%，且以小规模地块出让为主。工业用地出让规模较大的区域主要分布在江夏、蔡甸、黄陂、新洲和东西湖区，其中江夏和蔡甸区出让规模分别占全市工业用地出让规模的 26.87% 和 19.31%，其余三区比重均高于 10%。上述 5 个区中，工业用地出让面积小于和大于 5 hm² 的地块分别占其出让宗数的 70.76% 和 29.24%，但供应面积则分别占其出让规模的 28.73% 和 71.27%。仅有 14.10% 的出让地块面积大于 10 hm²，但其出让规模却占到 5 个区域工业用地出让规模的 51.34%。大宗工业用地主要集中分布在武汉经济技术开发区、江夏和罗阳经济开发区及临空港、黄陂区滠口开发区等区域。工业用地在中心城区外围的工业园区和开发区形成高度集聚区，在城市中心区外围形成环状分布。总体上，武汉市工业用地出让郊区化特征，并在中心城区近郊的开发区形成高度集聚区。

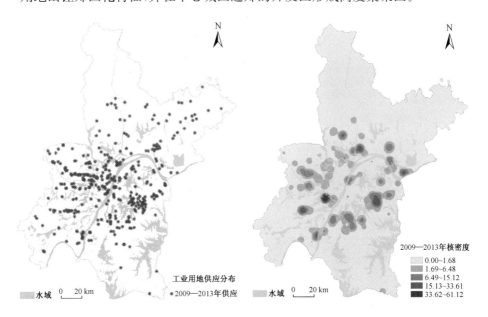

图 5‑21　2009—2013 年武汉市工业用地分布和核密度

4）其他用地供应空间分布特征

武汉市其他用地出让在中心城区分布较多,出让规模和出让密度总体呈现出从中心城区向外围地区下降的趋势。2009—2013 年,其他用地出让中,出让面积大于和小于 5 hm² 的地块占全市出让宗数的比重分为 32.57％和 67.42％,但其出让面积却分别占全市出让规模的 86.80％和 13.19％,其中,18.72％的地块出让规模大于 10 hm²,其出让面积占全市出让规模的比重达 73.70％。7 个主城区共出让宗数和出让规模分别占全市的比重为 61.15％和 59.22％,其中,洪山区出让规模较大,占全市比重分别为 33.77％。主城区中江岸、江汉、硚口、武昌等区出让宗地以小规模出让为主,出让规模大于10 hm² 的大宗用地主要分布在洪山区和汉阳区。主城区外蔡甸和江夏区出让用地规模较大,出让规模占全市的比重分别 15.43％和 10.19％,也是大宗供地的集中分布区,大宗用地以交通用地为主;新洲、黄陂、东西湖等区域其他用地出让规模较少。其他用地在空间分布上具有集中分布特征,在中心城区及外围的开发区高度聚集,随着中心城区外围地区基础设施的完善,将进一步促进城市规模向外围地区拓展。

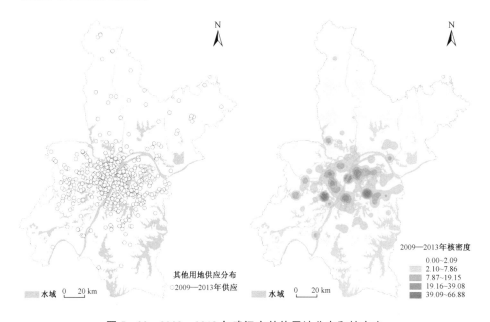

图 5‑22　2009—2013 年武汉市其他用地分布和核密度

(3) 地价空间分布特征

根据 2009—2013 年的武汉市土地出让数据,采用前文的 IDW 方法对修正后的地价数据进行空间插值,形成住宅、商业和工业用地的地价空间分布图,并分别以 3 000 m、5 000 m 和 300 m 为距离,绘制出不同用地类型的地价等值线图(图 5 - 23 至 5 - 28)。

1) 住宅地价空间分布特征

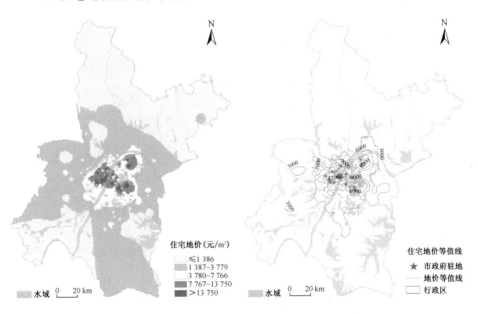

图 5 - 23　2009—2013 年武汉市住宅地价空间分布及等值线图

武汉市住宅地价呈现出明显的圈层结构,地价分别以武昌、汉口、汉阳为核心,形成地价高值中心,在主城区东部的青山组团及南部的东湖高新技术开发区形成次级地价中心,呈现多中心分布的空间格局。住宅地价从市中心向外围地区逐渐递减,随着离市中心距离的增加,地价衰减幅度逐渐变小并趋于稳定,地价变化在空间上呈现一定的连续性。从地价分布等值看,地价等值线在不同的峰值中心呈同心圆分布,并呈圈层式向外递减。在市中心到二环线分布十分密集,二环线到三环线之间逐渐等值线分布密度出现下降,三环线以外的中心城区及外围地区地价等值线分布逐渐稀疏。总体上,武汉市住宅地价呈现中间高、南北低的态势,城市中心城区仍是地价高值分布区,中心城区外围地区尚未形成地价峰值中心,住宅地价从城市中心呈圈层式向外围地区逐渐递减。变化趋势上,地价在南北方向和东西方向上均呈现出较为明显的倒 U 形变化趋势。

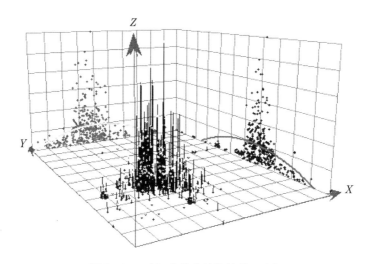

图 5-24　武汉市住宅地价趋势面分析

2）商业地价空间分布特征

武汉市商业地价多中心分布特征明显,地价高值区主要集中分布在中心城区,在中山大道沿线、中南路、街道口、武胜路、光谷鲁巷广场等大型商业街区分布区形成地价峰值中心,呈现典型的多中心空间结构。商业地价高值区主要集中分布在内环线及二环线内,二环以外地区分布较少,其空间分布呈现显著的向心性和一定的空间连续性,在中心城区长江沿线地区集中连片分布。地价等值线在中心城区内环线以内分布密集,在内环线到二环线间分布逐渐变稀疏。中心城区内的长江以西地区的地价等值线分布密集程度高于长江以东地区,表明武汉市商业地价呈现西高、东低的态势。总体上,武汉市商业用地空间分布呈现多中心结构,地价总体上从市中心逐渐向外围地区呈圈层式递减。从变化趋势上看,商业地价在南北方向和东西方向上均呈现出较为明显的倒 U 形曲线。

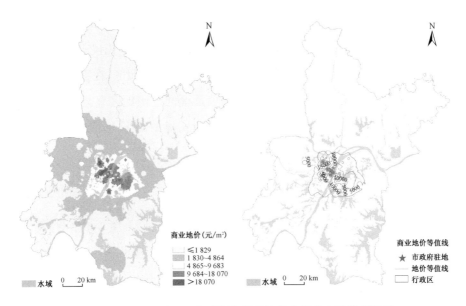

商业地价(元/m²)
　≤1 829
　1 830~4 864
　4 865~9 683
　9 684~18 070
　>18 070
水域 　0　20 km

商业地价等值线
★ 市政府驻地
── 地价等值线
□ 行政区
水域 　0　20 km

图 5－25 2009—2013 年武汉市商业地价空间分布及等值线图

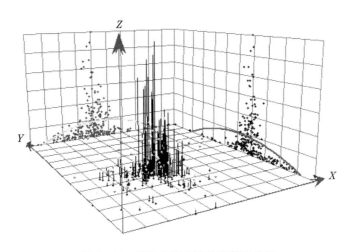

图 5－26 武汉市商业地价趋势面分析

3）工业地价空间分布特征

武汉市工业地价空间分布呈现多中心分布特征,高地价地区主要分布在中心城区外围的开发区,在武汉经济技术开发区和东湖高新技术开发区形成地价峰值中心,在汉阳、硚口、武昌等区内形成地价次级中心,地价峰值中心空间分布连片性较差,多以点状分布为主。工业地价以不同级别的峰值中心为核心逐渐向外围地区递减。工业地价等值线分布不均衡,在武汉经济技术开发区和东湖高新技术开发区分布较为密集,在其余区域分布十分稀疏。总体上,武汉市地价高值中心主要集中分布在开发区和工业园区,在空间分布上呈现跳跃性;地价变化总体呈从不同级别峰值逐渐向外围地区衰减的趋势。变化趋势上,工业地价在东西方向上呈现出较为明显的倒 U 形曲线,而在南北方向则不明显。

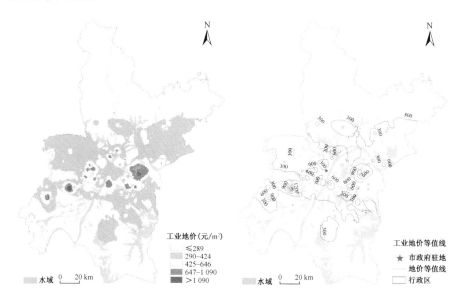

图 5‑27　2009—2013 年武汉市工业地价空间分布及等值线图

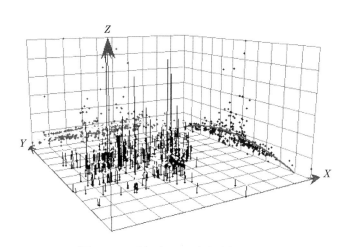

图 5‑28　武汉市工业地价趋势面分析

(4) 土地利用强度空间分布特征

从图 5-29 可知,武汉市住宅用地容积率空间分布表现出明显的多中心分布特征,容积率高值区主要集中分布在以武昌、汉口、汉阳为中心城市的中心区域及其边缘地区,而在城市北部的黄陂区、东部的新洲区及南部的江夏区内,形成住宅用地容积率次级高值区。在城市中心区及其周边区域,容积率高值区呈集中连片分布,而在外围地区则分布较为分散。住宅用地容积率高值区土地利用强度高,土地利用强度总体上从不同级别的高值中心逐渐向外递减,利用强度变化具有较好的连续性,土地利用高强度区和周边较高强度区以城市中心为核心,分别呈东西向和南北向的带状分布,其空间分布呈明显的十字形。

商业用地容积率在空间上也呈多中心分布特征,容积率高值区主要分布在城市中心区域、东西湖区东部及武汉经济技术开发区,在武昌、汉口、汉阳三镇为中心的城市中心区域,城市西部的吴家山台商投资区,以及城市西南部的武汉经济技术开发区等地形成不同级别的高值中心。商业用地容积率以不同级别的高值中心为核心,向外围地区逐渐递减。商业容积率高值区的土地利用强度处于较高水平,随着离容积率高值中心距离的增加,土地利用强度逐渐降低。总体上,武汉市商业用地强度利用区集中分布在城市中心区域、城市以西及西南地区,城市中心区域高强度利用区与周边较高强度利用地在空间分布上具有较好的连续性,在中心城区形成西北—东南向的条带状分布。

工业用地容积率在空间分布上郊区化明显,并呈现多中心分布特征。容积率高值区主要分布在中心城区以西、东南及东北片区,在东西湖区内的工业园区、洪山区内的东湖高新技术开发区形成高值中心,在武昌区、新洲区内的工业区等地形成次级中心,工业用地容积率总体上从不同级别的高值中心逐渐向外围降低。工业用地容积率高值区土地利用强度高,而周边地区土地利用强度相对较低。工业用地高强度利用区主要向工业园区和开发区聚集,并在东西湖区内的工业园区和东湖高新技术开发区呈集中连片分布,而在其余工业园区内分布较为零散。

武汉市土地出让强度呈现出"商业用地>住宅用地>工业用地"的规律,商业用地利用强度高于住宅和工业用地。商业和住宅用地的利用强度总体呈

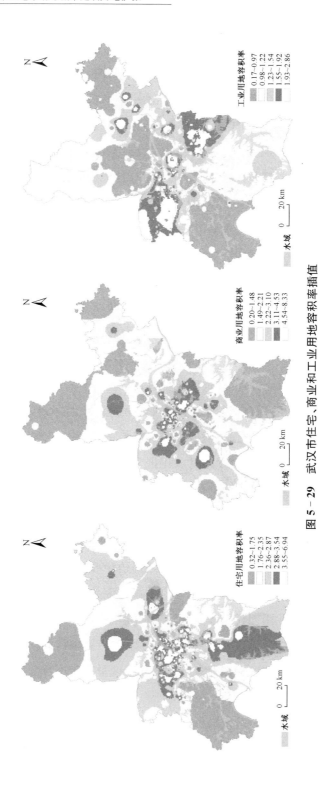

图 5 - 29　武汉市住宅、商业和工业用地容积率插值

现出从城市中心向外围逐渐递减的趋势,而工业用地利用强度则表现出明显的郊区化特征。

5.1.3 重庆市土地市场状况及特征

5.1.3.1 重庆市土地市场供应情况分析

(1) 土地供应规模增长迅速

从图 5-30 可知,1999—2017 年重庆市土地供应总量总体呈增加趋势,供地规模增长迅速。供地总量从 1999 年的 2 158.67 hm² 快速增加到 2014 年的 18 228.84 hm²,增长了 7.44 倍。2015 年以来,土地供应规模较 2014 年明显下降,2015—2017 年,土地供应规模保持在 12 182.19 hm² ~ 13 917.65 hm²,土地供应规模仍保持在较高水平。全市土地供应存在阶段性特征,大致可分快速增长和急剧增长两个阶段。1999—2008 年,土地供应规模除在个别年份出现明显下降外,其余年份总体呈持续快速增加趋势,至 2007 年供地规模达到峰值,为 8 218.17 hm²,随后出现下降,该时段内年均供地 4 829.66 hm²。这一时期,重庆处于直辖建设及西部大开发实施阶段,城市建设和产业发展用地需求较大,土地供应规模增长迅速。由于受土地市场治理整顿和金融危机影响,2005 年和 2008 年供地规模出现下降。2009—2014 年,土地供应规模持续增加,增长规模和幅度远高于前一阶段,土地供应呈急剧增长态势,年均供地规模高达 14 013.23 hm²,是上一阶段的 2.90 倍。这一时期,受国家 4 万亿投资、新一轮西部大开发及两江新区建设等影响,经济社会发展及大规模的产业集聚对土地需求量大,土地供应规模急剧增加。2015 年较上一年,土地供应规模出现了下降,2015—2017 年间土地供应规模变动较为稳定。从供地方式看,1999—2017 年,除个别年份外,土地供应以出让方式为主,而 2008—2011 年划拨方式供应规模大于出让规模,2012 年划拨方式与出让方式供地规模相当,2014、2016 和 2017 年,以划拨方式供地规模大于出让方式供地规模。这与金融危机后的基础设施投资建设及 2010 年后两江新区成立初期需要大规模的基础设施建设密切相关,该时期内公益性基础用地划拨规模较大,仅

2011 年和 2012 年,供应交通运输用地规模达 7 888.25 hm²,占同期供地总量的 25.83%。

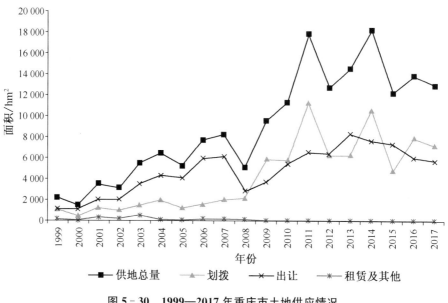

图 5‑30 1999—2017 年重庆市土地供应情况

(2) 土地供应市场化水平不断提高

重庆市土地供应中,土地出让规模及其占土地供应总量的比重不断增加,而划拨规模则总体呈不断下降的趋势。研究时段内,1999—2006 年划拨面积占供地总量的比重从 50.48% 下降到 20.36%,之后占比不断增加,至 2011 年高达 63.47%,随后出现下降,至 2014 年占比为 45.41%。1999—2006 年,出让面积占供地总量的比重快速上升,从 48.55% 快速增加到 77.36%,随后出现下降,2011 年以后比重不断提高,至 2013 年提高到 57.02%。总体上,研究期内,土地出让规模高于划拨规模,其占供地总量的比重为 53.45%,供地方式以出让为主,土地市场化水平不断提高。土地出让结构中,协议出让供地宗数急剧下降,由 1999 年的 3 174 宗下降至 2014 年的 222 宗;而招拍挂出让宗数快速增加,由 1999 年的 234 宗增加至 2014 年的 1 505 宗,其占出让宗数的比重由 6.87% 提高到 87.15%;2015—2017 年,土地出让中招拍挂占比进一步提高,比重保持在 96.98%～97.60%,土地供应市场化水平提高显著。

表 5-5　1999—2017 年重庆市土地出让情况

年份	出让		协议宗数 （宗）	招拍挂宗数 （宗）	招拍挂占比 （％）
	面积（hm²）	宗数（宗）			
1999	1 048.00	3 408	3 174	234	6.87
2000	1 065.03	3 848	3 339	509	13.23
2001	1 973.90	5 986	5 246	740	12.36
2002	2 002.58	4 035	2 643	1 392	34.50
2003	3 548.40	3 547	2 221	1 326	37.38
2004	4 295.07	2 857	2 022	835	29.23
2005	4 036.05	2 645	1 679	966	36.52
2006	5 950.95	3 152	1 885	1 267	40.20
2007	6 080.09	2 402	1 512	890	37.05
2008	2 775.71	1 443	484	959	66.46
2009	3 684.93	1 074	237	837	77.93
2010	5 494.06	1 621	403	1 218	75.14
2011	6 514.31	1 858	442	1 416	76.21
2012	6 399.40	1 843	475	1 368	74.23
2013	8 277.18	3 229	1 528	1 701	52.68
2014	7 615.57	1 727	222	1 505	87.15
2015	7 321.82	1 500	36	1 464	97.60
2016	5 981.31	1 227	32	1 195	97.39
2017	5 675.20	1 026	31	995	96.98

（3）土地供应结构不断调整优化

从表 5-6 可知,重庆市住宅用地和其他用地占供地总面积的比重波动较大,而工业用地占比波动性相对较小,用地基本保持稳定。2009—2013 年,住宅用地规模不断增加,在 2014 年出现下降,但从住宅用地占供地比重看,则呈先升后降、再升再降的趋势,波动较大,2011 年占比较低,为 18.90％,而 2013 年则高达 33.32％。2014—2017 年,住宅用地占比总体呈下降趋势,2016 年,占比最低,仅为 15.68％。研究期内,工业用地占供地总量的比重变化呈现阶段性特征,2009—2010 年,其比重增加,由 2009 年的 19.33%增加至 2010 年的 25.73%,2011—2014 年其占比出现下降并趋于稳定,占比保持在 19.54%～ 20.46%。2015 年占比较上一年增加,其占比为 27.01%,随后出现下降。商 业用地占比呈波动增加的趋势,由 2009 年的 4.30%增加至 2016 年的 6.16%。其他用地占比波动幅度较大,在 38%～58%之间波动,其中,公共服 务和交通等公益用地规模增加快速,其占其他用地的比重由 2009 年的 42.20%增加至 2014 年的 98.53%。总体上,重庆市土地供应结构处于不断 调整中,商业用地总体呈波动增加,工业用地比重略有下降,而住宅用地和其 他用地波动较大,但其他用地中的公共服务和交通等公益性用地比重不断提 高,土地供应结构不断调整优化。

表 5 - 6　2009—2017 年重庆市土地供应的用途及占比

年份	住宅用地		商服用地		工业用地		其他用地	
	面积 (hm²)	比重 (%)	面积 (hm²)	比重 (%)	面积 (hm²)	比重 (%)	面积 (hm²)	比重 (%)
2009	1 850.22	19.36	411.24	4.30	1 847.10	19.33	5 448.47	57.01
2010	2 958.44	26.32	354.89	3.16	2 891.81	25.73	5 034.92	44.79
2011	3 371.13	18.90	541.12	3.03	3 649.19	20.46	10 272.14	57.60
2012	3 619.58	28.49	766.77	6.04	2 573.25	20.25	5 745.18	45.22
2013	4 836.59	33.32	1 089.36	7.51	2 844.53	19.60	5 744.58	39.58
2014	3 452.33	18.94	1 107.10	6.07	3 562.31	19.54	10 107.09	55.45
2015	3 306.60	27.14	917.96	7.54	3 290.32	27.01	4 667.30	38.31
2016	2 182.44	15.68	857.00	6.16	3 068.98	22.05	7 809.23	56.11
2017	2 343.84	18.15	525.59	4.07	2 755.80	21.34	7 286.94	56.43

5.1.3.2　重庆市土地市场供应的空间特征

根据 2009—2013 年重庆市主城区土地出让空间数据,经筛选,获得有效 样点 2 971 个。以划拨方式供应的土地样本点为 1 362 个,出让方式供应的土 地样本点为 1 609 个。土地供应中,住宅用地样本为 943 个,商业用地样本为

392 个,工业用地样本为 617 个,其他用地样本 1 019 个(图 5-31)。

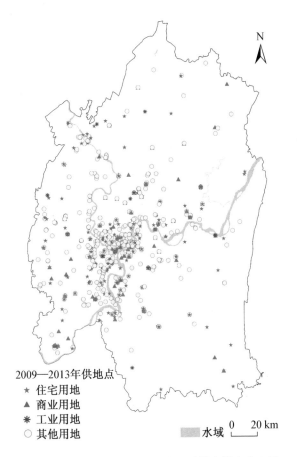

2009—2013年供地点

★ 住宅用地

▲ 商业用地

✳ 工业用地

○ 其他用地

水域

0   20 km

图 5-31   2009—2013 年重庆市土地供应样点分布图

(1) 土地供应数量的空间分布特征

重庆市土地供应存在明显的空间差异特征。从 2009—2013 年土地供应规模空间分布看,土地供应规模较多区域主要分布在渝北、渝中、沙坪坝、北碚、江北等区内,其中渝北区供地规模高达 4 800.83 hm²,占主城九区供地规模的比重为 23.01%;其次为渝中区和沙坪坝区,供地规模分别为 3 501.63 hm² 和 3 115.13 hm²,分别占主城九区供地规模的 16.78% 和 14.93%;两江新区内的北碚、江北、渝北三区,共出让土地 8 975.28 hm²,占主城区供地总量的 43.02%;大渡口、九龙坡、和南岸区土地供应规模相对较小,仅占主城区供地总量的 18.84％。重庆市主城区土地供应主要向长江以北、嘉陵江以东的两江新区及中梁山西侧的西部新城扩展,两江新区建设及西部新城建设用地需求量大,土地供应出现明显的"北移"和"西拓"的特征。从土地供应结构看,2009—2013 年,重庆市主城区增量土地供应占土地供应比重有所下降,由 81.15％降为 74.49％,而存量供地所占比重有所提高,由 18.85％提高至 25.51％。主城区土地供应以增量供应为主,城市发展仍大规模向外扩张。

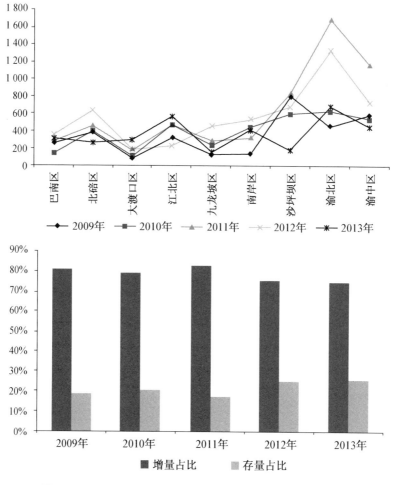

图 5‑32　2009—2013 年重庆市土地供应空间分布及供应结构

（2）土地供应用途的空间分布特征

利用前文的核密度函数,对重庆主城区住宅、商业、工业等用地类型进行核密度分析,经反复试验,最终选取 4 km 为距离阈值,分辨率为 100 m,形成不同用地类型核密度分布图,以揭示用地类型的空间分布规律和特征。

1）住宅用地供应空间分布特征

从图 5-33 可知,重庆市住宅用地出让宗数在中心城区分布密集,到外围地区住宅用地出让宗数不断减少,分布逐渐稀疏。从出让宗数看,出让宗数较多的区域主要分布在渝中、渝北、九龙坡和江北区,其中,渝中出让宗数最多,占主城九区出让宗数的比重达 21.63％;其余三区出让占比均高于 10％,分别为 13.68％、13.26％和 10.71％;出让宗数在大渡口、南岸区分布相对较少,占

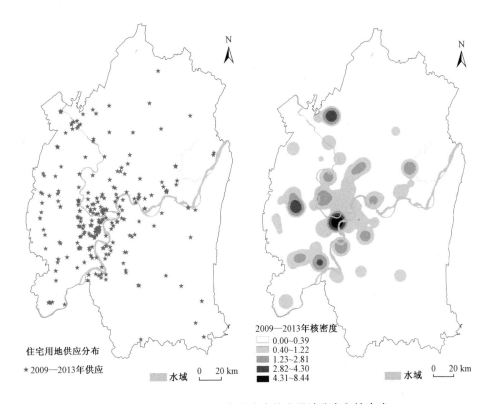

图 5-33 2009—2013 年重庆市住宅用地分布和核密度

比分别为 6.04％和 6.47％。渝中、南岸、九龙坡、江北等中心城区住宅用地供应宗数中，60％以上的出让地块规模小于 5 hm²，土地供应以小宗供应为主；而渝北和沙坪坝区，50％以上的住宅用地出让规模大于 5 hm²，出让地块规模相对较大。住宅用地出让规模在渝北、渝中、沙坪坝、北碚和江北区等区分布较多，其中渝中和渝北区出让面积占主城区出让规模的比重分别达 18.13％和 15.97％，其余三区占比均在 10％以上，大渡口、南岸区出让规模较少，占比分别为 5.41％和 7.66％，用地主要向两江新区和西部新城拓展。住宅用地在渝中半岛、西部西城的西永组团、两江新区的水土组团等地形成高度聚集区，在长江沿岸及嘉陵江以东地区呈集中连片分布。总体上，重庆市住宅用地在渝中半岛集中分布的同时，主要向两江新区和西部新城快速拓展，出现明显的"北移"和"西拓"特征。

2）商业用地供应空间分布特征

从图 5-34 可知，重庆市商业用地在城市中心出让密集，用地主要向两江新区和西部西城拓展。从用地出让宗数看，商业用地以小规模地块用地为主，近 80％的地块规模小于 5 hm²。出让地块主要分布在渝中、渝北、江北和九龙坡，其中渝中区出让宗数最多，占主城区出让宗数的比重达近 30％，其次，渝北和江北区分别占 16.84％和 15.05％。从商业用地出让规模看，渝中、渝北、江北区出让规模较大，其出让规模分别占主城区商业用地出让规模的 34.13％、18.10％和 13.33％。渝中区作为重庆的经济、商贸和金融中心，是大型商业街区的集中分布区，商业用地出让规模较大；江北和渝北作为两江新区的重要组成部分，是近年来城市拓展的主要区域，商业用地出让规模较多。商业用地在空间分布上具有一定的集聚特征，在城市中心区的解放碑、观音桥、南坪、杨家坪等大型商圈分布区形成高度集聚区，在两江新区的鱼嘴组团、悦来组团及西部新城的西彭组团等地形成次级聚集区。总体上，重庆市商业用地出让在渝中半岛高度聚集，并逐渐向两江新区和西部西城拓展，商业用地出让呈现明显的向心性特征。

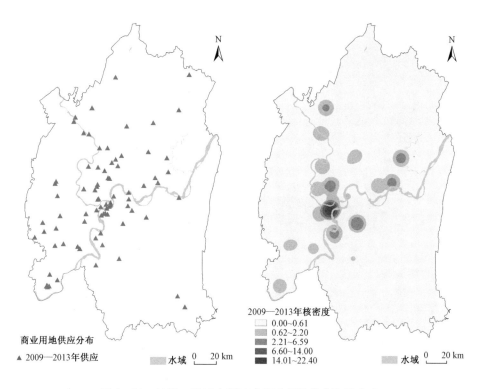

图 5‑34　2009—2013 年重庆市商业用地分布和核密度

3）工业用地供应空间分布特征

重庆市工业用地出让在城市中心仍有较大规模分布，工业用地主要向两江新区和西部新城拓展。从工业用地出让宗数看，出让宗数分布较多的地区主要分布在渝中、渝北、北碚和沙坪坝区，其中渝中和渝北区出让宗数较多，分别占主城区出让宗数的 26.09％和 18.08％，其余两区占比在 10％以上。从出让规模看，渝北、渝中、沙坪坝和北碚区出让规模较多，分别占主城区出让工业用地规模的 24.25％、16.71％、15.49％和 13.49％，在大渡口、巴南区分布较少，占比分别为 3.67％和 3.10％。由于历史原因，在城市中心化龙桥、石坪桥等地区形成了老工业区，对于城市中心区的工业用地，通过"退二进三"和"退工还绿"等措施，尽快向外围地区疏散。工业用地在渝中半岛西南侧的化龙桥、石坪桥，两江新区内的蔡家、水土、空港、人和、鱼嘴等组团，西部新城内的西永、西彭组团及南岸区内的茶园组团等形成高度集聚区，工业用地出让呈现郊区化发展并向工业园区集中的趋势。

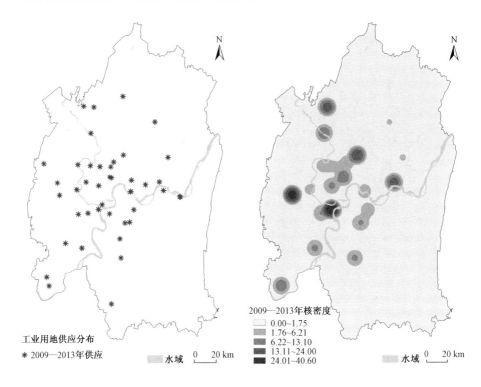

工业用地供应分布
＊ 2009—2013年供应
水域 0 20 km

2009—2013年核密度
0.00~1.75
1.76~6.21
6.22~13.10
13.11~24.00
24.01~40.60
水域 0 20 km

图5‑35 2009—2013年重庆市工业用地分布和核密度

4）其他用地供应空间分布特征

重庆市中心城区其他用地出让密集,在两江新区和西部西城用地出让密集程度有所降低,而在城市北部的水土组团、空港组团以北片区及南部的巴南区密集度迅速下降,分布较为稀疏。从其他用地供应宗数看,其他用地供应中72.82%的地块规模小于5 hm²,而单个地块规模大于5 hm²的用地仅占27.18%,且以交通用地供应为主。供地宗数较多的区域主要分布在渝中、江北、渝北、北碚和沙坪坝区,其中,渝中和江北区供地宗数最多,其供地宗数占主城区其他用地供应宗数的比重分别达19.04%和12.37%。从供地规模看,土地供应规模较大的区域主要分布在渝北、渝中和沙坪坝区,其供地规模分别占主城区其他用地供应规模的26.44%、17.46%和15.28%。其他用地在空间分布上具有集中分布的特征,在城市中心区以渝中半岛为核心形成东北—

西南向的集中连片分布区,在西永组团、鱼嘴组团、北碚组团等地也形成聚集区。总体上,其他用地主要集中分布在中心城区、两江新区和西部新城,两江新区和西部新城处于建设初期,需要大规模的基础设施建设,其他用地规模出让较大。

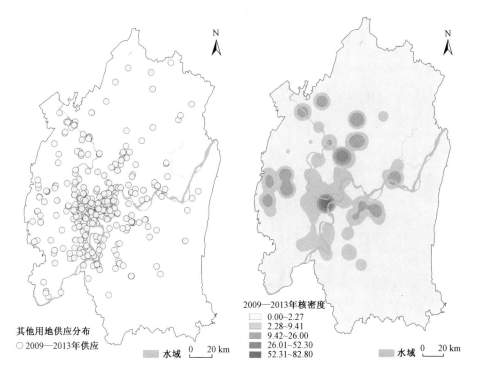

图 5-36　2009—2013 年重庆市其他用地分布和核密度

(3) 地价空间分布特征

采用前文的反距离插值法(IDW)对重庆主城区修正后的地价进行空间插值,形成地价数字模型图,并分别以 3 000 m、5 000 m 和 300 m 为距离,分别绘制出住宅、商业和工业地价等值线图(图 5-37 至 5-42)。

1) 住宅地价空间分布特征

从图 5-37 可知,重庆主城区住宅地价多中心发展趋势明显,在渝中半岛、南坪组团、观音桥—人和组团等城市中心区域形成地价峰值中心,在鱼嘴组团、悦来组团等地形成地价次级中心。住宅地价整体上从不同级别的峰值中心向外围区域逐渐递减,地价变化具有一定的连续性,地价高值区和次高值区在南坪、渝中半岛、人和—观音组团、悦来组团及西部的西永组团呈集中连片分布。住宅地价次级中心均分布在两江新区,在西部新城西永组团则有形成地价次级中心的趋势,随着城建设的推进,两江新区和西部新城的地价呈快速上涨趋势。住宅地价等值线空间分布不均衡,在城市中心区及两江新区内的鱼嘴组团分布较为密集,其余区域分布较为稀疏。总体上,重庆市主城区住宅地价呈现多中心的空间结构,地价从不同级别峰值中心向外围逐渐降低。变化趋势上,住宅地价在东西方向和南北方向上均呈现出较为明显的倒 U 形曲线。

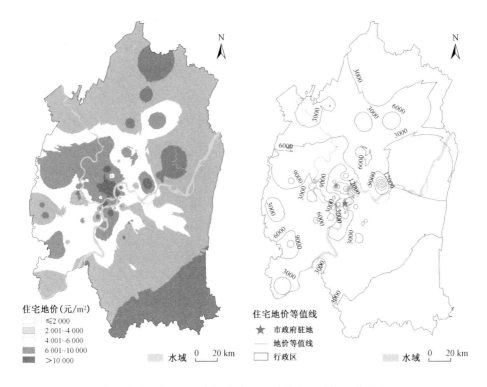

图 5‒37　2009—2013 年重庆市住宅地价空间分布及等值线图

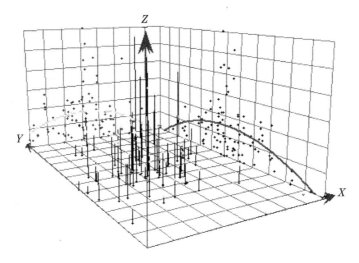

图 5‑38 重庆市住宅地价趋势面分析

2）商业地价空间分布特征

重庆市商业地价高值区主要集中分布在城市中心,在渝中半岛的解放碑商圈和半岛东南部的南坪商圈形成地价峰值中心,并呈现明显的同心圆分布,在峰值中心附近的观音桥商圈、杨家坪商圈地价逐渐降低,再到外围地区地价迅速衰减,地价总体上呈现从峰值中心逐渐向周边地区呈圈层式递减的特征。随着两江新区的开发和各项建设的日益完善,区内的鱼嘴组团、人和组团地价高于周边地区,两江新区的次级地价中心正在逐渐形成。地价等值线集中分布在城市中心城区范围内,地价等值线在城市中心分布较为密集,以渝中半岛为中心,在解放碑、南坪、观音桥等地区形成闭合的峰值中心,呈明显的同心圆状分布,地价等值线由峰值中心向周边地区逐渐变稀疏。总体上,重庆市商业地价在市中心形成峰值中心,在两江新区内正在逐渐形成次级中心,多中心发展趋势明显。从变化趋势看,地价在东西方向和南北方向上均呈现出较为明显的倒 U 形曲线。

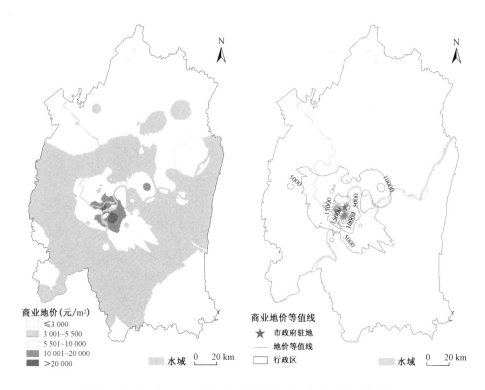

图 5‑39　2009—2013 年重庆市商业地价空间分布及等值线图

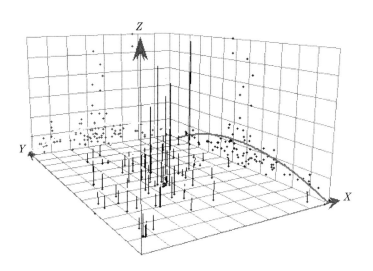

图 5‑40　重庆市商业地价趋势面分析

3）工业地价空间分布特征

重庆市工业地价空间分布呈典型的多中心分布模式，地价在西彭组团形成高值中心，在鱼嘴组团、李家沱组团等地形成次级中心，工业地价总体上呈现从不同级别的峰值中心逐渐向周边地区降低。地价中心和次级中心主要分布在西部新城和两江新区，这些区域是近年来城市拓展主要的区域，也是产业用地集聚区，工业地价上涨趋势明显。地价等值线在西彭组团和鱼嘴组团等区域分布密集，地价等值线密集程度向外围地区不断下降，在二环以外地区地价等值线分布十分稀疏。工业地价高值区主要分布在长江沿线地区，在长江以西地区形成集中连片分布区，而在长江以东和以北地区则更多地呈现点状分布，表明工业地价呈现西高东低的态势。从变化趋势看，工业地价在东西方向和南北方向均未呈现出倒 U 形变化趋势。

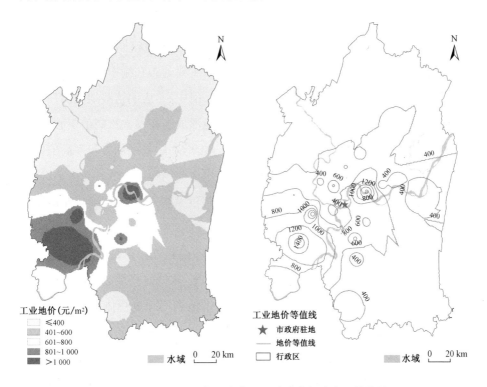

图 5-41　2009—2013 年重庆市工业地价空间分布及等值线图

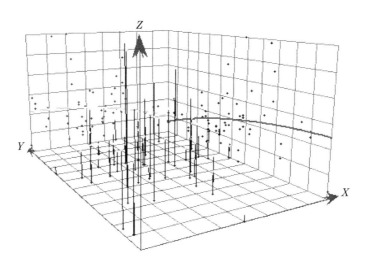

图 5‑42　重庆市工业地价趋势面分析

(4) 土地利用强度空间分布特征

从图 5‑43 可知,重庆市主城区住宅用地利用强度空间分布呈现多中心的结构特征,住宅用地出让地块容积率高值区主要分布在渝中半岛南北两侧,在观音桥、杨家坪、南坪、沙坪坝等组团形成高值中心,表明这些地区的住宅用地利用强度较高。在北碚组团、茶园组团等地形成容积率次级高值中心,表明这些地区的土地利用强度也处于较高水平。土地利用强度从容积率高值中心向外围地区逐渐下降,在城市远郊地区住宅用地利用强度较低。总体上,住宅用地强度表现出中心城区利用强度高,利用强度从城市中心区域向外逐渐下降的空间分布特征。

商业用地出让地块容积率高值区主要分布在解放碑和南坪商圈,在沙坪坝组团、龙兴组团等地区容积率也处于较高水平,表明这些地区的商业用地利用强度较高。从城市中心到外围地区,商业用地利用强度总体呈不断下降的趋势,土地利用强度变化在空间上具有连续性,高强度利用区在城市中心区域内的渝中半岛东部及东南片区高度聚集,并与周边利用强度相对较高地区形成集中连片分布态势,而在中心城区外围地区,商业用地聚集程度相对较低,多呈零星状分布。商业用地利用强度总体呈现出城市中心区利用强度高,而外围地区利用强度逐渐下降,中高周低的分布特征。

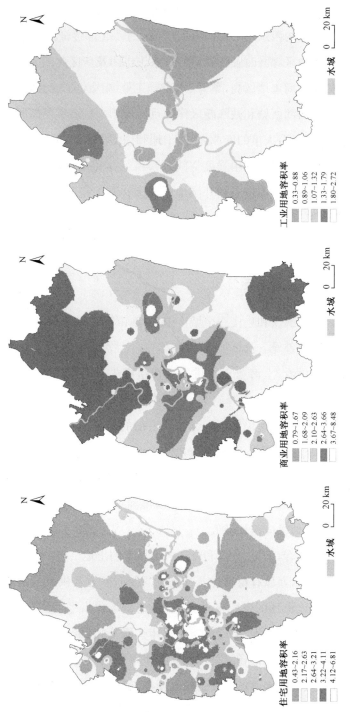

工业用地容积率
0.33~0.88
0.89~1.06
1.07~1.32
1.33~1.79
1.80~2.72
水域

0   20 km

商业用地容积率
0.79~1.67
1.68~2.09
2.10~2.63
2.64~3.66
3.67~8.48
水域

0   20 km

住宅用地容积率
0.43~2.16
2.17~2.63
2.64~3.21
3.22~4.11
4.12~6.81
水域

0   20 km

图 5-43 重庆市住宅、商业和工业用地容积率插值图

工业用地出让地块容积率高值区空间分布呈郊区化趋势,容积率高值区主要分布在西部新城的西永组团,并在两江新区的西北部逐渐形成次级高值区。在高值区外围地区,两江新区内的蔡家、水土组团及新区北部等地区的出让地块容积率相对比周边地区高,蔡家、水土等工业园区发展较为成熟,工业用地利用强度高。西部新城和两江新区作为重庆近年来城市重要拓展区域和产业高度集聚区,将吸引大量的产业入驻,土地利用强度将不断增强。

重庆市不同用地类型的利用强度空间分布特征存在差异,住宅和商业用地利用强度总体呈现从城市中心到外围地区逐渐递减的趋势,而工业用地利用强度则呈明显的郊区化趋势。土地利用强度"商业用地>住宅用地>工业用地"。

5.1.4　土地市场区域差异分析

综上分析,上海、武汉和重庆三个城市中,土地市场发展既有相同之处,但也呈现出明显的区域差异。具体如下:

从土地供应规模看,上海市土地供应规模呈现先升后降的阶段性特征,2007年以后土地供应呈波动下降趋势,土地供应规模逐渐趋于稳定;而武汉市和重庆市的土地供应规模仍处于持续波动增加的趋势,且重庆市的土地供应增加速度明显快于武汉市。土地供应来源中,上海市土地供应中增量用地供应规模占比总体上不断下降,存量用地供应占比不断提高,土地供应由以增量用地供应为主向存量供应为主转变;而武汉市和重庆市土地供应以增量用地供应为主,存量用地供应占比较低。

土地市场化水平看,上海、武汉和重庆三个城市的土地供应中以划拨方式供地比重均不断降低,而以有偿出让尤其是以"招拍挂"方式供应的用地不断增加并成为一级土地市场的主要供地方式,土地市场化水平得到显著提高。总体上,土地市场化水平呈现"上海市>武汉市>重庆市"的特征。上海市土地市场发展起步较早,土地市场发育较为成熟和完善,土地市场化水平相对较高,而武汉市和重庆市土地市场化发育相对较晚,其土地市场化水平相对低于上海市。

　　从土地供应空间分布看,上海、武汉和重庆三个城市土地供应既呈现相同的特征,但也存在区域差异。三个城市的土地出让均呈现出住宅和商服用地出让主要密集分布在中心城区,多以小宗用地出让为主;而土地供应在外围地区出让地块多且以大规模供应为主,工业用地出让呈明显的郊区化特征。上海市土地供应主要分布在郊区,中心城区土地供应规模较小,土地供应呈现明显的郊区化趋势;而重庆市和武汉市的土地出让在中心城区和城市外围区均有分布,但总体上呈现出由中心城区不断向外围区域扩展的趋势。住宅、商业和工业地价空间分布呈现典型的多中心结构特征,地价总体上从市中心逐渐向外围地区呈圈层式衰减,地价变化具有一定的连续性,但衰减过程中部分地区地价出现突起、跳跃,存在明显的空间变异性;住宅、商业和工业用地的出让地价呈现出"上海市＞武汉市＞重庆市"。土地出让地块的利用强度明显呈现出"商业用地＞住宅用地＞工业用地"的利用特征。

5.2　典型城市建设用地扩展分析

　　改革开放以来,随着工业化和城镇化进程的加快,经济社会迅速发展的同时,也推动了城市建设用地的快速扩张。利用 1980 年、1990 年、1995 年、2000年、2005 年、2010 年和 2015 年 7 期土地利用数据,对上海、武汉和重庆三个城市的建设用地扩张状况进行分析。

5.2.1　建设用地扩展分析方法

5.2.1.1　城市建设用地扩展速度

　　城市建设用地扩展速度能反映城市建设用地扩展的快慢和扩展趋势,具体用单位时间内城市建设用地面积变化的幅度来刻画(储金龙 等,2006)。采用城市建设用地扩展速度指数作为测度指标对研究区城市建设用地扩展快慢和趋势进行分析。具体公式为

$$S=\frac{U_b-U_a}{U_a}\times\frac{1}{T}\times100\%$$ $(5-3)$

式中,S 为城市建设用地扩展速度指数,U_a 和 U_b 分别表示不同时段基期和末期的城市建设用地面积,T 为研究时段,单位为年。

为了方便对比不同阶段建设用地的扩展速度,参考刘盛和等(2000)、储金龙等(2006)等和廖从健(2013)研究方法,根据城市建设用地扩展速度指数,将城市建设用地扩展划分为 4 种类型:缓慢扩展(0<S≤2.0)、中速扩展(2.0<S≤3.0)、快速扩展(3.0<S≤5.0)和高速扩展(S>5.0)。

5.2.1.2 建设用地扩展的模式与类型

城市用地扩展模式一般可分为三种:填充式扩张、边缘式扩张和飞地式扩张(Ellman,1997;Wilson et al.,2003)。填充式扩张是指新增城市建设用地斑块位于原有城市用地斑块内部,对原有用地斑块进行填充的方式进行扩张(图 5-44A);边缘式扩张是指新增城市建设用地斑块紧邻原有城市用地斑块,沿着原有斑块的边缘进行扩展(图 5-44B);飞地式扩张是指新增城市建设用地斑块与原有用地斑块进行分离,独立于原有斑块呈现跳跃式的扩张(图 5-44C)。

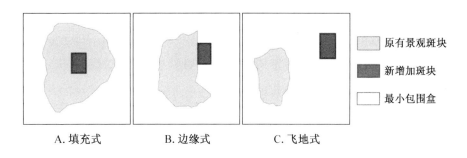

A. 填充式　　　　　B. 边缘式　　　　　C. 飞地式

图 5-44 城市建设用地扩展模式

景观指数已在城市建设地扩展格局中得到较多应用,但传统景观指数侧重于描述城市某一时像的景观格局及其分布,难以反映不同时期城市景观的扩张模式和城市景观格局的变化过程。景观扩张指数(Landscape Expansion Index,LEI)既能够反映景观的空间格局,也能够揭示景观格局在不同时段的动态演变过程(刘小平　等,2009；Liu et al.,2010)。本书采用景观扩张指数来衡量城市建设用地扩展模式和特征,揭示不同时期的城市建设用地扩张模式的动态演化过程。具体计算公式如下:

$$LEI = 100 \times \frac{A_O}{A_E - A_P} \tag{5-4}$$

LEI 为城市新增建设用地斑块的景观扩张指数,A_P 为新增用地斑块面积,A_E 为新增用地斑块最小包围盒面积,A_O 为最小包围盒内原有斑块面积。LEI 取值介于 0 到 100 之间,即 $0 \leqslant LEI \leqslant 100$。

5.2.2　上海市城市建设用地扩展特征

5.2.2.1　建设用地扩展时空过程与格局

利用 1980 年、1990 年、1995 年、2000 年、2005 年、2010 年、2015 年土地利用数据,分析上海市城市建设用地扩张时空演变格局及特征。1980—2015年,上海市城市用地规模扩展迅速,建设用地面积由 1980 年的 342.52km² 增加到 2015 年的 1 440.34km²,增长了 3.21 倍。从空间扩展来看,城市建设用地在各个方向上均有扩展,但其扩展具有一定的集中集聚特征,新增用地沿着原有建成区集中向东部、西部和西南方向扩展。总体上,建设用地主要呈现在中部地区的黄浦江两岸集中分布,而在南部和北部地区分散分布的空间格局。

表 5-7　1980—2015 年上海市城市建设用地扩展规模与速度

时段	扩展面积(km²)	年均扩展规模(km²/年)	年均扩展速度指数(%)	扩展特征
1980—1990	270.74	27.07	7.90	高速扩展
1990—1995	216.58	43.32	7.06	高速扩展
1995—2000	59.07	11.81	1.42	缓慢扩展
2000—2005	228.73	45.75	5.15	高速扩展
2005—2010	252.96	50.59	4.53	快速扩展
2010—2015	69.75	13.95	1.02	缓慢扩展

从表5-7和图5-45可知,上海市城市建设用地扩展总体上呈现高速扩展向快速扩展和缓慢扩展转变的阶段性特征。20世纪80年代初期到90年代中期,城市建设用地高速扩展,进入90年代中后期,扩展速度出现回落;到2000年后,建设用地扩张进入新的高速扩张周期,到2010年以后,建设用地扩张不断放缓并逐步趋于稳定。不同时期城市建设用地扩张特征如下:

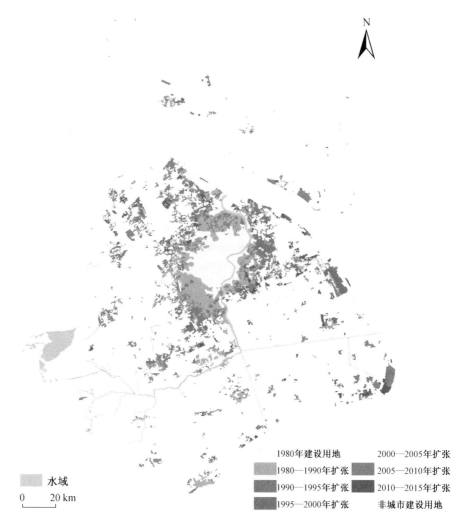

图5-45　1980—2015年上海市建设用地扩张

(1) 1980—1990年,上海市城市建设用地处于高速扩展阶段。十年间,城市建设用地面积扩展了 270.74 km^2,年均扩展规模为 27.07 km^2/年,年均扩展速度达 7.90%。新增城市用地主要沿着原有城市建成区逐渐向西南、北部和东部扩展,集中分布在黄浦江以西的长宁、徐汇、普陀、闵行、杨浦等区的外围地区,黄浦江以东分布较少。1978 年,中国实行改革开放,80 年代进一步扩大对外开放范围,上海作为沿海对外开放城市,先后成立了闵行、虹桥和漕河泾经济技术开发区。开发区的建设推动了中心城区的人口和产业向城市外围地区转移,同时加剧了城市边缘区的大量非农用地向建设用地转变,推动了建设用地的快速扩张。

(2) 1990—1995 年,上海市城市建设用地仍处于高速扩展阶段。五年间建设用地面积扩展了 216.58 km^2,年均扩展 43.32 km^2/年,是上一阶段的 1.60 倍,用地扩展速度为 7.06%。城市建设用地主要向东部的浦东新区、南部的闵行区和北部的宝山区扩展。这一时期建设用地高速扩展的原因,一方面,世界产业转移,中国积极参与全球经济分工并承接产业转移,中国城镇化发展获得了重要动力,促进了城镇化的快速发展。另一方面,1990 年,国家实施上海浦东开发开放战略,国务院于 1992 年批准设立浦东新区,浦东新区的开发促进了大规模的基础设施建设,并形成了陆家嘴、外高桥、金桥、张江等重点开发区,吸引了大量外商投资和承接产业转移。此外,上海市 1987 年建立了土地有偿使用制度,到 90 年代,逐渐形成了政府规范土地一级市场、放开土地二级市场的"资金空转,批租实转,成片开发"的开发模式,使大量资金投入城市,促进了城市的大规模建设。这一时期,在浦东新区开发开放战略支持下,上海市经济社会进入快速发展阶段,1992—1995 年经济增速保持在 14%~15%,经济社会发展对用地需求加大,同时,新区开发吸引了大规模的人口和产业向城市中心外围迁移,加剧了城市边缘地区土地利用转化,促进了建设用地快速扩张。

(3) 1995—2000 年,上海市城市建设用地增长速度放缓,进入缓慢扩展阶段。这一时期,城市建设用地扩张较为缓慢,用地面积仅扩展了 59.07 km^2,仅为上一阶段的 27.27%,城市建设用地扩展速度迅速降低,仅为 1.42%,远低于上一阶段。该时期,新增用地主要向东部的浦东新区和西南的松江区扩展,以跳跃式扩展为主。由于受1997年亚洲金融危机影响,上海市外资投资规模明显减少,1998年上海实际利用外资金额比上年减少了24.34%;同时,经济发展速度有所放缓,1998年和1999年,经济增长率分别为10.3%和10.4%,与1993年处于经济高速增长时期的15.1%相比,降低了近5%。经济发展速度放缓对城市建设用地的需求有所减少,城市扩张相对较为缓慢。

(4) 2000—2010年,上海市城市建设用地增长进入新的扩张周期,处于高速扩展阶段。2000—2005年,城市建设用地面积增加了228.73 km²,年均增加面积高达45.75 km²/年,是上一阶段的3.87倍,城市建设用地扩展速度高为5.15%,远快于上一阶段。2005—2010年,城市建设用地年均增长面积达50.59 km²/年,建设用地数量上仍保持大规模扩展态势,但与前一阶段相比,用地扩展速度有所放缓。其原因是受2008年金融危机影响,上海市经济发展速度回落至10%以内,2008年和2009年,经济增速仅为9.7%和8.2%。2000年以来,为了进一步缓解中心城区人口高度集聚以及产业发展的不协调,从而带来的住房紧缺、交通拥堵、环境质量下降等问题(李健 等,2007),上海市建立城市副中心,继续疏解人口向郊区疏散。《上海市城市总体规划(1999—2020年)》要求按照城乡一体、协调发展的方针,以中心城为主体,形成"多轴、多层、多核"的市域空间布局结构,并确定了徐家汇、五角场、真如和花木等四个副中心。在城市规划引导下,上海市建设用地大规模向城市外围区扩展,并逐渐形成了多核发展模式(Zhang et al.,2011)。建设用地主要围绕沪宁发展轴、沪杭发展轴、滨江沿海发展轴扩张,增加用地除在中心城区边缘的浦东、闵行、松江、嘉定等区大规模扩展外,进一步向距离中心城区较远的青浦、奉贤、金山、崇明等区域扩展。这一时期,中心城区周边新增用地以紧凑式扩展为主,而外围区新增建设用地以跳跃式扩展为主。

(5) 2010—2015年,上海市城市建设用地增长进入缓慢扩展期。城市建设用地经过10年的高速扩展后,建设用地增长规模和增长速度均呈现回落态势。2010—2015年,城市建设用地扩展规模为69.75km²,年均增加面积为13.95km²/年,较2005—2010年下降近73%,城市建设用地扩展速度仅为

1.02,较前一阶段明显降低。新增用地主要分布在浦东、青浦、嘉定和宝山区等区内,主要沿着已有城市建设用地逐渐向边缘区扩展。这一时期的建设用地缓慢增长,一方面与经济发展进入新常态密切相关,2010—2015 年,经济增速由 2010 年的 10.3% 逐渐降至 2012 年的 7.5%,至 2015 年,经济增速进一步降至 6.9%,经济增长回落对建设用地的需求有所降低。另一方面,1980—2010 年经过 30 年的快速扩张,2010 年上海土地开发强度高达 34.68%,受土地资源紧约束影响,可进一步开发建设空间受限,土地利用更加倾向于节约集约利用。2014 年,上海市对未来土地利用提出了"五量调控"管理思路,即"总量锁定、增量递减、存量优化、流量增效、质量提高",对 2020 年规划建设用地规模 3 226 km² 作为未来建设用地的"终结规模",未来建设用地更加注重提高节约集约用地水平。未来时期内,上海市城市建设用地将进入低速扩展时期,城市发展由外延扩张向内涵发展转变。

5.2.2.2　建设用地扩展模式与类型

利用公式(5-4)计算出上海市城市建设用地景观扩张指数值,参照刘小平等(2009)研究,根据景观扩张指数的分布规律,划分城市扩张类型:当 $0 \leqslant LEI < 5$ 时,城市用地斑块属于飞地式扩张;当 $5 \leqslant LEI \leqslant 50$ 时,城市用地斑块属于边缘式扩张;当 $50 < LEI \leqslant 100$ 时,城市用地斑块属于填充式扩张。根据上海市城市建设用地扩张指数值,将 1980—2015 年不同时段的城市建设用地新增景观图斑按扩张类型划分,作出不同时段的建设用地扩张类型空间分布图(图 5-46)。从图中可知,1980—2015 年城市用地增长迅速,但不同时段内,城市用地空间扩张模式存在差异。

1980—1990 年,城市用地以边缘式扩张模式占主导地位,边缘式扩张所占新增用地总面积的比重高达 74.52%,填充式和飞地式扩张模式所占比重相对较少,其占新增用地的比重仅分别为 22.42% 和 3.06%。以边缘式扩张的用地主要沿中心城区内的建成区边缘向东部、西部和南部方向扩展,东部集中分布在浦东新区的陆家嘴—花木、周家渡—六里片区,西部和南部主要沿交通线进行扩展,集中分布在沪宁、沪杭沿线地区。在中心城区以北和宝山区建成区相邻地带以填充式的模式进行扩展。飞地式的模式扩展主要分布在距离中心城区较远的远郊地区,且以零星分布为主。该时期内,城市用地以外延式扩张为主。

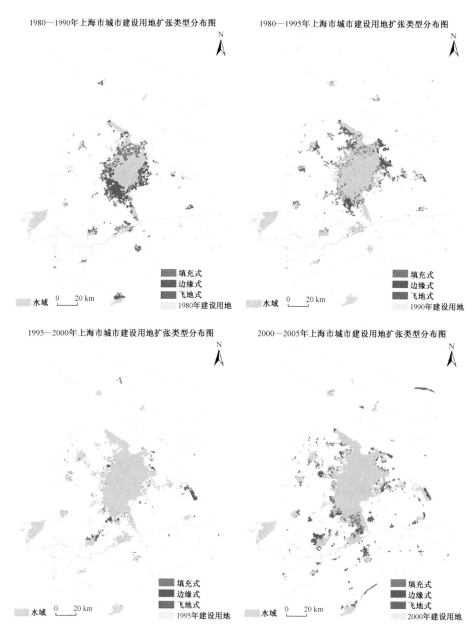

图 5 - 46 1980—2015 年上海市不同时段建设用地扩张类型

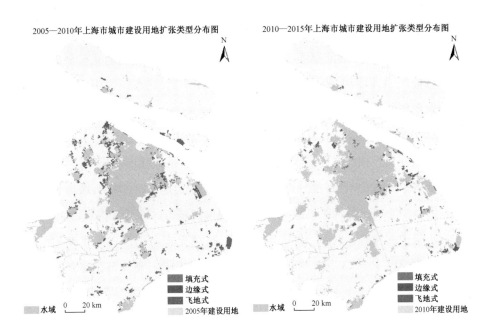

图 5‑46　1980—2015 年上海市不同时段建设用地扩张类型(续)

1990—1995 年,城市建设用地继续以边缘式模式为主进行扩张,但其所占城市扩张总面积的比重较上一时期减少了 17.68%。以该模式扩张的城市用地主要集中分布在浦东新区的外高桥—高桥、庆宁寺—金桥片区、闵行经济技术开发区和嘉定区的原有建成区边缘,而其余地区则分布较为零散。这一时期,城市用地以填充式扩张的规模较上一时期增加了 14.14%,其占比达到 36.56%,主要在紧邻中心城区地区以填充式的模式进行扩展。城市用地以飞地式扩张甚少,占比仅为 6.60%,在浦东新区分布相对较多且较为集中,而在宝山、嘉定、闵行和松江等地区分布较少且较零散。该时期内,城市用地持续快速增加,但城市用地扩展由原来的边缘式扩展占主导向中心城区以填充式扩张为主,城市边缘地区以边缘式扩张为主相结合的模式转变。

1995—2000 年,城市用地景观增加规模较上一时段大幅度较少。城市用地扩张模式仍以边缘式扩张为主,占到新增建设用地规模的比重为 65.66%。以该模式扩展的用地集中分布在东部的浦东新区机场、庆宁寺—金桥和西南部松江区内的沪杭线周边,在中心城区西部亦有分布,但多以零散分布为主。以填充式扩展的用地主要发生在中心城区的边缘地带,主要分布在宝山、松江、闵行和浦东新区的陆家嘴—花木片区的边缘地区。以飞地式扩展的用地占比较前期迅速增加,为16.20%,主要分布在奉贤、浦东新区中部、嘉定、松江和崇明等地区,分布较为零散。

2000—2010年,城市用地大规模增加,城市用地扩展模式和空间格局发生了较大变化。相比之前城市新增用地主要紧邻原有城市建成区边缘扩展,远郊地区扩展较少,且零星分布为主的扩展特征相比,这一时期,城市建设用地在沿着中心城区边缘扩展的同时,也大规模向城市远郊地区扩展,且分布呈现逐步集中的趋势。2000—2005年,边缘式、填充式和飞地式扩张模式的占比分别为50.74%、23.51%和25.75%。边缘式扩张主要分布在浦东新区中部、浦东机场附近、外高桥片区和南部的闵行经济技术开发区、奉贤区西北部、松江区境内的沪杭线以东地区及中心城区边缘的西部地区。以填充式扩张的城市用地主要集中分布在闵行、松江经济技术开发区、宝山区和浦东新区,通过填充式发展,中心城区与闵行经济技术开发区、沪杭沿线地区形成集中连片发展的趋势,城市用地向南和向西发展趋势明显。2005—2010年,以边缘式和填充式扩张的城市扩张用地规模较前一阶段继续减少,其占比分别为43.15%和16.58%,而飞地式用地规模大幅增加,占比达40.27%。填充式扩张集中分布在浦东新区西北片区和中心城区以西地区,而边缘式扩张则集中在宝山、嘉定和浦东新区等地区。飞地式扩张集中分布在嘉定、浦东新区东南部、崇明等地区。

2010—2015年,城市用地增长趋势减缓,城市用地扩张以边缘式和填充式扩张为主,中心城区、城市边缘和近郊区集中连片发展。填充式扩张用地较上一时期继续增加,占比增加至52.68%,而飞地式的扩张模式明显减少,占比降至18.23%。以边缘式扩张的城市用地主要分布在浦东新区中部和嘉定区西北部等地区。以填充式扩展的用地主要分布在浦东新区北部、嘉定和宝山等地区,通过填充式扩展,中心城区和城市边缘地区、近郊地区形成集中连片发展。而飞地式扩展的用地主要分布在远郊地区。这一时期,以填充式扩展的用地占比较之前明显增加,城市用地以边缘式和填充式扩张为主。

综上可知,1980 年以来,城市用地扩张模式总体上由 1980—2000 年间的边缘式扩张占主导发展为 2000—2010 年间的以边缘式和飞地式扩张为主,再到 2010—2015 年的边缘式和填充式扩张为主。这反映了城市用地扩展由前期的外延式扩张占主导逐渐向外延式扩张和内部填充为主的发展模式转变。

5.2.3　武汉市城市建设用地扩展特征

5.2.3.1　建设用地扩展时空过程与格局

研究期内,武汉市城市用地规模扩展迅速,建设用地面积由 1980 年的 244.20 km² 增加到 2015 年的 1 016.67 km²,增长了 3.16 倍。城市建设用地主要集中分布在长江两岸,新增用地主要向中心城区的西南、东南和西北方向拓展,城市建设用地受水体分割,破碎化程度较高。

表 5-8　1980—2015 年武汉市城市建设用地扩展规模与速度

时段	扩展面积（km²）	年均扩展规模（km²/年）	年均扩展速度指数（%）	扩展特征
1980—1990	63.92	6.39	2.62	中速扩展
1990—1995	65.45	13.09	4.25	快速扩展
1995—2000	31.08	6.22	1.66	缓慢扩展
2000—2005	124.99	25.00	6.18	高速扩展
2005—2010	266.75	53.35	10.07	高速扩展
2010—2015	220.29	44.06	5.53	高速扩展

从表 5-8 和图 5-47 可知,武汉市建设用地扩展总体上呈现中速、快速扩张向高速扩张发展的阶段性特征。20 世纪 80 年代初期到 90 年代中期,城市建设用地扩张处于中速扩张和快速扩张阶段。2000 年以后,建设用地持续加快扩张,进入高速扩张阶段。不同时段的城市建设用地扩张特征如下:

(1) 1980—1990 年,武汉市城市建设用地扩展较为缓慢。十年间,建设用地扩展了 63.92 km²,年均扩展面积为 6.39 km²/年,年均扩展速度为

2.63%。城市建设用地主要在江汉、汉阳、武昌等中心城区边缘扩张,新增用地主要沿江汉区北侧的京汉铁路和建设大道等沿线向北纵深腹地、汉阳区汉阳大道以西及武昌区沙湖以西和西北方向扩展,与原有建设用地连片发展,而在外围区则主要在沿着政府驻地周边扩展。改革开放初期,武汉作为对外开放口岸和综合经济体制改革试点城市,成为长江中游地区的重要经济中心,经济发展取得了一定成就,经济规模在10年间翻了3.31倍,经济社会发展在一定程度上推动城市建设用地扩张。但该时期内,由于武汉对外开放重点放在发展对外贸易、提高出口创汇能力上,对外开放处于起步阶段,开放程度低,经济社会发展较为缓慢,对建设用地的需求相对较少,城市建设用地增长相对较为缓慢。

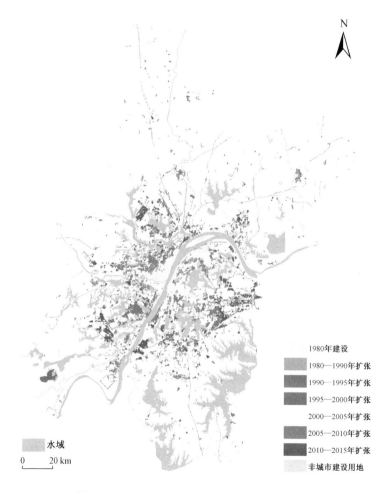

图 5-47 1980—2015 年武汉市建设用地扩张

（2）1990—2000 年，城市建设用地由快速扩展转向缓慢扩张。其中，1990—1995 年城市建设用地扩展提速，年均扩展规模为 13.09 km²/年，约为前一阶段的 2 倍。进入 90 年代后期，城市建设用地年均扩展规模和年均扩展速度下降明显，分别降至 6.22 km²/年和 1.66%，城市建设用地扩展进入缓慢增长期。城市建设用地主要向长江以西片区扩展，主城区内新增用地主要集中在发展大道、建设大道与京广铁路沿线地区，以及西南部的武汉经济技术开发区，在开发区内的沌阳、沌口等地形成规模较大的"飞地"组团。长江以东地区城市建设用地扩展规模较小，东湖开发区成为新的增长点开始扩张。90 年代以来，我国对外开放迅速由沿海地带向长江沿江地区推进，武汉等沿江城市对外开放迅速发展。武汉实施"开放先导"战略，积极引进投资和进行大规模开发区建设，先后成立了吴家山台商投资区、武汉经济技术开发区、东湖高新技术产业开发区等，开发区的建设促进了城市建设用地快速扩张。受 1997 年亚洲金融危机影响，90 年代后期城市建设用地扩张速度较初期扩张较为缓慢。

（3）2000—2015 年，武汉市城市建设用地持续加快扩张，进入高速扩张阶段。2000—2005 年，城市建设用地扩张规模和扩张速度明显高于前一阶段，扩张规模达 124.99 km²，年均扩张规模为 25.00 km²/年，为前一阶段的 4.02 倍，扩展速度达 6.18%。该时期新增用地主要向中心城区的西北、西南和东南方向扩展，主要分布在东西湖、蔡甸、洪山和江夏、新洲等区，城市建设用地主要在吴家山海峡两岸科技产业开发园、东湖新技术产业开发区、武汉经济技术开发区等各开发区大规模跳跃式扩张，城市用地以工业用地扩张为主。2005—2015 年，城市建设用地持续加速扩张，尤其是在 2005—2010 年建设用地扩张规划和速度均高于其他时段，城市建设用地年均扩张规模和扩展速度分别高达 53.35 km²/年和 10.07%，2010—2015 年，城市建设用地扩展规模和扩张速度虽然较 2005—2010 年有所下降，但仍处于较高水平，年均扩张规模和扩展速度分别为 44.06 km²/年和 5.53%。这一时期，城市建设用地不断填充中心城区和外围开发区的空隙，同时在开发区已有建成区边缘进一步大规模向外扩张，城市建设用地在中心城区和外围地区逐渐形成集中连片发展的态势。2000年以来,武汉深入实施"开放先导"战略,进一步加大招商引资力度,加快开发区建设,经济社会进入快速发展阶段,对建设用地需求较大。尤其是2005年以来,国家实施"中部崛起"战略,加大对中部地区的基础设施建设、投资和政策支持力度,武汉作为中部地区的中心城市,吸引了大量的投资和人口集聚,成为中部地区重要的经济增长极,推动了建设用地快速扩张。2010年以来,经济进入新常态,经济发展速度逐渐放缓,经济增长率由2010年的14.70%下降至2015年的8.90%,建设用地扩展速度也有所回落,但仍处于高速扩展阶段。

4.2.3.2 建设用地扩展模式与类型

1980—1990年,武汉市城市用地主要以边缘式的模式进行扩张,主要沿中心城区已有建成区边缘扩张,主要集中分布在江汉区北部、武昌区东北、青山区南部和汉阳区中部等地区,外围各区内则主要沿着区政府驻地已有建成区边缘扩张;以飞地式扩张的用地在蔡甸区中部和东北、东西湖区东部、江夏区北部等地区形成规模较小的飞地组团;填充式扩张的城市用地甚少,仅在城市中心区有少部分新增用地以填充方式进行扩展。该时期内,边缘式扩展模式占城市用地扩张面积的比重达71.21%,飞地式扩张模式占比为21.05%,而填充式扩张模式占比仅为7.74%,边缘式扩张模式在城市用地扩展中占绝对的主导地位,城市用地以外延式扩张为主。

1990—1995年,武汉市建设用地仍以边缘式为主进行扩张,但与上一阶段相比,边缘式扩张规模有所减少。边缘式扩张模式主要集中在长江以北的江汉、江岸及东西湖区接壤片区、东西湖区内吴家山台商投资区及蔡甸区东北靠近长江片区,其余地区分布较为零散。飞地式扩张类型较上一时期规模明显减少,主要分布在黄陂区西南地区和新洲区北部地区。填充式扩张规模显著增加,主要分布在中心城区内,对前期城市用地扩展留下的空隙区进行填充。该时期内,边缘式和飞地式扩张模式占城市用地扩张的比重出现下降,其比重分别为61.86%和8.46%,分别较上一阶段下降了9.35%和12.59%,而填充式扩张模式占比较上一阶段增加了21.94%。城市建设用地扩张虽然仍以边缘式扩张为主,但填充式扩张比重大幅提升,城市扩张逐渐向外延式扩张和内部填充相结合的模式发展。

1995—2000 年,飞地式扩张成为武汉市城市建设用地扩展的主要类型,飞地式扩张规模较上一时期大幅增加。飞地式扩张模式主要分布在中心城区外围地区,在蔡甸区西南角形成大规模的飞地组团,在江夏区内分布规模较大,但相对较为分散。随着东湖经济技术开发区开发建设,江夏区成为城市向南发展的重要拓展区域,建设用地以飞地式较快扩张;此外,飞地式扩张在洪山、黄陂区亦有分布。边缘式扩张规模大幅减少,主要分布在中心城区边缘地带和蔡甸区的东北片区。填充式扩张主要发生在中心城区,少部分新增用地以内部填充方式进行扩展,但规模相对较少。该时期,边缘式、飞地式和填充式三种扩展模式占城市扩展面积的比重分别为 54.03%、29.07% 和 16.90%,城市扩展模式较前期发生了较大变化,城市用地以飞地式方式大规模向外围地区扩展,中心城区边缘地区扩展相对较为缓慢。

2000—2005 年,城市用地发展发生了变化,由上一时期的飞地式扩张为主转向边缘式和飞地式共同扩张为主。边缘式扩张类型主要分布在蔡甸、洪山、江夏及新洲等区。在蔡甸区经济技术开发区西南片区、洪山区东湖高新技术开发区、江夏区内开发区、大桥新区、藏龙岛科技园、新洲区西南片区等地区大规模扩展。飞地式扩张模式主要分布在东西湖区东部、江夏区北部及新洲区西南片区,在江夏区北部形成大规模的飞地组团,其余地区飞地组团规模相对较小。填充式扩张主要发生在主城区边缘地区,在长江以西地区分布较为零散,而在长江以东的洪山区南部分布较为集中。该时期,边缘式、飞地式和填充式三种扩展模式占城市扩展面积的比重分别为46.70%、40.33% 和 12.97%。这一时期,通过边缘式和填充式扩张,在长江以西形成中心城区—汉阳—蔡甸开发区集中连片发展区,在长江东南形成中心城区—洪山区—江夏区北部集中连片发展区,城市用地由前期的组团发展向集中连片发展。

2005—2015 年,城市用地景观大规模增加,城市用地扩张仍以边缘式和飞地式共同扩张为主。2005—2010 年,边缘式扩张主要分布在中心城区外围区,在各个方向均有扩展;2010—2015 年,继续沿着前期新增用地边缘进一步向外扩张,尤其在蔡甸区中部、江夏区东北和黄陂区西南扩张较为显著。飞地式扩张主要集中分布在蔡甸区中部江夏区西北靠长江沿岸区和洪山区东南角,形成规模较大的飞地组团,其余地区分布较为零散。填充式扩张主要发生在中心城区和外围区交接地带,对前期外延式和飞地式扩张留下的空隙进行填充,中心城区和边缘区、外围区形成连片发展,城市用地层层向外发展,城市空间形态呈现"摊大饼"式蔓延扩张。该时期内,2005—2010 年边缘式、飞地式和填充式扩张占城市用地扩展面积的比重分别为41.35%、36.58% 和 22.07%,至 2010—2015 年,这一比例分别为49.82%、40.03%和 10.15%。

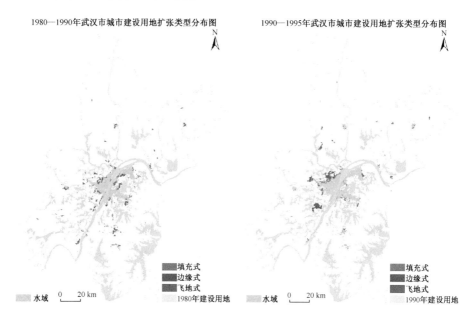

图 5‑48　1980—2015 年武汉市不同时段建设用地扩张类型

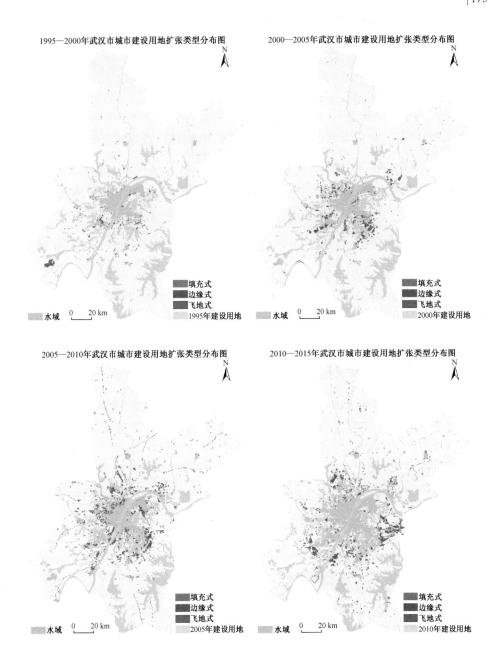

图 5 - 48　1980—2015 年武汉市不同时段建设用地扩张类型(续)

5.2.4 重庆市城市建设用地扩展特征

5.2.4.1 建设用地扩展时空过程与格局

研究期内,重庆市城市用地规模扩展迅速,城市建设用地面积由 1980 年的 126.79 km² 增加到 2015 年的 773.44 km²,增长了 5.10 倍。城市建设用地主要集中分布在嘉陵江、长江沿岸和两江交汇地带,新增用地主要向渝中半岛东北、西南及以西方向拓展,城市建设用地受山体和水体分割,呈现组团式发展。

从表 5-9 和图 5-49 可知,重庆市城市建设用地扩展总体上呈现由中低速扩展向快速和高速扩张发展的阶段性特征。1980—1995 年,城市建设用地扩展处于缓慢扩展阶段,1997 年重庆市直辖以来,受政策驱动影响,城市建设用地扩展迅速,进入高速扩展阶段,且呈现持续加快扩张的态势。不同时期的城市建设用地扩张特征如下:

表 5-9　1980—2015 年重庆市城市建设用地扩展规模与速度

时段	扩展面积 (km²)	年均扩展规模 (km²/年)	年均扩展速度 指数(%)	扩展特征
1980—1990	30.71	3.07	2.42	中速扩展
1990—1995	12.40	2.48	1.57	缓慢扩展
1995—2000	41.67	8.33	4.91	快速扩展
2000—2005	55.33	11.07	5.23	高速扩展
2005—2010	140.72	28.14	10.55	高速扩展
2010—2015	365.82	73.16	17.95	高速扩展

图 5 - 49　1980—2015 年重庆市建设用地扩张

（1）1980—1990 年，重庆市城市建设用地扩展较为缓慢。十年间，城市建设用地扩展了 30.71 km²，年均扩展规模为 3.07 km²/年，扩展速度为 2.42%。城市建设用地主要集中分布在嘉陵江和长江交汇地带，新增建设用地以"西拓"为主，主要向渝中半岛以西和南方向的沙坪坝、大渡口、大杨石等组团扩展，在渝中半岛南部的南坪组团也有一定规模的拓展，而半岛以北的观音桥组团拓展规模相对较小；在渝北、北碚等中心城区外围区则主要沿着政府驻地向周边扩展。改革开放初期，重庆成为计划单列市，拥有省级经济管理权限并辟为外贸口岸，积极进行经济综合改革试点，一定程度上促进了重庆市经济社会的发展,经济社会的发展增加了对城市用地的需求。但该时期内,由于重庆深处西部内陆,对外开放程度低,经济社会发展速度较慢,对城市用地需求较少,城市建设用地增长相对较为缓慢。新增建设用地继续向渝中半岛以西及西南方向的沙坪坝、大渡口、大杨石等组团拓展的同时,在渝中半岛北部也出现较大规模扩张,半岛北部的观音桥—人和组团继续向北扩展,而在渝北、北碚区政府驻地附近则扩张规模较少。20世纪90年代初,改革开放进程的逐渐深入,以及城市经济体制改革的推进,促进了重庆经济社会的不断发展,进一步推动了城市建设用地继续扩张。

(2) 1995—2000年,重庆市城市建设用地增长进入快速扩展阶段。城市建设用地扩展了41.67 km²,年均扩展速度为4.91%,是上一阶段的3.13倍。城市建设用地继续向渝中半岛西部和西南方向扩展的同时,也大规模向渝中半岛正北及东北方向扩展,城市发展出现"北移"的态势,观音桥组团、人和组团及两路组团用地扩展迅速。由于受西部中梁山和东部铜锣山等山体阻隔,建设用地进一步向西扩展空间受限,城市发展方向向北转移。这一时期,受重庆直辖及政策驱动,重庆市经济社会发展进入快速发展时期,极大地推动了城市建设用地快速扩张。

(3) 2000—2010年,城市建设用地持续扩张,进入高速扩展阶段。这一时期,城市建设用地扩展提速,其中,2000—2005年,扩展规模和年均扩展速度分别为55.33 km²和5.23%;2005—2010年,建设用地继续高速扩张,扩张规模和扩张速度分别高达140.72 km²和10.55%。2000年以来,城市建设用地以"北拓"为主的同时,在其他方向上均出现不同规模的扩展。城市建设用地主要沿机场高速、210国道等主要交通干线大规模向东北方向的观音桥、人和、唐家沱和空港组团扩展,东南方向的李家沱—鱼洞组团和南坪组团也出现一定规模的扩展。与此同时,在中梁山以西西部新城的北碚城区和蔡家组团、沙坪坝区西永组团、九龙坡区西彭组团等亦出现大规模拓展。随着国家西部大开发政策的实施和推进,重庆市发挥西部地区经济发展中心的优势,吸引了大量的投资和产业集聚,成为西部地区重要的经济增长极,极大地推动了建设用地的高速扩张。

(4) 2010—2015 年,城市建设用地持续高速扩张,其扩展规模和速度远高于其他阶段。城市建设用地扩展规模和年均扩展速度分别高达365.82 km²和17.95%,为研究期内城市建设用地扩展最快的一个阶段。城市建设用地主要以"北拓"和西部新城方向扩展为主,"北拓"和"西移"态势显著。城市新增用地主要向两江新区内的水土、悦来、礼嘉、蔡家、空港、鱼嘴、龙兴等组团大规模扩展,在西部新城方向的西永、西彭等组团继续向建成区外围扩展,在东南方向主要向南岸区内的经济技术开发区及茶园新城、巴南区内的李家沱—鱼洞组团等扩展。2010 年 5 月,国务院批准设立重庆两江新区,新区开发带动大量基础设施建设,并吸引了大量的投资和产业集聚,推动城市建设用地高速扩张。

5.2.4.2 建设用地扩展模式与类型

1980—1990 年,重庆市城市用地主要以边缘式扩张为主,填充式扩张占有一定比重,而飞地式扩张较少,分别占城市用地扩张面积的 60.33%、27.95%和 11.72%。新增用地斑块中,边缘式扩张类型主要分布在渝中半岛西南侧的沙坪坝、大渡口、大杨石等组团,城市主要向渝中半岛的西南方向迅速发展。填充式扩张类型主要在中心城区建成区内部进行填充,长江沿岸东侧分布面积较大。飞地式扩张类型主要在城市的南北向分布,在沙坪坝和九龙坡组团外围有少量分布,在北碚区和渝北区政府驻地周边分布规模相对较大。这一时期,城市主要依托渝中半岛建成区向西部自然条件较好、空间较为广阔的区域发展,而受水体阻隔影响,南北方向扩展规模较少,城市发展以"西拓"为主。

1990—1995 年,重庆市建设用地扩张类型中,边缘式扩张类型所占比重大幅下降,而填充式扩张类型所占比重大幅提高,城市用地扩张由前一阶段的边缘式扩张为主转变为填充式扩张为主。填充式扩张类型主要分布在城市西部的大渡口、沙坪坝、大杨石等组团内部及长江北岸的观音桥—人和组团,对前期城市用地扩展留下的空隙区进行填充。边缘式扩张类型较上一时期大幅减少,占城市用地扩张面积的比重降为 33.23%,主要分布在观音桥—人和组团外围,向正北方向拓展,其余在城市南部地区有少量分布;飞地式扩张类型分布也较上一时期有所降低,仅占城市用地扩张面积的 2.25％。该时期,城市扩展由前期的外延式扩张为主转向为内部填充发展为主,城市发展较为紧凑,用地扩展速度也相对较为缓慢。

1995—2000 年,重庆市城市用地扩张类型发生了较大变化,城市新增斑块在对前期城市发展中留下的空隙区进行填充的同时,也出现了大规模的向外扩张。该时期内,边缘式和飞地式扩张类型大幅度增加,而填充式扩张类型大幅下降,边缘式和飞地式扩张类型占城市用地扩张面积的比重分别为47.40％和 21.37％,分别较上一时期提高 14.17％和 19.12％,而填充式类型占比则下降了 33.29％。填充式扩张类型主要分布在中心城区,部分新增用地对城市内部进行填充。边缘式用地扩张类型主要分布在城市的南北两翼,城市用地在南部的李家沱—鱼洞、南坪组团和北部的空港、观音桥—人和、北碚组团等区域大规模向外扩张。飞地式扩张类型主要分布在机场高速沿线,扩展规模较大,而在城市西南部和西北部分布较少。这一时期,城市用地快速向城市边缘扩张,以外延式扩张为主。

2000—2005 年,边缘式和飞地式扩张成为城市用地扩展的主要类型,分别占城市用地扩张面积的 44.30％和 34.15％。边缘式扩张类型主要分布城市北部的人和组团、唐家沱组团和空港组团,城市大规模向长江和嘉陵江以北地区拓展。飞地式扩张类型主要分布在城市北部的人和组团、鱼嘴组团和东部的茶园—鹿角组团。该时期内,城市用地在大规模向北扩展,城市发展出现明显的"北移"特征。可以看出,该时段内城市用地扩展规模和速度明显高于前期阶段。

2005—2015 年,城市用地扩张仍以边缘式和飞地式扩张为主,而填充式城市扩张较少。2005—2010 年,边缘式、飞地式和填充式扩张类型所占城市用地扩张面积的比重分别为 30.79％、36.98％和 32.23％;2010—2015 年,边缘式和飞地式占比提高至 49.75％和 43.59％,而填充式扩张占比则降为6.66％。城市用地在城市北部的人和、唐家沱、空港组团及西部的蔡家、西永等组团大规模向城市边缘扩张,同时新增斑块通过对观音桥—人和、两路组团等内部进行填充,在长江和嘉陵江以北地区形成集中连片的城市发展区;在城市西部新城,城市新增斑块大规模在西永组团扩张的同时,新增斑块亦沿主要交通干线进行扩展,逐渐将北碚、西永、西彭等组团连接,在城市西部形成较大的新城。在铜梁山以东区域城市发展以大规模的飞地式扩展为主,形成了规模较大的鱼嘴、龙兴组团;而在城市西部地区的飞地式扩张规模相对较小,主要分布在西永、西彭组团外围。这一时期,城市用地大规模向两江新区和西部新城扩展,出现明显的"北移"和"西拓"特征。

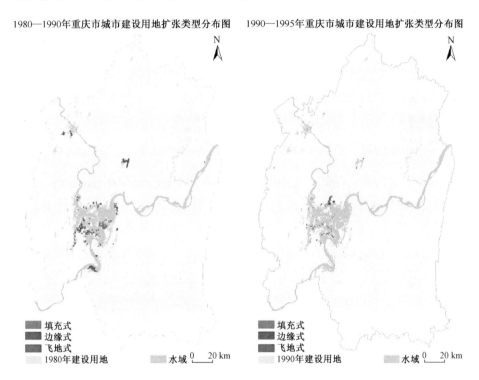

图 5 ‑ 50   1980—2015 年重庆市不同时段建设用地扩张类型分布图

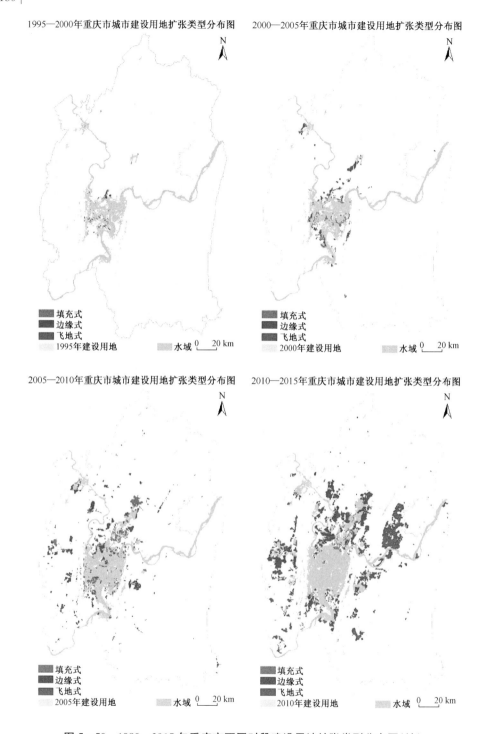

图 5‑50　1980—2015 年重庆市不同时段建设用地扩张类型分布图(续)

5.2.5　城市建设用地扩张区域差异分析

综上分析可知,上海、武汉和重庆三市城市用地扩张存在明显的区域差异特征。从城市建设用地扩展规模看,1980—2015 年,上海市城市建设用地扩展规模达 1 097.82km², 年均扩展规模为 31.37 km²/年,武汉和重庆城市建设用地面积年均增长 22.07 km²/年和 18.48 km²/年,总体上,上海市城市建设用地年均扩展规模远高于武汉和重庆两市,其扩展规模分别是武汉和重庆的

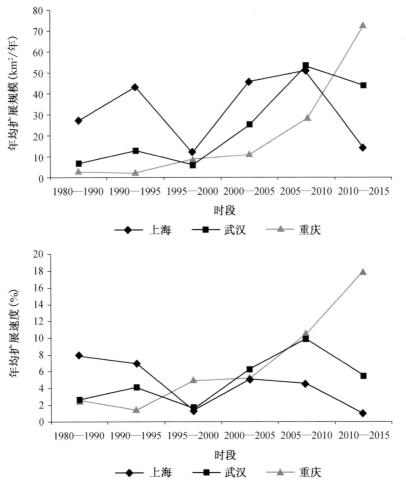

图 5‑51　研究区城市建设用地年均扩张规模和年均扩张速率

1.42 倍和 1.70 倍。从城市建设用地扩展速度看,上海市 1980—1990、1990—1995 年两个时段的城市建设用地扩展速度明显高于同一时期的武汉和重庆两市的用地扩展速度;但 2000 年以来,上海市城市建设用地扩张速度逐渐放缓,2010—2015 年,其用地年均扩张速度仅为 1.02%,远低于武汉和重庆两市同期扩张速度。进入 21 世纪以来,受西部大开发、中部崛起等政策驱动,武汉和重庆市城市建设用地扩张不断提速,在 2000—2005 年和 2005—2010 年两个时段,武汉和重庆两市的城市建设用地年均扩张速度分别达 6.18%、10.07% 和 5.23%、10.55%。2010 年以来,武汉市的城市建设用地扩张速度出现回落,但仍处于高速增长态势,而重庆市城市建设用地则持续高速扩张。总体上,上海市城市建设用地扩张经历了快速扩张—高速扩张—扩张速度逐渐放缓的扩张过程;武汉市呈现出缓慢扩张—快速扩张—高速扩张的阶段性特征,而重庆市则呈现出缓慢扩展向高速扩展转变的特征。研究期内,研究区城市建设用地高速扩展区逐渐由上海向武汉和重庆市转移,呈现由东向西的梯度转移的态势。

从扩展模式看,不同阶段扩展模式处于不断变化过程中且存在显著的区域差异,上海市城市扩展由最初的边缘式占主导逐渐向边缘式扩张和填充式扩张并存转变,城市发展由外延式扩张向内涵式发展转变;而武汉市和重庆市仍以边缘式和飞地式扩张为主导,城市用地仍以外延式扩张为主。

5.3　土地市场发展与城市建设用地扩张相关性分析

5.3.1　土地供应规模与城市建设用地扩张

表 5 - 10 反映了上海、武汉和重庆三市土地一级市场的供应来源。2009—2013 年,上海市土地供应以存量土地为主,经过长时间发展和大规模城市开发,上海市可进一步开发建设空间十分有限,因此,上海积极盘活存量土地,严格控制增量建设用地,土地供应由早期的增量供应为主转变为存量供

应为主。而武汉和重庆两市土地供应仍以增量土地为主,存量土地供应所占比重相对较低。武汉和重庆两市仍处于大规模承接东部地区产业转移阶段,产业发展对土地需求量大且主要布局在城市边缘地区,城市用地以增量为主大规模向城市边缘扩张。

表 5 - 10　2009—2013 年研究区土地供应来源

年份	上海		武汉		重庆	
	新增占比(%)	存量占比(%)	新增占比(%)	存量占比(%)	新增占比(%)	存量占比(%)
2009	36.53	63.47	74.21	25.79	84.89	15.11
2010	38.93	61.07	88.01	11.99	81.23	18.77
2011	52.88	47.12	85.64	14.36	81.81	18.19
2012	43.03	56.97	90.87	9.13	78.88	21.12
2013	47.22	52.78	95.11	4.89	69.23	30.77
合计	43.47	56.53	89.19	10.81	79.18	20.82

通过上述分析可知,土地一级市场中增量土地供给始终占有相当的份额,土地一级市场发展对建设用地扩张具有重要作用。通过分析土地一级市场规模与城市建设用地增长间的关系,揭示土地一级市场发展对建设用地扩张的影响。从图 5 - 52 可知,1999—2014 年,上海市土地一级市场规模出现先增后降的趋势,而建设用地规模由前期的快速增长转变为缓慢增长,随着土地一级市场规模的逐渐下降,建设用地增长趋于平稳。采用用地增长与土地供应弹性即建设用地增长率与土地供应增长率关系来表征建设用地增长对土地供应的反映程度。根据土地市场规模变化和建设用地增长情况,将上海市划分为 1999—2006 年和 2006—2014 年两个阶段,分别考察土地一级市场运行与城市用地规模间的阶段性特征。1999—2006 年,用地增长与土地供应弹性系数为 1.11,建设用地增长速度快于土地供应速度;2006—2014 年,用地增长与土地供应弹性系数为 -0.17,土地供应规模大幅下降,出现负增长,而城市用地规模增长缓慢,增长率仅为 2.45%,低于 1999—2014 年 6.37% 的平均水平,随着土地供应规模的不断降低,城市用地规模进入平稳缓慢发展阶段。

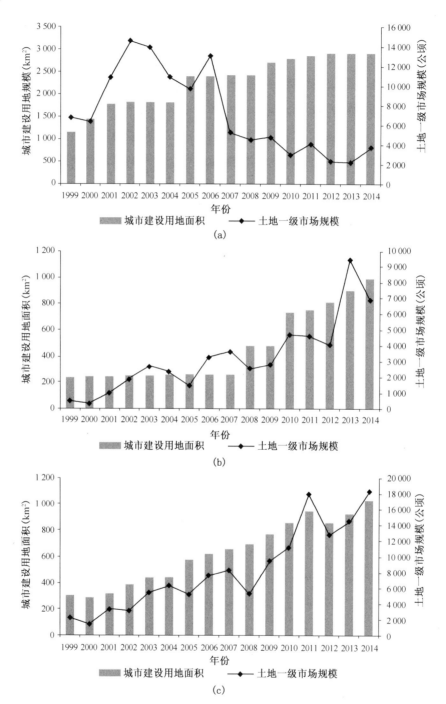

图 5‑52 研究区土地一级市场规模与城市建设用地变化情况
注:(a) 上海,(b) 武汉,(c) 重庆。

1999—2014 年,除个别年份外,武汉和重庆两市的土地供应规模与城市建设
用地均呈现增长态势。随着土地一级市场规模增加,武汉和重庆两市建设用
地出现快速增长,土地一级市场运行促进城市建设用地扩张。根据武汉和重
庆两市土地市场规模变化和建设用地增长情况,分别考察 1999—2007 和
2007—2014 年土地一级市场运行与城市用地规模间的关系。1999—2007 年
和 2007—2014 年,武汉市用地增长与土地供应弹性系数分别为 0.028 和
2.29,前一阶段土地供应规模远快于城市用地规模增长,而后一阶段城市用地
增长远快于土地供应规模。重庆市两个时段内用地增长与土地供应弹性系数
分别为 0.56 和 0.55,城市用地增长速度慢于土地供应速度,这与土地供应中
存量用地占比逐步提高密切相关,随着存量土地供应规模增加,城市用地扩张
速度逐渐放缓。

5.3.2　土地出让价格与城市建设用地扩张

　　土地价格作为反映土地市场供需和变化的重要指标,其价格变化在反映
土地供求关系和市场变化的同时,也会影响土地供需关系,进而影响城市土地
开发建设规模和速度,对城市建设用地扩张产生一定影响。

　　根据 2001—2014 年数据,对上海、武汉、重庆三市的城市建设用地增量与
土地出让价格进行相关分析,其相关系数分别为 -0.31、0.35 和 -0.06,在
0.05 的置信水平下均不显著,土地出让价格与城市建设用地增长间并没有表
现出明显的相关性,这可能与土地价格提高对城市建设用地扩张的作用具有
不确定性密切相关。从图 5-53 中可知,土地出让价格与城市建设用地增长
间的关系具有不确定性,且在不同城市间存在差异。上海市土地出让价格与
城市建设用地增加规模间表现出一定的负相关,随着土地出让价格的提高,建
设用地增长出现减缓的趋势。而在武汉市土地出让价格与城市建设用地增加
量总体呈现出同步增长的趋势,2007—2011 年,土地出让价格快速增加,同期
城市建设用地增长规模较大,土地出让价格的提高可能在一定程度上会刺激
城市建设用地扩张。2011 年后土地出让价格持续增长,而城市建设用地增长
则出现明显放缓的趋势,随着土地出让价格的提高,城市土地价格逐渐显化并

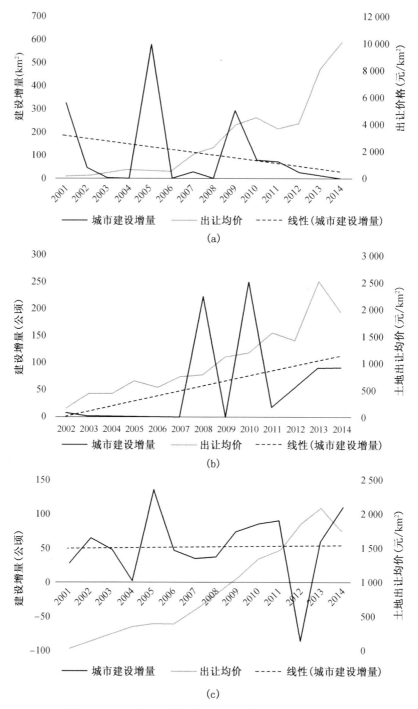

图 5-53 研究区土地出让价格与城市建设用地变化情况

注：(a) 上海，(b) 武汉，(c) 重庆。

趋于合理,城市地价上升会抑制低价用地需求,在一定程度上减缓城市建设用地扩张。重庆市土地出让价格呈快速增长趋势,其建设用地仍处于快速增长阶段,并呈现明显的波动性,土地出让价格的快速上涨可能在一定程度上刺激城市建设用地的扩张。综上,土地价格上涨一般对城市建设用地扩张的影响存在"双向"作用,但在研究区中,地价上涨对城市扩张的作用具有不确定性,地价在不同城市建设用地扩张中的具体作用和影响有待进一步进行实证考察。

5.3.3　土地市场化水平与城市建设用地扩张

在土地一级市场供应中,不同供地方式的市场化程度存在差异,划拨、协议、挂牌、招标、拍卖出让等供地方式的土地市场化程度依次逐渐提高。土地市场化水平的提升有利于促进市场对资源的配置效率,从而提高土地利用效率和集约利用水平。因此,随着土地市场化水平的提高,城市建设用地扩张速度可能出现放缓,在一定程度上可能会抑制城市建设用地过快扩张。本书采用"招拍挂"宗数占出让宗数的比例来表征土地市场化水平,分析土地市场化与城市建设用地扩张间的关系。

从图 5-54 可知,2000—2007 年,上海市土地市场化程度较低,同时段内城市建设用地增量波动较大,且总体呈波动增加的态势。2007 年以来,土地市场化水平较之前快速提高并呈逐渐增长的态势,同时期内,城市建设用地增量波动性不断减小并呈稳定下降的趋势,随着土地市场化水平的提高,城市建设用地增量逐渐放缓并呈下降趋势。武汉市 2000—2007 年城市建设用地增长波动性较小,呈稳定增长态势,但在 2007—2011 年波动较大,随后城市建设用地增长波动性逐渐减小,增量放缓。总体而言,武汉市从土地市场化水平逐渐提高到达到较高水平后,建设用地增长从大幅度波动逐渐趋于稳定增长,且城市建设用地增量逐渐放缓。研究时段内,重庆市建设用地呈快速增长态势,但随着土地市场化水平的提高,建设用地增长速度不断放缓。综上,2000 年以来,上海、武汉和重庆三市土地市场化程度均呈逐步增加的态势,其城市建设用地增量则存在不同程度的波动,但总体上,随着土地市场化水平的提高,

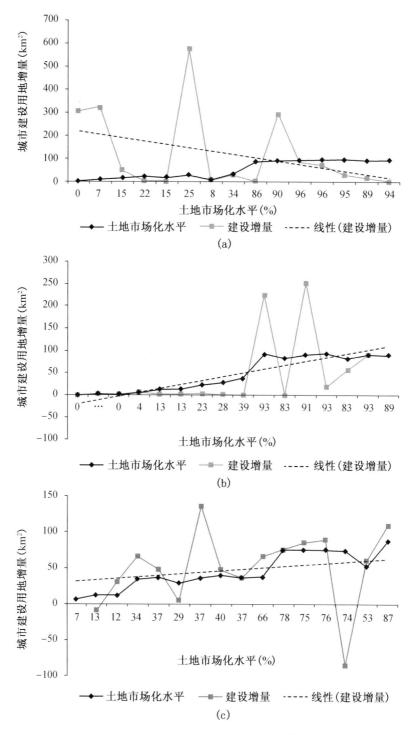

图 5 - 54　2000—2014 年研究区土地市场化水平与城市建设用地扩张
注:(a) 上海,(b) 武汉,(c) 重庆。

城市建设用地增量波总体呈下降趋势,两者之间存在一定的负相关关系,表明土地市场化水平的提高可能在一定程度上能抑制城市建设用地扩张。

5.3.4　地块出让与城市建设用地扩张

土地制度对城市土地利用效率、模式以及城市空间的形成与演变有着极其深刻的影响。地块尺度土地市场主要通过土地供应规模与区位、供应类型、供应价格的空间分布等对城市发展方向、城市空间形态及城市空间结构的演变等产生影响。

从土地市场供应的区位分布看,2009—2013 年,上海市土地供应主要向城市中心的外围区域集中,主要向城市西北、西南和东部地区聚集,土地供应规模中的 76% 集中分布在浦东新区、奉贤、松江、青浦、金山、宝山等区域,土地供应以增量供应为主,兼存量供应;而虹口、黄浦、静安、普陀、徐汇、杨浦、闸北、长宁等中心老城区仅占 9.53%,以存量供应为主,土地供应呈现明显的郊区化趋势。2010—2015 年,上海市城市建设用地扩张较为迅速的地区主要集中分布在浦东、青浦、嘉定和宝山等区内,新增用地以边缘式和填充式扩张为主,主要向城市西北、西南和东部地区拓展,城市发展方向追随土地供应方向。武汉市土地供应主要向城市西南、东南、正北和正南方向集中,土地供应规模中的 62.64% 集中分布在洪山、蔡甸、江夏和黄陂四个区域,以外延式增量供应为主;而江岸、江汉、硚口、武昌、青山、汉阳等中心老城区仅占 21.18%。2010—2015 年,城市建设用地大规模向城市西南、东南、正南和正北方向扩展,且近 55% 的新增用地以外延式扩张为主,集中分布在洪山、蔡甸、江夏和黄陂等区域,城市建设用地扩张方向紧追随土地供应方向。重庆市土地供应主要向两江新区和西部西城集中,土地供应中的 43% 集中分布在两江新区内的渝北、江北和北碚区,15% 集中分布在沙坪坝境内,以外延式增量土地供应为主,土地供应出现明显的"北移"和"西拓"的特征。2010—2015 年,城市建设用地大规模向两江新区和西部新城扩展,新增用地集中分布在渝北、沙坪坝、江北和北碚等区,城市用地以外延式和飞地式扩张为主,占比分别高达 49.75% 和 43.59%,城市建设用地大规模向城市边缘区域扩张。与土地供应方向相一致,城市建设用地扩展也呈现明显的"北移"和"西拓"。综上,研究区土地供应区位与城市建设用地扩张密切相关,城市建设用地扩张方向紧随土地供应方向。

从土地市场供应的类型看,2009—2013年,上海、武汉、重庆三市土地供应类型结构处于不断调整和变化中,对城市土地利用结构及空间格局的变化产生了一定影响。上海市土地供应类型结构以小规模供应为主,92.23%的土地供应宗数用地规模小于10 hm²,其土地供应面积占到全市的63.62%,而仅7.73%的出让地块规模大于10 hm²。武汉和重庆土地供应宗数中,81.6%和近85%的供应地块规模小于10 hm²,其土地供应规模分别占该市土地供应总量的29.44%和40.50%;而仅18.31%和近15%的地块供应规模大于10 hm²,但其土地供应规模分别占到70.56%和近60.00%,两市土地供应中大宗用地主要集中分布在城市边缘地区及开发区内。土地供应中小规模地块供应容易导致城市用地空间破碎化,使得城市用地空间结构较为松散。三个城市的土地供应类型均总体呈现出商业用地主要集中分布在城市中心区域,住宅用地在城市中心区域密集分布,同时出现不断向外围地区拓展的趋势,而工业用地则呈现明显的郊区化特征。土地供应地价空间分布上呈现出"商业地价>住宅地价>工业地价"的规律,商业地价和居住地价从城市中心到外围地区不断下降,即随着离城市中心距离的增加,地价从市中心到外围地区不断衰减,总体上符合城市土地竞租曲线,价格机制对城市用地空间演变具有重要作用。土地供应类型结构的空间分布及其变化,对城市用地功能的调整及城市土地利用结构、城市空间形态的演变产生了深刻影响,在推动居住和工业郊区化发展,促进城市空间重构的同时,也推动了城市用地大规模向外围地区扩张,城市空间结构呈现逐渐分散的态势。

第六章 / 长江经济带土地市场对城市建设用地扩张的影响实证——经济带与流域尺度

6.1　研究方法

6.1.1　空间计量模型构建

6.1.1.1　空间自相关检验

由于空间计量模型建立在区域相互作用基础上,一般先需要验证研究对象是否存在空间相关性。本研究利用全局莫兰指数(Moran's)进行空间自相关检验。具体公式如下(马淑燕 等,2022;殷江滨 等,2016):

$$Moran's\ I = \frac{n\sum\limits_{i=1}^{n}\sum\limits_{j=1}^{n}W_{ij}(Y_i-\bar{Y})(Y_j-\bar{Y})}{S^2\sum\limits_{i=1}^{n}\sum\limits_{j=1}^{n}W_{ij}} \qquad (6-1)$$

式中,$S^2 = \sum\limits_{j=1}^{n}(Y_i-\bar{Y})^2$,$\bar{Y} = \frac{1}{n}\sum\limits_{j=1}^{n}Y_i$;$Y_i$、$Y_j$ 表示第 i、j 城市的观测值,n 为城市总数,W_{ij} 为空间权重矩阵。$Moran's\ I$ 的取值范围为 $[-1,1]$,正值表示空间事务属性值分布具有正相关性,负值则表示空间事物的属性分布具有负

相关性,0 表示空间事物的属性分布不存在相关性。空间权重矩阵的构建方法有邻接权重矩阵、地理距离权重矩阵、经济距离权重矩阵。本研究以邻接权重矩阵作为空间权重矩阵,该矩阵可以更好地体现在地理空间上邻接的单元相互关系和相互作用情况。

6.1.1.2 空间计量模型构建

本书研究范围为长江经济带的 127 个研究单元,研究单元间在空间上存在大量的相邻关系。在处理具有空间属性的问题时,传统计量经济模型由于忽略了研究单元和变量间的空间关联而可能导致模型结果产生偏差。因此,本书引入空间变量,构建空间计量经济模型进行实证,从而使得研究结论更具有可靠性。空计量模型一般包括空间滞后(SLM)、空间误差(SEM)和空间杜宾模型(SDM)(马淑燕 等,2022;周正柱 等,2022)。具体模型如下:

1. 空间滞后模型(Spatial Lag Model,SLM)。空间滞后模型主要研究被解释变量在一个地区是否会受到周围地区被解释变量的影响,即被解释变量是否具有空间溢出效应。其模型的表达式为

$$Y = \rho WY + \beta X + \varepsilon \tag{6-2}$$

式中,W 表示区域的空间权重矩阵;ρ 为空间滞后自回归系数,即空间单元的溢出效应值;β 为解释变量的回归系数,X 为解释变量;ε 为随机误差项。

2. 空间误差模型(Spatial Error Model,SEM)。空间误差模型反映被解释变量受周围地区相互依赖的误差冲击的影响。其模型表达式为

$$Y = \beta X + \mu; \mu = \lambda W \mu + \varepsilon \tag{6-3}$$

式中,μ 表示扰动项,存在空间依赖性,说明不包含 X 中但对有影响的遗漏变量存在空间相关性,或不可观测的随机冲击存在空间相关性。λ 被解释变量的为空间误差系数;其余参数同式(6-2)。

3. 空间杜宾模型(Spatial Durbin Model,SDM)。该模型认为,一个地区的被解释变量不仅受到周围地区被解释变量的影响,而且还受到周围地区解释变量的影响,即在空间滞后和空间误差模型基础上加入了解释变量的滞后

项。其模型表达式为

$$Y = \rho WY + \beta X + \theta WX + \varepsilon \qquad (6-4)$$

式中,WX 为解释变量的空间滞后项,θ 为解释变量空间滞后项的系数。

4. 空间权重矩阵设定。空间权重矩阵是用来量化基于空间因素相互影响所构建的空间面板模型的关键。常用的空间矩阵分为邻接性和距离性两种。本书采用空间邻接矩阵来判断两个区域是否在空间上存在相邻关系来表征,两个区域若有共同边界则视为两个区域相邻,否则视为不相邻。邻接性矩阵的表达如下:

$$W = \begin{cases} 1 & i \text{ 与 } j \text{ 邻接} \\ & \qquad\qquad i \neq j \\ 0 & i \text{ 与 } j \text{ 不相邻} \end{cases} \qquad (6-5)$$

式中,区域 i 与区域 j 有共同边界,则 W_{ij} 值为 1,表示两个区域之间相邻;反之,区域 i 与区域 j 没有共同边界,则 W_{ij} 值为 0,表示两个区域不相邻。本书通过邻接矩阵构建了 W 为 127×127 的矩阵,城市与城市之间相邻情况根据自然资源部审图号为[GS(2020)4619 号]标准地图提取长江经济带 127 个城市矢量范围获得。

6.1.2 地理探测器

地理探测器是学者王劲峰等(Wang et al.,2010)提出,基于空间分异性是地理现象的基本特征之一,地理探测器用来探测和利用空间异质性并探索影响因变量的驱动因素(自变量)的一种空间算法。地理探测器不仅可以探索定量数据对因变量的影响,也可以探索自变量之间的交互作用。地理探测器分为分异与因子探测、交互作用探测、风险探测和生态探测。本研究利用地理探测器中的因子探测器和交互探测器来研究城市建设用地扩张的驱动力以及多因子交互作用(王劲峰 等,2017)。具体公式如下:

$$q = 1 - \frac{\sum_{h=1}^{L} N_h \sigma_h^2}{N \sigma^2} = 1 - \frac{SSW}{SST} \qquad (6-6)$$

$$SSW = \sum_{h=1}^{L} N_h \sigma_h^2, SST = N\sigma^2 \qquad (6-7)$$

式中:q 表示因子的解释力,其值域为$[0,1]$,越接近 1 解释力越大。$h=1,\cdots,$ L 为变量 Y 或因子 X 的分层(Strata),即分类或分区;N_h 和 N 分别为层 h 和全区的单元数;σ_h^2 和 σ^2 是分别是层 h 和全区的 Y 值的方差。SSW 和 SST 分别为层内方差之和和全区总方差。

交互作用探测:是通过比较单一因子的 q 值和双因子交互的 q 值来判断双变量间交互作用特点。驱动因子的交互作用通过探测结果的 $q(X_i \bigcap X_j)$ 值来识别驱动因子之间的共同作用是否增加或减弱对因变量 Y 的解释力,具体识别方法如下(王劲峰 等,2017)。

表 6-1 两个自变量对因变量交互作用的判断依据

判断依据	交互作用
$q(X_1 \bigcap X_2) < \text{Min}(q(X_1), q(X_2))$	非线性减弱
$\text{Min}(q(X_1), q(X_2)) < q(X_1, X_2) < \text{Max}(q(X_1), q(X_2))$	单因子非线性减弱
$q(X_1 \bigcap X_2) > \text{Max}(q(X_1), q(X_2))$	双因子增强
$q(X_1 \bigcap X_2) = q(X_1) + q(X_2)$	独立
$q(X_1 \bigcap X_2) > q(X_1) + q(X_2)$	非线性增强

注:$q(X_1)$ 和 $q(X_2)$ 分别是因变量 X_1 和 X_2 的 q 值;$q(X_1 \bigcap X_2)$ 是指 $q(X_1)$ 和 $q(X_2)$ 的交互;$\text{Min}(q(X_1), q(X_2))$ 是指 $q(X_1)$ 和 $q(X_2)$ 的最小值;$\text{Max}(q(X_1), q(X_2))$ 是指 $q(X_1)$ 和 $q(X_2)$ 这两者的最大值;$q(X_1) + q(X_2)$ 是指 $q(X_1)$ 与 $q(X_2)$ 的和。

6.2 变量选择与数据说明

本书将城市建设用地面积作为被解释变量,考虑以下变量为解释变量:

(1)因变量为城市建设用地面积(y)。长江经济带 127 个研究区的城市建设用地以 2006—2014 年土地利用变更数据为基础数据,根据第三章的概念界定对数据进行处理,获取 2006—2014 年的城市建设用地规模。

（2）土地市场核心变量。随着我国土地市场的发育和完善，土地市场已成为影响城市建设用地扩张的重要因素。选取土地出让规模（LSS）、土地出让均价（PLTP）、土地市场化水平（LLM）作为土地市场发展的重要测度指标。土地出让规模包括按行政划拨、有偿出让、租赁及其他方式供应的总面积；土地出让均价通过测算有偿出让价格除以有偿出让规模获得。土地市场化水平通过测算"招拍挂"方式出让的土地宗数占土地有偿出让总宗数的比重获得（刘力豪，2016）。土地市场相关数据来源于《中国国土资源统计年鉴（2002—2015年）》。

（3）人口增长。城市人口增长对城市用地空间的需求是城市扩张的最初动力。城市人口的增长将增加对住房、交通和公共设施等用地需求，进而促进城市用地空间扩张（吴宏安 等，2005；童小容，2019；连宏萍 等，2021）。选取城市人口规模（POP）表征人口增长对城市建设用地扩张的影响变量，数据来源于长江经济带11个省市2007—2015年的统计年鉴。

（4）经济发展。经济发展是城市建设用地扩张的重要驱动力（谈明洪 等，2003；贺振 等，2011；徐启恒 等，2018）。经济的快速增长将增加对城市建设用地的需求，促进城市建设用地扩张；同时，经济发展能够提高居民经济收入，刺激居民对居住、娱乐设施及交通等用地需求，从而加快非农用地转化速度，推动城市建设用地扩张。选取人均GDP（PGDP）作为经济发展水平的测度指标。经济数据来源于长江经济带11个省市2007—2015年的统计年鉴。

（5）土地财政。分税制改革，改变了中央和地方政府的财权分配格局，但却没有对事权进行相应的调整和重新划分，"财权上移、事权留置甚至增加"导致地方财政收支剪刀差，地方政府只有寻求预算外资金收入来化解中央财政集权的压力（李永乐 等，2013）。土地出让是预算外资金的主要来源，由于产权制度和管理体制的不完善，地方政府通过低价征收土地，并通过"招拍挂"方式向土地使用者供地收取土地出让金，征地补偿和土地出让价格间的巨额差价成为政府预算外收入。如果地方政府依赖"土地财政"，土地出让中以追求出让金为目标，地方政府通常倾向于出让更多的土地以获取土地出让金，"土地财政"激励明显推动城市建设用地过快扩张甚至出现蔓延（李勇刚 等，

2016；刘颜，2019）。选取土地出让金占 GDP 比重（LF）作为土地财政的测度指标。土地出让金数据来源于《中国国土资源统计年鉴（2002—2015 年）》。

为了消除异方差，使数据更加平稳，对城市建设用地面积、城市人口、人均 GDP、土地供应规模和土地出让均价变量分别取对数，经变换后的变量为 $\ln y$、$\ln POP$、$\ln PGDP$、$\ln LSS$ 和 $\ln PLTP$。各变量定义及描述统计详见表 6－2 所示。从样本的描述性统计中可知，总样本量为 1143。可以看到，只有土地供应规模的标准差小于平均值，其余变量均表现为标准差大于平均值的状况，这就说明，在全部样本中，土地供应规模的数据相对比较集中，即表明在长江经济带的 127 个城市间，土地供应规模的变化处于比较稳定的状态。而其余变量的数据分布比较离散，说明其变化和差异化比较明显。

表 6－2　长江经济带变量描述统计分析

指标/单位	变量	样本	最小值	最大值	平均值	标准差
城市建设用地面积（hm²）	$\ln y$	1 143	7.88	12.61	10.54	0.73
土地供应规模（hm²）	$\ln LSS$	1 143	1.10	12.18	6.89	29.82
土地出让均价（元/m²）	$\ln PLTP$	1 143	1.79	9.46	6.34	0.76
土地市场化水平（%）	LML	1 143	0.00	100	62.67	29.82
土地财政（%）	LF	1 143	0.00	61.17	5.37	4.47
城市人口（万人）	$\ln POP$	1 143	3.62	8.12	5.93	0.68
人均 GDP（元/人）	$\ln PGDP$	1 143	8.20	12.25	9.96	0.78

6.3　长江经济带实证结果与分析

6.3.1　空间相关性检验

在决定利用空间面板模型之前，需要对主要变量进行空间自相关检验。Moran's I 是常用的进行空间自相关检验的指标。利用 GeoDa1.10 计算长江经济带 2006—2014 年城市建设用地的空间自相关系数 Moran's I（表 6－3），从表中可知，Moran's I 系数为正且均通过了 5% 的显著性检验，说明 2006—2014 年长江经济带各城市的城市建设用地规模存在显著的正的相关性。同时也表明长江经济带城市建设用地空间分布并非是无序的，而是具有较强的空间集聚性。因此，在长江经济带城市建设用地扩张研究中有必要考虑空间效应。

表 6-3　2006—2014 年长江经济带城市建设用地的空间自相关系数 Moran's I 值

年份	Moran's I	P
2006	0.158	0.025
2007	0.164	0.014
2008	0.167	0.009
2009	0.172	0.008
2010	0.163	0.009
2011	0.153	0.010
2012	0.144	0.018
2013	0.138	0.023
2014	0.118	0.036

6.3.2　长江经济带实证结果与分析

Hausman 检验值为 67.76，P 值小于 0.001，因此，应选择固定效应模型。空间滞后模型、空间误差模型的 LM 检验和稳健 LM 检验均通过 1% 水平显著性检验，表明应考虑空间杜宾模型。

时间固定效应的 LR 检验值为 2 828.96，P 值小于 0.001，应该考虑时间固定效应，同时考虑到长江经济带各城市具有空间异质性，因此选择双固定下的空间杜宾模型。

从表 6-4 可以看出，空间正回归系数（Rho）为正，且通过了 1% 水平的显著性检验，表明长江经济带各城市间城市建设用地扩张存在显著的空间溢出效应；且影响为正，说明本地城市建设用地扩张会受到相邻城市建设用地扩张的正向影响。从土地市场的关键变量中看，土地供应规模和土地出让价格对城市建设用地扩张的影响系数为 0.014 和 0.015,且分别通过了 1％和 5％水平的显著性检验,表明土地供应规模的增加和土地出让价格的提高对长江经济带城市建设用地扩张具有正向影响,二者对城市建设用地扩张具有促进作用。研究时段内,长江经济带土地供应主要以增量用地供应为主,增量用地的增加推动城市建设用地规模的增加,从而推动城市建设用地扩张。土地价格目前对城市建设用地扩张仍然呈现显著的正向影响,即随着土地出让价格的提高,城市建设用地规模将显著增加。这与理论预期不一致,但实际上符合我国现阶段的土地市场发展实情。随着土地市场的不断发育和完善,土地出让价格将不断提高,对于土地利用的成本也会相应增加。目前,长江经济带土地出让价格总体还处于相对较低的水平,土地价格的提升可能会激励政府增加更多的土地供应规模以获取土地财政,因此,土地价格提高可能并不会从根本上起到有效遏制城市建设用到扩张的作用(刘力豪,2016)。土地市场化水平对城市建设用地扩张具有正向作用,但尚未通过在 10％水平的显著性检验,表明土地市场对长江经济带城市建设用地扩张的影响并尚不明显。土地市场对城市建设用地扩张具有正向影响,这与本书的理论预期不一致,结合长江经济带各城市的土地市场化水平发现,长江经济带土地市场化水平相对较低,2006—2014 年其市场化水平尚未达到 50％,因此,土地市场化水平对城市建设用地扩张的影响并不明显。控制变量中,人口增长和经济发展对城市建设用地扩张具有显著的推动作用,人口每增加 1％,将推动城市建设用地规模增加 0.424 hm^2;经济发展水平每提高 1％,城市建设用地规模将增加 0.224 hm^2。土地财政对建设用地扩张的影响为正,但其未通过 10％水平的显著性检验,表明土地财政对长江经济带城市城市建设用地扩张的影响尚不显著。

表 6-4 长江经济带空间杜宾模型(SDM)参数估计结果

变量	回归系数	P 值
$\ln LSS$	0.014	0.000
$\ln PLTP$	0.015	0.016
LML	0.000	0.256

（续表）

变量	回归系数	P 值
LT	0.000	0.538
$\ln POP$	0.424	0.000
$\ln PGDP$	0.224	0.000
$W \times \ln LSS$	-0.001	0.876
$W \times \ln PLTP$	0.026	0.045
$W \times LML$	0.000	0.065
$W \times LF$	0.000	0.879
$W \times \ln POP$	0.208	0.135
$W \times \ln PGDP$	-0.080	0.111
Rho	0.218	0.000
Hausman test	67.76	0.000
R^2	0.596	—
Sigma2_e	0.006	0.000
Log-likelyhood	1 291.01	—
Obs	1 143	—

为准确分析各个因素对长江经济带城市建设用地扩张的影响,本研究进一步对空间杜宾模型进行空间效应分解,即将各影响因素的总效应分解为直接效应和间接效应。其中直接效应指影响因素对本地城市建设用地扩张的影响;间接效应即空间溢出效应,指影响因素对邻近城市经济增长的影响(马淑燕 等,2022)。从表6-5中可知,土地出让价格对长江经济带城市建设用地扩张的直接影响、间接影响和总体效应均表现为正向作用,其中,直接效应的弹性系数为0.0160,且通过了5%水平的显著性检验,表明土地出让价格每提高1%,城市建设用地扩张规模将提高0.0160%。土地出让价格对相邻城市建设用地扩张溢出效应的弹性系数为0.0350,且通过了5%水平的显著性检验,表明土地出让价格的提高将会促进相邻城市的建设用地扩张。空间溢出效应主要来自两个方面:一是土地出让价格的传导效应,土地出让价格的提高在城市间具有传导效应,随着土地出让价格的提高可能会激励一些地方政

府增加土地出让规模,在增加地方政府增加财政收入的同时,也会促进城市建设用地的进一步扩张;二是竞争效应,对于相邻地区,特别是区位和资源条件相似的相邻城市,存在招商引资、人力、资金等资源的激烈竞争,为了发展本城市的经济,地方政府会通过压低土地出让价格等方式进行招商引资,各地方政府纷纷示范,在加大土地供应规模和促进土地出让价格的提高的同时,也推动了城市建设用地扩张。

土地供应规模对长江经济带城市建设用地扩张的直接影响、间接影响和总体效应均表现为正向作用,其中,直接效应的弹性系数为0.0145,且通过了1%水平的显著性检验,表明土地供应规模每增加1%,会促进城市建设用地规模扩张0.0145%。土地供应规模对相邻城市建设用地扩张空间溢出效应的弹性系数为正,但未通过10%水平的显著性检验,表明土地供应规模的增加对相邻城市建设用地扩张的空间溢出效应为正,但并不明显。土地供应规模是影响城市建设用地扩张的关键因素之一,长江经济带应根据不同城市的发展阶段和发育程度,实行差别化的供地制度,对城市发育较为成熟的城市,土地供应由增量用地供应为主向存量用地供应为主转变,不断提高长江经济带存量用地供应比重,降低增量用地供应比重,抑制城市建设用地过快扩张。土地市场化水平对长江经济带城市建设用地扩张的直接影响和总体效应均表现为正向作用,其中,直接效应的弹性系数为0.0002,但未通过了10%水平的显著性检验,表明土地市场化水平对城市建设用地扩张的影响并不明显。土地市场化水平对相邻城市建设用地扩张空间溢出效应的回归系数为−0.0005,且通过了10%水平的显著性检验,表明提高土地市场化水平提高会抑制相邻城市的建设用地扩张。因此,需要不断推进土地市场的发育,提高长江经济带土地市场化水平,以抑制城市建设用到规模过快扩张,促进城市建设用地理性增长。

土地财政对长江经济带城市建设用地扩张的直接影响、间接影响和总体效应均表现为正向作用,但均未通过10%水平的显著性检验,表明土地财政对城市建设用地扩张具有正向影响,但不明显。其中,土地财政对城市建设用地扩张直接效应的弹性系数为0.0005,表明土地财政每提高1%,城市建设用地扩张规模提高 0.000 5%。土地财政对相邻城市建设用地扩张空间溢出效应的弹性系数为 −0.000 1，表明降低土地财政比重有利于抑制城市建设用地规模扩张。人口规模对长江经济带城市建设用地扩张的直接影响、间接影响和总体效应均表现为正向作用，且均通过 5% 水平的显著性检验。其中，人口规模对长江经济带城市建设用地扩张直接影响的回归系数为 0.438 3，表明人口规模每提高 1%，会促进城市建设用地规模扩张 0.438 3%。人口规模对相邻城市建设用地扩张空间溢出效应的弹性系数为 0.362 7，表明人口规模的增加会促进相邻城市建设用地扩张。人口规模对城市建设用地扩张的溢出效应可通过人口流动来实现，当城市的人口规模较大时，会产生"大城市病"和对资源环境产生胁迫，为了更好的生活，人们可能会选择相邻城市。人均 GDP 对长江经济带城市建设用地扩张的直接影响和总体效应均表现为正向作用，且均通过 5% 水平的显著性检验。其中，人均 GDP 对长江经济带城市建设用地扩张直接影响的回归系数为 0.224 9，表明人均 GDP 每提高 1%，会促进城市建设用地规模扩张 0.224 9%。人均 GDP 对相邻城市建设用地扩张空间溢出效应的弹性系数为 −0.035 5，表明人均 GDP 的提高会抑制相邻城市建设用地扩张。人均 GDP 的提高会促进城市土地利用效率的提高，从而在一定程度上能抑制城市建设用地扩张。

总体而言，各变量的直接效应和间接效应回归结果有所不同，但土地供应规模则直接效应显著，即长江经济带某城市土地供应规模发生变化时对城市建设用地扩张的影响仅限于本地区，并不影响周边城市的建设用地扩张。土地出让价格、人口规模的直接效应和间接效应都显著，表明城市土地出让价格和人口规模发生变化时，不仅对影响该城市的建设用地扩张，同时也会对周边地区城市的建设用地扩张产生较稳定的影响。土地市场的间接效应显著，当长江经济带的某个城市土地市场化水平发生变化时，会影响周边地区城市的建设用地扩张。人口 GDP 的直接效应显著，表明其对城市建设用地扩张的影响仅限于本城市，并不影响周边城市的建设用地扩张。

表 6-5 长江经济带空间模型直接效应和间接效应

变量	直接效应	间接效应	总体效应
$\ln LSS$	0.014 5***	0.002 2	0.016 8*
	(0.004 0)	(0.008 8)	(0.009 6)
$\ln PLTP$	0.016 0**	0.035 0**	0.051 0**
	(0.006 0)	(0.015 3)	(0.017 0)
LML	0.000 2	−0.000 5*	−0.000 3
	(0.000 1)	(0.000 3)	(0.000 3)
LF	0.000 5	−0.000 1)	0.000 3
	(0.000 7)	(0.001 9)	(0.002 0)
$\ln POP$	0.438 3***	0.362 7**	0.801 0***
	(0.066 3)	(0.154 6)	(0.148 3)
$\ln PGDP$	0.224 9***	−0.035 5	0.189 4**
	(0.040 5)	(0.059 8)	(0.068 8)

注：* $p<0.1$，** $p<0.05$，*** $p<0.01$ 分别表示在 10%、5% 和 1% 的显著性水平；括号内为 t 检验值。

6.4 长江经济带上游实证结果与分析

将长江经济带划分为上游、中游和下游三个地区，分流域进行实证。上游以湖北省的宜昌市为界，中游从宜昌市到江西省九江市的湖口县为界，下游从湖口至上海。

Hausman 检验值为 18.69，P 值小于 0.01，因此，应选择固定效应模型，空间固定效应的 LR 检验值为 9.54，P 值为 1，表明不应该考虑空间固定效应，时间固定效应的 LR 检验值为 1 027.78，P 值小于 0.001，表明应该考虑时间固定效应，因此，应采用时间固定效应模型。

运用 LM 检验判断哪个模型较为适合，空间滞后模型的 LM 检验未通过 10% 水平的显著性检验，空间误差模型的 LM 检验和空间误差模型的稳健

LM检均通过了1%水平的显著性检验,表明应考虑空间误差模型。因此,时间固定效应的空间误差模型为最优模型。

表6-6　长江经济带上游空间误差模(SEM)型检验结果

模型	检验	统计量	P值
空间误差项	LM	0.002	0.967
	Robust-LM	27.472	0.000
空间滞后项	LM	91.192	0.000
	Robust-LM	118.662	0.000

从表6-7模型估计结果可知,空间误差模型残差项的空间自回归系数Spatial lambda(λ)在1%水平上通过了显著性检验,其系数为0.574 2,且具有正相关性。

说明城市建设用地扩张不仅受本地区土地市场、经济社会发展水平的影响,同时还受到邻近地区城市建设用地扩张的影响,二者之间存在显著的空间依赖性。在空间误差模型中,这种空间依赖作用是通过误差项来反映的,所以模型的估计结果也会因为减弱了相邻地区之间的误差冲击而变得更为可靠。

从空间误差模型的估计结果可以得出,土地供应规模对长江经济带上游地区城市建设用地扩张规模具有促进作用,土地供应规模的增加促进城市建设用地扩张。土地出让价格对城市建设用地扩张的弹性系数为负,且通过了5%水平的显著性检验,表明土地出让价格的提高在一定程度上抑制了城市建设用地扩张。土地市场化水平对城市建设用地扩张的弹性系数为正,但尚未通过10%的显著性水平,表明土地市场对城市建设用地扩张的影响不明显。

土地财政对城市建设用地扩张的弹性系数为正,且通过了10%水平的显著性检验,表明土地财政对长江经济带上游地区的城市建设用地扩张具有显著的驱动作用。长江经济带上游城市经济发展水平相对落后,经济社会发展对土地财政具有一定的依赖性,因此,土地财政的增加会促进城市建设用地扩张。这与已有研究结论土地财政成为推动城市空间扩张的影响因素相一致(刘颜,2019)。人口增长和经济发展水平的提高对城市建设用地扩张的弹性系数为正,弹性系数分别为 0.795 6 和 0.556 3,均通过了 1%水平的显著性检验,表明人口增长和经济发展是长江经济带上由城市建设用地扩张最重要的驱动因素,在所有驱动因素中占主导地位。

表 6 - 7 长江经济带上游空间误差模型估计结果

变量	回归系数	P 值
ln LSS	0.054 4	0.000 0
ln PLTP	−0.057 6	0.010 0
LML	0.000 2	0.531 0
LF	0.008 1	0.063 0
ln POP	0.795 6	0.000 0
ln PGDP	0.556 3	0.000 0
Spatial lambda(λ)	0.574 2	0.000 0
Sigma2_e	0.055 0	0.000 0
R^2	0.8115	——
Obs	522	——

6.5 长江经济带中游实证结果与分析

运用 LM 检验判断哪个模型较为适合,空间滞后模型的 LM 检验未通过了 10%水平的显著性检验,空间误差模型的 LM 检验也未通过了 10%水平的显著性检验,因此,OLS 为最优模型。

从表 6 - 8 OLS 模型估计结果可知,土地供应规模对城市建设用地扩张的弹性系数为正,且通过了 1%水平的显著性检验,表明土地供应规模的增加推动了长江经济带城市建设用地扩张。土地出让价格对城市建设用地扩张的弹性系数为负,且通过了 1%的水平的显著性检验,表明土地出让价格的提高对城市建设用地扩张起到一定的抑制作用。土地市场化水平对城市建设用地扩张的弹性系数为正,表明土地市场化水平的提高会对城市建设用地扩张起到促进作用。这与理论预期不符合,实际上随着土地市场化水平的提高,土地市场会对城市建设用地起到抑制作用。但目前土地市场化水平的抑制作用尚未显现。土地市场化水平主要通过"招拍挂"来表征,2006年国家实施中部崛起战略,加大对长江中游省份的政策、资金、资源投入,并进行大规模的基础设施建设和引导产业向中部省份转移,

　　土地供应中划拨和以协议方式出让的土地规模占了较大比重,导致"招拍挂"出让土地比例较小,位于中游经济较为发达的湖北和湖南两省,其土地市场化水平年平均水平仅分别为50.11和41.42%。有研究表明,土地市场对土地集约利用有促进作用,但在工业化初期阶段,以推动作用为主(杨红梅等,2011)。目前,长江经济带中游地区土地市场化水平较低,对城市建设用地扩张的抑制作用尚未显现。

　　控制变量土地财政、人口规模和经济增长三个因素均对城市建设用地扩张起到正向作用,且均通过了5%水平的显著性检验,表明经济社会发展和土地财政增加会促进城市建设用地扩张。从三个因素的弹性系数看,人口规模增长对城市建设用地扩张作用程度最高,影响最为显著。目前,长江经济带中游的湖北、湖南、江西等省份出台积极的人才吸引政策,人口进一步向长江中游城市群集聚。从而推动了城市建设用地扩张。

表6-8　长江经济带中游计量模型估计结果

变量	回归系数	P 值
$\ln LSS$	0.145 2	0.000 0
$\ln PLTP$	−0.195 4	0.001 0
LML	0.001 7	0.017 0
LF	0.011 5	0.008 0
$\ln POP$	0.777 2	0.000 0
$\ln PGDP$	0.123 5	0.021 0
_Cons	4.881 7	0.000 0
R^2	0.778 3	—
Obs	225	—

6.6 长江经济带下游实证结果与分析

Hausman 检验值为 11.78，P 值大于 0.1，因此，应选择随机效应模型。运用 LM 检验判断哪个模型较为适合，空间误差模型的 LM 检验未通过了 1% 水平的显著性检验，空间滞后模型的 LM 检验和稳健 LM 检均通过了 1% 水平的显著性检验，表明应考虑空间滞后模型。因此，随机效应的空间滞后模型为最优模型。

表 6 - 9　空间计量模型检验结果

模型	检验	统计量	P 值
空间误差项	LM	0.004	0.947
	Robust-LM	2.700	0.100
空间滞后项	LM	10.147	0.001
	Robust-LM	12.842	0.000

从表 6 - 10 空间滞后模型估计结果可知，结果显示城市建设用地扩张的空间滞后项系数估计值为负，且通过了 1% 水平的显著性检验，表明长江经济带下游各城市间的建设用地扩张存在显著的空间溢出效应，且影响为负，表明相邻城市的建设用地扩张会对本地城市的建设用地扩张产生负向的影响，即对本地城市建设用地扩张起阻碍作用。土地供应规模对城市建设用地扩张的弹性系数为正，且通过了 1% 的显著性水平检验，表明土地供应规模的增加会促进城市建设用地扩张。土地出让价格对城市建设用地扩张的弹性系数为负，且通过了 1% 水平的显著性检验，表明土地出让价格的提高对城市建设用地扩张起到一定的抑制作用。土地市场化水平对城市建设用地扩张的影响为正向作用，这与理论预期不一致，理论上，随着土地市场化水平的提高，将会对城市建设用地扩张产生抑制作用。这与长江经济带土地市场化水平较低相关。土地市场化水平较低阶段，难以发挥土地市场对城市建设用地扩张的抑

制作用,反而会起到推动作用。当土地市场发展到一定阶段后,会促进城市土地集约利用,从而抑制城市建设用地扩张;但当土地市场化水平提高到一定程度后,其对土地集约利用的促进作用逐渐减弱,同时对城市建设用地扩张的抑制效果也逐渐减弱(杨红梅 等,2011;吴郁玲 等,2014)。

表 6‐10　长江经济带下游空间滞后模型(SLM)估计结果

变量	回归系数	P 值
ln LSS	0.176 7	0.000 0
ln PLTP	−0.101 8	0.000 0
LML	0.001 4	0.071 0
LF	0.001 9	0.474 0
ln POP	0.691 6	0.000 0
ln PGDP	0.291 1	0.000 0
Rho	−0.114 8	0.001 0
Sigma2_e	0.051 6	0.000 0
R^2	0.870 2	—
Log-likelihood	24.71	—
Obs	396	—

　　从表 6‐11 可知,土地供应规模对城市建设用地扩张的直接效应为正,且通过 1% 的显著性水平检验。具体而言,土地供应规模每增加 1%,能够显著推动当地城市建设用地规模扩张 0.178 2%。土地供应规模对相邻城市建设用地扩张的溢出效应的弹性系数为 −0.018 8,且通过了 5% 水平的显著性检验,表明提高土地供应规模中存量用地的比例,有利于抑制相邻城市建设用地规模扩张。长江经济带下游城市中,土地供应规模中存量用地的供应比例不断提高,如上海市土地供应由增量用地供应为主向存量用地供应为主转变,其他发展相对成熟的苏州、无锡、常州、南京和杭州等市,土地供应中存量用地供应比例不断提高,长江经济带下游各城市土地供应规模中存量用地比例的提高有利于抑制城市建设用地扩张。土地出让价格对城市建设用地扩张的直接效应为负,且通过了 1% 水平的显著性检验,表明土地出让价格每提高 1%,将

会使得长江经济带下游城市建设用地规模减小 0.102 8%。长江经济带下游地区土地出让价格较高,土地出让价格的提高对城市建设用地扩张起到一定的抑制作用。土地出让价格对相邻城市建设用地扩张空间溢出效应的弹性系数为正,且通过了 5% 水平的显著性检验,表明土地出让价格的提高对城市建设用地扩张并没有起到抑制作用,反而起到推动作用。具体而言,当地城市土地出让价格每提高 1%,将促进相邻城市城市建设用地规模增加 0.011 0%。可能原因是长江经济带下游城市间土地出让价格差异比较大,出让价格较高的城市会传导到相邻的城市,促进相邻城市提高土地出让价格,并可能在一定程度上激励地方政府出让更多的土地以获取土地财政,从而推动了城市建设用地扩张。土地市场化水平直接效应为正,且通过 5% 水平的显著性检验,表明当地城市土地市场化水平的提高会对当地城市建设用地扩张产生正向影响。土地出让市场化水平对相邻城市城市建设用地扩张空间溢出效应的弹性系数为负,且通过了 10% 水平的检验,其弹性系数仅为的绝对值仅为0.000 2,表明当地土地市场化水平的提高将会对相邻城市的建设用地扩张产生一定的抑制作用,但其抑制效果较弱。控制变量中,土地财政对城市建设用地扩张的直接效应为正,但未通过 10% 水平的显著性检验,表明土地财政对城市建设用地扩张的影响并不显著。间接效应为负,且未通过 10% 水平的显著性检验,表明当地城市土地财政的降低对相邻城市的建设用地扩张产生抑制作用,不过其效果并不明显。人口规模的直接效应为正,且通过 1% 水平的显著性检验,表明人口增长将会促进城市建设用地扩张。人口规模的间接效应为负,且通过 1% 水平的显著性检验,表明当地城市人口每增加 1%,将会抑制相邻城市建设用地规模少增加 0.072 9%。人口规模对相邻城市的溢出效应可以通过人口流动来实现,当当地城市的人口规模较大时,从而带来了住房紧缺、交通拥堵、环境质量下降等问题(李建 等,2007)。为了更好的生活,人们可能会选择相邻的城市,进而对相邻城市建设用地扩张产生影响。人均 GDP 的直接效应为正,表明人均 GDP 每提高 1%,将会促进城市建设用地扩张 0.292 9%。人均 GDP 对城市建设用地扩张空间溢出效应的弹性系数为负,且通过了 5% 水平的显著性检验,但其弹性系数的绝对值较小,表明当地城市人均 GDP 每提高 1%，将会抑制相邻城市建设用地规模少增加 0.031 1%，但其抑制效果较弱。经济发展水平的提高会促进建设用地的集约利用（邵洪琪　等，2022），从而在一定程度上抑制城市建设用地扩张。

表 6-11　长江经济带下游空间滞后模型直接和间接效应

变量	直接效应	间接效应	总体效应
$\ln LSS$	0.178 2***	−0.018 8**	0.159 3***
	(0.028 0)	(0.006 3)	(0.025 2)
$\ln PLTP$	−0.102 8***	0.011 0**	−0.091 8***
	(0.023 9)	(0.004 4)	(0.020 9)
LML	0.001 5**	−0.000 2*	0.001 4**
	(0.000 8)	(0.0001)	(0.000 7)
LF	0.001 8	−0.000 2	0.001 6
	(0.002 6)	(0.000 3)	(0.002 3)
$\ln POP$	0.693 5***	−0.072 9***	0.620 6***
	(0.028 2)	(0.020 6)	(0.033 6)
$\ln PGDP$	0.292 9***	−0.031 1**	0.261 8***
	(0.027 0)	(0.010 1)	(0.022 6)

6.7　长江经济带土地市场对城市建设用地扩张影响的探测分析

6.7.1　单因子探测

根据前文研究成果，选取土地市场的关键变量土地供应规模、土地出让价格、土地市场化水平和控制变量土地财政、人口规模、人均 GDP 作为影响长江经济带城市建设用地扩张空间分异的探测变量。首先，在对各项指标进行分析的基础上，参考关于对影响因素进行离散化的相关研究（Wang et al.，

2010;Cao et al.,2013;王劲峰 等,2017),对上述自变量进行离散化。采用分位数法离散化为 9 类,并将其赋予 1、2、3、4、5、6、7、8、9 数字分别作为层次间的标识。基于 ArcGIS 10.6 统计各指标数据,将其导入地理探测器软件,运行得到各探测模型的结果,并提取 factor detector 和 interacion detector 两个模块的数据,即分别为城市建设用地扩张影响因子的单独解释力(表 6 - 12)和交互作用力(表 6 - 13 至 6 - 15)。

表 6 - 12 2006—2014 年长江经济带土地市场因子对城市建设用地扩张的单一探测结果

年份	土地出让规模	土地出让价格	土地市场化水平	土地财政	人口规模	人均 GDP
2006 年	0.706 6	0.172 2	0.164 5	0.311 9	0.499 2	0.407 8
2007 年	0.622 1	0.108 9	0.215 8	0.292 6	0.507 0	0.415 8
2008 年	0.784 3	0.530 1	0.128 5	0.428 1	0.812 0	0.337 3
2009 年	0.859 8	0.532 1	0.290 7	0.437 4	0.788 7	0.402 3
2010 年	0.848 2	0.357 7	0.305 8	0.438 4	0.805 2	0.388 8
2011 年	0.858 4	0.535 8	0.312 4	0.345 3	0.822 4	0.376 6
2012 年	0.791 8	0.558 9	0.235 8	0.418 6	0.831 0	0.424 8
2013 年	0.820 9	0.654 1	0.337 8	0.324 2	0.829 1	0.434 6
2014 年	0.766 3	0.450 5	0.278 8	0.351 8	0.844 3	0.428 8
平均值	0.882 3	0.487 5	0.283 8	0.418 5	0.842 4	0.452 1

注:$p < 0.001$,表示在 1% 的显著性水平。

从表 6 - 12 可以看出,根据地理探测结果,土地市场的关键变量和控制变量均对长江经济带城市建设扩张有显著的驱动作用(p 值均小于 0.01),但不同因素对城市建设用地扩张的驱动作用也有所不同。根据各影响因素对长江经济带城市建设用地扩张作用力的强弱,从表 6 - 12 中可知,2006—2014 年,土地市场关键变量和其他影响因素对城市建设用地扩张影响力的单因子探测平均值由强到弱分别为土地出让规模(0.882 3)>人口规模(0.842 4)>土地出让价格(0.487 5)>人均 GDP(0.452 1)>土地财政(0.418 5)>土地市场化水平(0.283 8)。

　　土地供应规模对城市建设用地扩张的影响力最大,城市建设用地供应总量和供应结构对城市建设用地扩张规模和扩张模式产生重要影响。2006—2014年,长江经济带11个省市土地供应中,除上海市土地供应由增量用地向存量用地供应外,其余10个省市土地供应以增量土地供应为主,增量土地供应促进了城市建设用地扩张。根据前文研究结果可知,2000—2015年长江经济带城市建设用地处于快速扩张阶段,这与土地供应以增量用地供应为主密切相关。人口规模的增加对长江经济带城市建设用地扩张的影响具有推动作用,2006—2014年,长江经济带城镇化和工业化处于快速发展阶段,2014年长江经济带城镇化率达到54.48%。长江经济带的城镇化水平不断提高,至2020年其城镇化率为63.22%。大量农村人口不断涌向城市,使得城市人口规模不断增加,因此,对城市建设用地的需求也在不断增长,进而推动城市建设用地扩张。土地出让价格和土地财政对长江经济带城市建设用地扩张具有重要影响,随着土地出让价格的提高和土地财政收入的增加,城市建设用地规模可能进一步扩张。土地出让价格是政府财政收入的主要来源,地方政府可能为了增加土地财政收入,必然会提高土地出让价格,随着土地出让地块的增多和出让价格的提高,城市建设用地将持续扩张。城市建设用地作为经济建设的核心载体,经济发展水平的提高必然导致经济规模的持续扩大和促进产业结构的调整,进而增加对城市建设用地的需求,促进城市建设用地扩张。土地市场化水平对长江经济带城市建设用地扩张的影响力最小。2000来以来,我国加大土地市场的建设和改革,土地市场化水平得到了提升。根据前文研究成果可知,总体上,长江经济带的土地市场化水平差异较大,且土地市场化水平相对较低,2001—2017年长江经济带土地市场化均值仅为41.25%,最高值出现在2015年,为69.03%。长江经济带土地市场化水平对城市建设用地扩张具有一定的影响力。

　　从各解释指标的时间变化看,土地市场关键变量中,2006—2014年,土地出让规模的 q 值在[0.6221,0.8598],土地出让规模 q 值影响力最大的年份是2009年,影响力最小的年份为2007年。土地出让规模对长江经济带城市建设用地扩张的影响力总体呈现波动上升再下降的趋势,其 q 值由2006年的

0.706 6 提高到 2009 年的 8.859 8,随后波动下降,由 2011 年的 0.858 4 下降至 2014 年的 0.766 3。这与我国经济发展和土地供应情况密切相关,2003 年到 2007 年,我国经济处于过热阶段,国家进行严格的土地调控,严格控制土地供应规模,因此,这一时期内,土地供应规模对城市建设用地扩张的作用力相对较小。2008 年受国际金融危机影响,经济发展受挫,土地供应规模比上一年下降了 37 281 hm²。为了促进经济发展,国家于 2008 年底推出"4 万亿"刺激计划,2009 年实施"双保"政策,即保发展保耕地红线,放松了对土地供应的管控,土地供应规模迅速增加至 2011 年的 243 676 hm²,较上一年增加了56 870 hm²。2012 年以后,我国经济发展进入新常态,经济增速放缓,由增长速度向增长质量转变,经济增长对土地供应的需求有所减少。因此,2012—2014 年,土地出让规模对长江经济带城市建设用地扩张的影响力较前期出现下降的趋势。2006—2014 年,土地出让价格的 q 值在 [0.108 9,0.654 1],土地出让价格 q 值影响力最大的年份是 2013 年,影响力最小的年份为 2007 年。土地出让价格对长江经济带城市扩张的影响力总体呈增加的趋势。随着土地市场的不断完善和发展,土地出让由原来的划拨和协议出让向以招标、拍卖和挂牌出让为主,土地有偿出让价款不断提高,其对城市建设用地扩张的影响力也不断增强。2006—2014 年,土地市场化水平的 q 值在 [0.128 5,0.438 4],土地市场化水平 q 值影响力最大的年份是 2010 年,影响力最小的年份为2008 年。总体上,长江经济带土地市场化水平相对较低,2006—2014 年,长江经济带土地市场化水平为 48.93%,不到 50.00%。因此,土地市场化水平对长江经济带城市建设用地扩张的影响力较小。

控制变量中,人口规模增长对长江经济带城市建设用地扩张的影响力最大。长江经济带作为我国人口密度最高的地区之一,2020 年其人口规模占全国人口总量的 43%。随着长江经济带发展上升为国家战略,将会加大对长江经济带的投资和促进产业转型和发展,将吸引人口进一步向长江经济带聚集,进而推动城市建设用地扩张。经济发展是城市建设用地扩张的重要驱动力(谈明洪 等,2003),国家将加大对长江经济带政策、资金、资源等方面的投入,促进长江经济带经济进一步发展,经济发展将增加对城市建设用地的需求,进而推动城市建设用地扩张。土地财政是地方政府严重依赖于预算外的土地出让金以及土地相关税费的财政现象（Liu et al.，2018）。地方政府在土地一级市场上具有垄断地位，能够以低廉的价格征用农村土地，然后以更高价格将土地转换为城市建设用地，从而为城市扩张提供需要的土地，逐渐形成"以地生财、以财养地"的城市扩张模式（周建军 等，2018）。1994 年分税制改革以来，地方政策面临巨大的财政压力，因此，通过土地融资便成为地方政府获取收入的重要机制，地方政府日益依赖"卖地"获取土地出让金和税收收入，以缓解财政压力（孙秀林 等，2013）。地方政府主导的土地财政行为对城市空间扩张具有驱动作用（刘颜，2019）。

6.7.2　因子交互探测

在对上述因素进行单因子探测的基础上进影响行因子间的交互作用探测，以分析影响因子之间的交互作用效力。如表 6 - 13 所示，上述因子经过两两交互作用，较之前任何单一影响因子的解释力，均得到了较为明显的增强作用。从 2006 年交互因子作用效力看，$X_1 \cap X_5$ 交互对长江经济带城市建设用地扩张的影响作用最强，q 值为 0.880 0。这说明土地出让规模和人口规模的增加对长江经济带城市建设用地扩张具有重要的推动作用。值得注意的是，土地供应规模和土地市场化水平间的交互作用，土地市场化水平单独解释力作用低，仅为 0.164 5，但与土地供应规模结合后，两者间的交互作用变得较高，q 值为 0.858 0，表明双因子驱动较单因子对城市建设用地扩张起到重要推动作用。此外，q 值大于 0.800 0 的交互作用还有 $X_1 \cap X_2$、$X_1 \cap X_5$、$X_1 \cap X_6$，表明双因子交互作用对城市建设用地扩张的推动作用强于单因子。其中，在 q 值大于 0.800 0 的双因子交互中 X_1 交互最为频繁同时，与 X_1 交互的各因子大多数交互类型为非线性增强，其促进作用更显著，进一步体现了土地供应规模对城市建设用地扩张具有重要的推动作用。

表 6-13   2006 年长江经济带土地市场关键因子对城市建设用地扩张的交互探测结果

变量	土地出让规模(X_1)	土地出让地价(X_2)	市场化水平(X_3)	土地财政(X_4)	人口规模(X_5)	人均GDP(X_6)
土地出让规模(X_1)	0.706 6					
土地出让地价(X_2)	0.808 1	0.172 2				
市场化水平(X_3)	0.858 0	0.611 4	0.164 5			
土地财政(X_4)	0.797 1	0.602 1	0.642 9	0.311 9		
人口规模(X_5)	0.880 0	0.688 9	0.691 9	0.810 3	0.499 2	
人均 GDP(X_6)	0.848 1	0.590 5	0.689 2	0.710 0	0.879 5	0.407 8

注：$p < 0.001$，表示在 1% 的显著性水平。

从 2010 年交互因子作用效力看，双因子交互作用对长江经济带城市建设用地扩张的影响效力强于上一时期，q 值明显较上一时期提高。$X_1 \cap X_4$ 交互对长江经济带城市建设用地扩张的影响作用最强，q 值为 0.949 9。这说明土地出让规模和土地财政的增加对长江经济带城市建设用地扩张具有重要的推动作用，地方政府为获得更多的土地财政，有进一步增加土地供应规模的动力，从而促进城市建设用地扩张。土地供应规模和土地市场化水平间的交互作用对城市建设用地扩张的驱动作用与上一时期相似，即土地市场化水平单独解释力作用低，仅为 0.305 8，但与土地供应规模结合后，两者间的交互作用变得较高，q 值为 0.927 5，表明双因子驱动较单因子对城市建设用地扩张起到重要推动作用。此外，q 值大于 0.900 0 的交互作用还有 $X_1 \cap X_2$、$X_1 \cap X_5$、$X_1 \cap X_6$、$X_2 \cap X_5$、$X_2 \cap X_6$，表明双因子交互作用对城市建设用地扩张的推动作用强于单因子。其中，在 q 值大于 0.9000 的双因子交互中 X_1 交互最为频繁。同时，与 X_1 交互的各因子大多数交互类型为非线性增强，其促进作用更显著。与上一时期相同，土地供应规模在长江经济带城市建设用地扩张中起主导作用。

表 6 - 14　2010 年长江经济带土地市场关键因子对城市建设用地扩张的交互探测结果

变量	土地出让规模(X_1)	土地出让地价(X_2)	市场化水平(X_3)	土地财政(X_4)	人口规模(X_5)	人均 GDP(X_6)
土地出让规模(X_1)	0.848 2					
土地出让地价(X_2)	0.911 6	0.357 7				
市场化水平(X_3)	0.927 5	0.893 6	0.305 8			
土地财政(X_4)	0.949 9	0.694 6	0.843 2	0.438 4		
人口规模(X_5)	0.936 5	0.908 0	0.915 0	0.905 1	0.805 2	
人均 GDP(X_6)	0.935 1	0.770 7	0.890 7	0.730 5	0.950 5	0.388 8

注:$p < 0.001$,表示在 1% 的显著性水平。

　　从 2014 年交互因子作用效力看,$X_1 \cap X_6$ 交互对长江经济带城市建设用地扩张的影响作用最强,q 值为 0.937 6。这说明土地出让规模和人均 GDP 对长江经济带城市建设用地扩张具有重要的推动作用。土地供应规模和土地市场化水平间的交互作用对城市建设用地扩张的驱动作用与上一时期相似,即土地市场化水平单独解释力作用低,仅为 0.278 8,但与土地供应规模结合后,两者间的交互作用变得较高,q 值为 0.886 7,表明双因子驱动较单因子对城市建设用地扩张起到重要推动作用。此外,q 值大于 0.900 0 的交互作用还有 $X_1 \cap X_2$、$X_1 \cap X_5$、$X_1 \cap X_6$、$X_2 \cap X_5$、$X_3 \cap X_5$、$X_4 \cap X_5$、$X_5 \cap X_6$ 表明双因子交互作用对城市建设用地扩张的推动作用强于单因子。其中,在 q 值大于 0.900 0 的双因子交互中 X_5 交互最为频繁。同时,与 X_5 交互的各因子大多数交互类型为非线性增强,其促进作用更显著。这一时期,经济社会发展成为推动城市长江经济带城市建设用地扩张的主导驱动因素。随着人口规模的增加和经济的发展,对城市用地需求的增加,从而进一步推动城市建设用地的扩张。

　　这一时期,土地出让价格也是影响城市建设用地扩张的重要驱动因素。

表 6－15　2014 年长江经济带土地市场关键因子对城市建设用地扩张的交互探测结果

变量	土地出让规模(X_1)	土地出让地价(X_2)	市场化水平(X_3)	土地财政(X_4)	人口规模(X_5)	人均GDP(X_6)
土地出让规模(X_1)	0.766 3					
土地出让地价(X_2)	0.912 8	0.450 5				
市场化水平(X_3)	0.886 7	0.748 2	0.278 8			
土地财政(X_4)	0.881 7	0.654 8	0.831 8	0.351 8		
人口规模(X_5)	0.918 9	0.913 2	0.924 6	0.906 5	0.844 3	
人均GDP(X_6)	0.937 6	0.840 2	0.857 7	0.839 8	0.955 6	0.428 8

注：$p < 0.001$，表示在 1‰ 的显著性水平。

第七章 ／ 典型城市土地市场对城市建设用地扩张的影响实证——城市与县域尺度

7.1 城市尺度土地市场发展对城市建设用地扩张的影响实证

7.1.1 研究方法

书中主要考察土地市场发展对城市建设用地扩张的影响，运用面板数据构建了计量经济模型，分析土地市场发展对城市建设用地扩张的具体影响及其区域差异，基本模型如下：

$$y_{it}=c+\delta LM_{it}+\beta X_{it}+\varepsilon_{it} \qquad\qquad (7-1)$$

式(7-1)为反映土地市场发展对城市建设用地扩张影响的基本模型。其中，y_{it} 为第 i 区第 t 年城市建设用地面积；LM_{it} 为反映土地市场发展的一组变量；X_{it} 为除 LM_{it} 以外的影响建设用地扩张的其他因素；c 为常数项；δ 和 β 分别为变量 LM_{it} 和 X_{it} 的估计系数；ε_{it} 为残差项。

为进一步细化模型，将人口、经济、土地财政及土地市场发展相关变量纳入模型，细化后用于估计土地市场发展对城市建设用地扩张影响的模型具体如下：

$$\ln y_{it} = c + \beta_1 \ln POP_{it} + \beta_2 \ln PGDP_{it} + \beta_3 LF_{it} + \beta_4 \ln LSS_{it} \beta_5 \ln PLTP_{it} + \beta_6 LML_{it} + \varepsilon_{it}$$

$$(7-2)$$

式中，$\ln y_{it}$ 为因变量的对数化处理，$\beta_1 \sim \beta_6$ 分别为 $\ln POP_{it}$、$\ln PGDP_{it}$、LF_{it}、$\ln LSS_{it}$、$\ln PLTP_{it}$ 和 LML_{it} 的系数，其余参数同式(7-1)。

7.1.2 变量选取与描述统计

根据前文研究，将城市建设用地面积作为被解释变量，考虑以下变量为解释变量：

(1) 因变量为城市建设用地面积(y)。上海市、武汉市和重庆市所辖区县的城市建设用地面积来源于 2009—2013 年土地利用变更调查数据。

(2) 土地市场核心变量。选取土地出让规模(LSS)、土地出让均价(PLTP)、土地市场化水平(LLM)作为土地市场发展的重要测度指标。土地出让规模、出让均价及土地市场化水平的测算方法与前文保持一致。相关数据来源于土地市场网(www.landchina.com)公布的上海市、武汉市和重庆市2009—2013 年土地出让数据。

(3) 人口增长。选取城市人口规模(POP)表征人口增长对城市建设用地扩张的影响变量，数据来源于《上海统计年鉴(2010—2014 年)》《武汉统计年鉴(2010—2014 年)》和《重庆统计年鉴(2010—2014 年)》。

(4) 经济发展。经济发展是城市建设用地扩张的重要驱动力。选取人均GDP(PGDP)作为经济发展水平的测度指标。经济数据来源于《上海统计年鉴(2010—2014 年)》、上海市所辖各区县 2009—2013 年的国民经济和社会发展统计公报、《武汉统计年鉴(2010—2014 年)》和《重庆统计年鉴(2010—2014 年)》。

(5) 土地财政。选取土地出让金占 GDP 比重(LF)作为土地财政的测度指标。土地出让金数据来源于土地市场网(www.landchina.com)；经济数据来源于《上海统计年鉴(2010—2014 年)》、上海市所辖各区 2009—2013 年的国民经济和社会发展统计公报、《武汉统计年鉴(2010—2014 年)》和《重庆统计年鉴(2010—2014 年)》。

由于上海市和重庆市进行了行政区划调整,需要对涉及调整的行政区数据进行归并和处理。2011 年,撤销上海市黄浦区和卢湾区,设立新的黄浦区,以原黄浦区和卢湾区的行政区域为新设黄浦区的行政区域。同年,重庆市撤销万盛区和綦江县,设立綦江区;撤销双桥区和大足县,设立大足区。因此,上海市和重庆市以调整后的行政区划为参考,将 2009 年和 2010 年的经济社会数据、土地利用数据和土地市场数据按新的行政区划进行归并处理。

为了消除异方差,使数据更加平稳,对城市建设用地面积、城市人口、人均 GDP、土地供应规模和土地出让均价变量分别取对数,经变换后的变量为 $\ln y$、$\ln POP$、$\ln PGDP$、$\ln LSS$ 和 $\ln PLTP$。各变量定义及描述统计详见表 7-1 至 7-3。

表 7-1　上海市变量描述统计分析

指标/单位	变量	样本	最小值	最大值	平均值	标准差
城市建设用地面积(hm²)	$\ln y$	85	6.63	10.82	8.82	1.01
城市人口(万人)	$\ln POP$	85	3.39	5.65	4.3	0.46
人均 GDP(元/人)	$\ln PGDP$	85	10.12	12.44	11.57	0.48
土地财政(%)	LF	85	0.00	35.63	6.48	6.30
供地规模(hm²)	$\ln LSS$	85	−2.21	6.53	3.93	2.06
土地出让均价(元/m²)	$\ln PLTP$	85	0.00	10.83	7.61	2.86
土地市场化水平(%)	LML	85	0.00	100	79.06	32.40

表 7-2　武汉市变量描述统计分析

指标/单位	变量	样本	最小值	最大值	平均值	标准差
城市建设用地面积(hm²)	$\ln y$	65	7.47	9.74	8.56	0.61
城市人口(万人)	$\ln POP$	65	2.37	4.76	4.00	0.62
人均 GDP(元/人)	$\ln PGDP$	65	9.86	12.10	11.05	0.52
土地财政(%)	LF	65	0.62	36.04	8.89	6.87
供地规模(hm²)	$\ln LSS$	65	2.72	7.87	5.42	1.20
土地出让均价(元/m²)	$\ln PLTP$	65	5.70	9.91	7.51	1.19
市场化水平(%)	LML	65	28.57	100.00	83.34	18.60

表 7 - 3　重庆市变量描述统计分析

指标/单位	变量	样本	最小值	最大值	平均值	标准差
城市建设用地面积(hm²)	ln y	190	5.97	9.92	8.09	0.77
城市人口(万人)	ln POP	190	3.14	5.17	4.38	0.44
人均 GDP(元/人)	ln PGDP	190	8.86	11.73	10.18	0.59
土地财政(%)	LF	190	0.00	40.15	8.05	7.45
供地规模(hm²)	ln LSS	190	1.72	8.11	5.36	1.09
土地出让均价(元/m²)	ln PLTP	190	0.00	9.12	6.86	1.01
市场化水平(%)	LML	190	0.00	100.00	85.95	23.46

从表中可知,因变量 y 在上海市、武汉市和重庆市存在显著差异。三个城市自变量的样本数据均呈现一定程度的非均匀分布,$\ln POP$、$\ln PGDP$、$\ln LSS$、$\ln PLTP$、LML 和 LF 的样本数据非均匀分布程度较低,标准差均小于平均值。

7.1.3　模型估计结果

利用 Stata14.0 软件,基于 2009—2013 年上海市、武汉市和重庆市的面板数据,分别采用固定效应、随机效应和混合 OLS 模型加以估计。模型检验结果表明,上海市和武汉市混合 OLS 模型优于固定效应和随机效应模型,故采用混合 OLS 模型估计结果。而重庆市经 F 检验,固定效应和随机效应模型均优于 OLS 模型;对固定效应和随机效应模型进一步进行 Hausman 检验,结果表明随机效应($P=0.5958>0.05$)优于固定效应模型,因此,重庆市最终采用随机效应模型。上海、武汉和重庆三市的模型估计结果详见表 7 - 4。总体来看,模型 F 检验或卡方检验较为显著,模型 R^2 介于 0.67～0.87,模型整体通过显著性检验,模型拟合较好,可用于解释。

从表 7 - 4 中可以看出,模型 1、模型 2 和模型 3 中土地市场对城市建设用地扩张的影响呈现明显的区域差异。土地供应规模与城市建设用地规模间呈正相关,符合理论预期,但仅在上海市统计显著,而在武汉市和重庆市统计不显著。上海市和武汉市的土地出让价格与城市建设用地规模间的关系呈负相关，符合理论预期，且分别在 10% 和 1% 的水平上显著；而在重庆市二者间的关系则呈正相关，并不符合之前的理论预期，但检验并不显著。土地市场化水平与城市建设用地面积间的关系在武汉市和重庆市呈负相关，符合理论预期；而在上海市则呈正相关，但检验并不显著。控制变量中的土地财政与因变量城市建设用地面积间的关系在上海市呈负相关，而在武汉市和重庆市则呈正相关，且统计显著。从回归系数和显著性看，控制变量中的城市人口和人均 GDP 的系数均为正，且统计显著，是推动城市建设用地扩张的驱动力因子。

表 7-4 研究区普通面板模型估计结果

变量	模型 1（上海）	模型 2（武汉）	模型 3（重庆）
cons	−4.693 9*** (−4.18)	−2.562 9 (−1.39)	0.905 5 (1.32)
$\ln POP$	0.647 3*** (6.36)	0.674 3*** (5.15)	0.968 1*** (6.17)
$\ln PGDP$	0.407 0*** (4.57)	0.422 8** (2.46)	0.285 8*** (12.68)
LF	−0.019 2** (−2.25)	0.033 4*** (3.2)	0.002 1* (1.87)
$\ln LSS$	0.404 9*** (12.03)	0.112 2 (1.56)	0.000 2 (0.03)
$\ln PLTP$	−0.046 5* (−1.80)	−0.225 4*** (−2.66)	0.013 2 (1.44)
LML	0.003 8 (1.37)	−0.000 8 (−0.26)	−0.000 9** (−1.92)
N	85	65	190
R^2	0.87	0.67	0.69
调整 R^2	0.86	0.64	—
F 检验/卡方检验	$F=84.48$	$F=19.93$	Wald chi2=328.73
Hausman 检验			Prob>chi2=0.595 8

注：*、**、*** 分别表示 10%、5% 和 1% 的显著性水平；括号内数值为各回归系数的 t 值。

7.2 城市尺度土地市场对城市建设用地扩张的影响分析

7.2.1 土地供应规模与价格对城市建设用地扩张的影响

7.2.1.1 上海市模型估计结果分析

模型 1 反映了上海市土地市场对城市建设用地扩张的影响情况。从反映土地市场发展的各个变量的系数估计结果来看,土地供应规模与城市建设用地扩张规模间呈正相关,且在 1% 水平上显著,表明土地供应规模的增长对城市建设用地扩张起到推动作用。目前,虽然上海市土地供应已进入存量用地供应为主阶段,但城市内部的存量用地仍无法满足城市发展需求,增量土地供应推动了城市用地进一步扩张。土地出让价格的回归系数为负,表明土地出让价格的提高对城市建设用地扩张起到一定的减缓作用,即随着土地出让价格的提高,城市建设用地规模增加速度不断减缓。在其他因素不变的情况下,土地出让价格每提高 1 万元,可以有效抑制 0.046 hm² 的土地转为城市建设用地。

7.2.1.2 武汉市模型估计结果分析

模型 2 反映了武汉市土地市场对城市建设用地扩张的影响情况。土地供应规模与城市建设用地规模间呈正相关,虽然土地供应规模的回归系数在 10% 的统计水平上并不显著,但仍呈现出土地供应规模的增长对城市建设用地扩张起到推动作用的趋势。土地出让价格与城市建设用地规模间呈负相关,且其回归系数在 1% 的统计水平上显著,表明随着土地出让价格的提高,城市建设用地规模的增长速度将逐渐放缓,土地出让价格对城市建设用地扩张起到明显的减缓作用。在其他因素不变的情况下,土地出让价格每增加 1 万元,可以减少约 0.23 hm² 的城市建设用地规模增长。

7.2.1.3　重庆市模型估计结果分析

模型3反映了重庆市土地市场对城市建设用地扩张的影响情况。土地供应规模与城市建设用地规模间表现出正相关关系,虽然其回归系数在10%的统计水平上并不显著,但仍呈现出土地供应规模的增长对城市建设用地扩张起到推动作用的趋势。土地出让价格的回归系数为正,说明土地出让价格的提高并没有起到抑制城市建设用地扩张的作用,反而在一定程度上促进城市建设用地的扩张。这表面上与供求规律相违背,但却与我国现阶段的土地管理现状相符合(刘力豪,2016)。中国的快速工业化主要依赖于低成本的土地供应,土地在很多时候被当作吸引投资的重要因素,以此希望带动地方经济发展(Lin et al.,2011;Liu et al.,2014b)。同时,当前重庆市土地出让价格尤其是工业用地价格处于较低水平,土地出让价格的提高尚未起到抑制城市扩张的作用,还可能刺激地方政府增加土地供应,以此来获取更多的土地财政。

7.2.2　土地市场化水平对城市建设用地扩张的影响

7.2.2.1　上海市模型估计结果分析

理论上土地市场化水平的提高有利于促进市场对资源的配置效率,从而提高土地利用效率和集约利用水平,在一定程度上减缓城市建设用地扩张。有研究表明,东部地区城市土地市场化水平的提高可以减少城市建设用地面积的扩张(高燕语 等,2016)。也有研究表明土地市场化程度的提高有利于促进土地集约利用,但当市场化水平提高到一定程度后,其对土地集约利用的驱动作用逐渐减弱(杨红梅 等,2011;吴郁玲 等,2014)。从表7-4可知,上海市土地市场化水平的回归系数为正,表明土地市场化水平对城市建设用地扩张抑制的作用不显著。可能原因是,一方面,上海市土地供应中以存量土地供应为主,增量土地所占比重较小。2010年以来,城市建设用地扩张规模较小且逐渐趋于稳定,当城市建设用地以存量供应为主,城市建设用地扩张规模处于缓慢扩展阶段时,土地市场化水平可能对城市扩张的影响可能会不断降低。

另一方面,上海市土地市场发育较早,目前上海市土地市场化程度处于较高水平,当土地市场发育进入完善和成熟阶段后,土地市场化水平对城市建设用地扩张的抑制作用可能逐渐减弱。因此,上海市土地市场化水平对城市建设用地扩张的抑制作用并未呈现出理论预期中的作用。

7.2.2.2 武汉市模型估计结果分析

从表 7-4 可知,武汉市土地市场化水平的回归系数为负,符合理论预期,即随着土地市场化水平的提高,城市建设用地扩张速度将会放缓,对城市建设用地扩张起到一定的减缓作用。从模型估计结果看,土地市场化变量未通过 10% 水平的显著性检验,这种影响在统计意义上并不显著,说明武汉市土地市场化水平对城市建设用地扩张的抑制作用并不明显,但从回归系数符号看,仍呈现出土地市场化水平的提高对建设用地扩张起到抑制作用的趋势。武汉市虽然于 20 世纪 90 年代初进行土地市场化改革,实施土地有偿使用制度,但武汉市早期土地供应以划拨和租赁为主,有偿出让土地尤其是以"招拍挂"方式出让的土地所占比重较低,2000 年以来,以"招拍挂"方式出让的土地不断增加,其出让宗数占土地出让宗数的比重由 2000 年的 0.14% 快速增加至 2007 年的 38.62%。随后呈迅速增加态势,至 2013 年增加至 92.87%。在土地出让方式中,虽然"招拍挂"逐渐成为主要供地方式,且其供地宗数占比得到显著提高。但从土地出让规模看,划拨和租赁仍占一定比重。武汉市土地市场化水平处于不断发展中,但仍需进一步提高。随着土地市场化水平的不断提高,土地市场对土地资源的配置效率不断提高,土地市场对城市建设用地扩张的抑制作用将不断显化。

7.2.2.3 重庆市模型估计结果分析

从表 7-4 模型估计结果可知,重庆市土地市场化水平与城市建设用地扩张间呈负相关,与之前的理论预期相符,即随着土地市场化水平的提高,城市建设用地规模的增加将逐渐放缓,土地市场化水平的提高对城市建设用地扩张起到抑制作用。在其他因素不变的情况下,土地市场化水平每提高 1%,将会抑制 0.000 9 hm^2 的土地转为城市建设用地。虽然重庆市土地市场化水平的提高对城市建设用地扩张起到一定的抑制作用,但从回归系数看,土地市场化水平的提高对城市建设用地扩张所起到的抑制作用较小。重庆市土地市场发展较晚,现阶段土地市场发育程度相对较低,土地市场化水平的提高对城市建设用地扩张的抑制作用并不十分显著。随着土地市场化水平的提高,市场对资源的配置作用和配置效率将不断提高,会促进土地资源的优化配置和利用效率的提升,土地市场化对城市建设用地扩张的抑制效果将不断加强。

7.2.3 其他因素对城市建设用地扩张的影响

从土地市场发展因素以外的控制变量的回归系数看,上海、武汉和重庆三市的人口增长和经济发展都会在不同程度上促进城市建设用地扩张。从城市人口变量的回归系数看,在其他变量不变的情况下,城市人口每增加 1 万人,上海、武汉和重庆三市将会分别推动 0.65 hm^2、0.67 hm^2 和 0.97 hm^2 的城市建设用地扩张。从城市人口增长弹性系数看,城市人口增长对城市建设用地扩张的推动作用表现出重庆市>武汉市>上海市,呈现由东向西逐渐增加的趋势。目前,重庆市处于快速城镇化发展阶段,重庆市积极推进户籍制度改革并推动大量非农人口向城市地区集聚,非农人口的空间集聚导致城市地区在居住、产业、公共服务等建设方面对城市用地空间的需求,进而推动城市建设用地快速扩张。而上海和武汉两市城镇化水平高于重庆市,进入城镇化发展的第三阶段,城市人口增长相对较重庆市缓慢,城市人口增长对城市建设用地的推动作用相对较小。人均 GDP 的回归系数为正,表明经济发展对城市建设用地扩张起到推动作用。近年来,虽然我国经济发展进入新常态,但上海、武汉和重庆三市经济增速仍处于较高水平,经济发展对城市建设用地的需求仍然强劲,对城市空间扩张依然起到重要推动作用。

从土地财政变量的回归系数看,土地财政对城市建设用地扩张的影响存在区域差异。上海市土地财政变量与城市建设用地扩张之间呈负相关,即土地财政对城市建设用地扩张起到抑制作用,因此,随着上海市土地出让金占地区生产总值的比重不断下降,土地财政对城市建设用地扩张的抑制作用逐渐增强。上海市经济高度发达,经济发展对土地财政的依赖程度较低。此外,上海市土地供应以存量用地供应为主导,新增用地供应所占比重相对较低,城市发展不再以通过出让大规模的新增用地以获取土地财政,进而进行新城开发的模式发展,而是通过存量用地的挖潜,以内涵式的扩张为主。因此,土地财政对城市建设用地扩张并未起到推动作用。而武汉市和重庆市的土地财政变量的回归系数均为正值,即随着土地财政收入的增加,城市建设用地规模还会持续增加,表明土地财政对城市建设用地扩张具有促进作用。在分税制背景下,地方政府对土地财政具有较强的依赖性,地方政府通常倾向于出让更多的土地以获取土地财政。目前,武汉市和重庆市的土地供应仍以增量用地供应为主,地方政府可能会通过进行大规模供应新增用地,以获取土地财政进而推动城市新区发展。因此,土地财政对城市建设用地扩张起到推动作用。

7.3 土地市场对城市建设用地扩张影响的区域差异

研究区三个城市中,土地市场因素均对城市建设用地扩张产生了重要影响,但其影响程度在不同城市间存在差异。从土地供应规模看,上海市、武汉市和重庆市的土地供应规模对城市建设用地扩张具有推动作用,随着土地供应规模的增长,城市建设用地规模将进一步扩张。

从土地出让价格看,上海市、武汉市和重庆市的土地出让价格对城市建设用地扩张的影响在不同城市间存在差异,上海市和武汉市土地出让价格对城市建设用地扩张具有负影响,即随着土地出让价格的提高,城市建设用地规模增加速度将逐渐放缓,土地出让价格对城市建设用地扩张起到一定的抑制作用。土地出让价格每增加 1 万元,上海市和武汉市的城市建设用地扩张将分别减少 0.047 hm^2 和 0.226 hm^2,土地出让价格对城市建设用地扩张的抑制作用武汉市>上海市。随着土地市场的不断发育,土地出让价格逐渐显化,上海市土地出让价格整体高于武汉市,但土地出让价格对城市建设用地扩张的抑制作用却低于武汉市,这可能与目前上海市土地供应进入存量供应为主阶段,城市建设用地扩张规模较小且逐渐趋于稳定,土地出让价格对城市建设用地扩张的影响和作用逐渐减弱密切相关。而武汉市土地供应仍以增量供应为主,城市建设用地处于快速扩张阶段,土地价格的上涨会在一定程度上抑制"低效滥用"用地的需求,土地出让价格提高对城市建设用地扩张具有较为显著的抑制作用。重庆市的土地出让价格对城市建设用地扩张规模具有正向影响,即随着土地出让价格的提高,城市建设用地规模将持续扩张,土地出让价格对城市建设用地规模起到推动作用。从回归系数看,土地出让价格每增加1万元,将推动0.013 hm² 的城市建设用地扩张。这表面上与供求规律相违背,但却与我国现阶段的土地管理现状相符合(刘力豪,2016)。目前,重庆市土地价格发育程度不完善,土地出让价格尤其是工业用地出让价格相对较低,政府可能会通过低地价吸引招商引资以促进地方经济发展。由于土地出让价格尤其是工业用地出让处于相对较低水平,土地出让价格的提高对城市建设用地扩张的抑制作用尚未显化,还有可能刺激地方政府增加土地供应。综上,上海市和武汉市土地出让价格发育较高,土地出让价格对城市建设用地扩张的抑制作用,而重庆市土地出让价格对城市建设用地尚未起到抑制作用,反而在一定程度上刺激城市建设用地扩张。

土地市场化方面,理论上,土地市场化水平的提高有利于促进土地利用效率的提升,从而在一定程度上减缓城市建设用地扩张。然而结果表明土地市场化水平对城市建设用地扩张的影响在研究区的三个城市中并未完全起到抑制作用,而是呈现出区域差异特征。武汉市和重庆市的土地市场化水平与城市建设用地规模间呈负相关,即土地市场化水平的提高对城市建设用地扩张起到抑制作用。但从武汉市回归系数的显著性看,武汉市尚未通过10%的显著水平,表明虽然武汉市土地市场化水平的提高对城市建设用地扩张呈现抑制作用的趋势,但其抑制作用并不显著;重庆市的土地市场化水平提高则对城市建设用地扩张起到一定的抑制作用,但从土地市场化水平的弹性系数看,其抑制作用相对较小。上海市土地市场化水平与城市建设用地间呈正相关,但从土地市场化变量回归系数的显著性看,在10%的水平上不显著,说明土地市场化水平的提高对城市建设用地扩张的抑制作用并不显著。这可能与当前上海市土地市场发育进入完善和成熟阶段,土地供应以存量用地供应为主,城市建设用地扩张规模较小且逐渐趋于稳定,土地市场化水平对城市建设用地扩张的抑制作用可能逐渐减弱有关。

7.4 县域尺度土地市场对城市建设用地扩张的影响——以重庆市为例

重庆市作为城市大、空间大的直辖市,下辖 38 个区县,市域内经济发展水平、土地市场发展状况及城市建设用地扩张均存在显著的区域差异。同时,这些差异也体现了长江经济带产业发展和土地利用在空间布局上的区域分异特征。重庆市作为长江经济带典型城市,区内县域尺度产业发展和土地利用梯度分异显著,选取重庆市 38 个区县作为县域尺度的研究区,具有一定的代表性。因此,以重庆市 38 个区县为研究单元,开展县域尺度土地市场对城市建设用地扩张的影响实证,以揭示县域尺度土地市场对城市建设用地扩张影响的空间分异规律。

7.4.1 研究方法

7.4.1.1 模型原理

采用地理加权回归(GWR)方法分析城市建设用地扩张及其影响因素的空间关系,模型如下:

$$y_i = \beta_0(\mu_i, \vartheta_i) + \sum_k \beta_k(\mu_i, \vartheta_i) x_{ik} + \varepsilon_i \qquad (7-3)$$

式中,y_i 为 $n \times 1$ 维解释变量;x_{ik} 为 $n \times k$ 维解释变量矩阵;$\beta_k(\mu_i, \vartheta_i)(j=1,2,3,\cdots,n)$ 是因素 k 在回归点 i 的回归系数,(μ_i, ϑ_i) 为第 i 观察点的经纬度坐标,是独立同分布的随机误差项。

该模型采用加权最小二乘法对每个观测点的参数进行估计,得到 i 点的

回归参数为

$$\hat{\beta}(\mu_i,\vartheta_i) = (X^TW(\mu_i,\vartheta_i)X^{-1})X^TW(\mu_i,\vartheta_i)Y \qquad (7-4)$$

其中

$$X=\begin{bmatrix} 1 & x_{11} & \cdots & x_{1k} \\ 1 & x_{21} & \cdots & x_{2k} \\ \vdots & \vdots & & \vdots \\ 1 & x_{n1} & \cdots & x_{nk} \end{bmatrix} \qquad (7-5)$$

$$W(\mu_i,\vartheta_i)=W(i)=\begin{bmatrix} w_{i1} & 0 & \cdots & 0 \\ 0 & w_{i2} & \cdots & 0 \\ \vdots & \vdots & & \vdots \\ 0 & 0 & \cdots & w_{in} \end{bmatrix} \qquad (7-6)$$

$$\beta=\begin{bmatrix} \beta_0(\mu_1,\vartheta_1) & \beta_1(\mu_1,\vartheta_1) & \cdots & \beta_k(\mu_1,\vartheta_1) \\ \beta_0(\mu_2,\vartheta_i) & \beta_1(\mu_2,\vartheta_2) & \cdots & \beta_k(\mu_1,\vartheta_2) \\ \vdots & \vdots & & \vdots \\ \beta_0(\mu_n,\vartheta_i) & \beta_1(\mu_n,\vartheta_n) & \cdots & \beta_k(\mu_n,\vartheta_n) \end{bmatrix},Y=\begin{bmatrix} y_1 \\ y_2 \\ \vdots \\ y_n \end{bmatrix} \qquad (7-7)$$

其中，k 为自变量格式，n 为空间样本数，w_{in} 是 i 点刻画模型时赋予数据点 n 的权重。

7.4.1.2 空间权函数的选择

GWR 模型建立中，需要选择合适的权重函数，通常主要采用距离阈值法、高斯函数法和 bi-square 函数法进行权重函数选择。

距离阈值法的公式具体如下：

$$W_{ij}=\begin{cases} 1 & d_{ij}\leqslant D \\ 0 & d_{ij}>D \end{cases} \qquad (7-8)$$

式中，D 为距离阈值，d_{ij} 为回归点 i 与数据点 j 之间的距离，W_{ij} 为权重。通过距离阈值法确立的空间权函数具有不连续性，在 GWR 模型的参数估计中使用较少。

bi-square 函数法的公式如下：

$$W_{ij} = \begin{cases} \left[1 - \left(\dfrac{d_{ij}}{b}\right)^2\right]^2 & d_{ij} \leqslant D \\ 0 & d_{ij} > D \end{cases} \qquad (7-9)$$

式中，bi-square 函数法结合了距离阈值法和高斯函数法，该法只计算带宽范围内的回归点的权重，而把带宽外的数据点权重确定为 0。

高斯函数法的公式为

$$W_{ij} = \exp\left[-\left(\frac{d_{ij}}{b}\right)^2\right] \qquad (7-10)$$

式中，b 为带宽，d_{ij} 是样本点 i 和 j 直接的距离，如果 i 的数据被观测，则其他点的权重会依据高斯曲线随着距离 d_{ij} 的增加而减少。当给定带宽 b，距离 d_{ij} 越大，位置 j 所赋予的权重会越小，离点 i 足够远的权重将会趋于 0。高斯函数是一个连续单调递减的指数函数，解决了距离阈值法确定的权函数不连续问题。

7.4.1.3　空间自相关检验

由于观测变量值在空间上临近且具有相关性，因此，在进行 GWR 分析之前，需对因变量进行空间相关性检验（Spatial Autocorrelation）。空间自相关考虑了变量所在区域的空间特性而进行的相关性分析（黄晓峻　等，2022）。公式为

$$I = \frac{n\sum\limits_{i=1}^{n}\sum\limits_{j=1}^{n}(x_i - \bar{x})(x_j - \bar{x})}{\sum\limits_{i=1}^{n}\sum\limits_{j=1}^{n}W_{ij}} \times \frac{n}{\sum\limits_{i=1}^{n}(x_i - \bar{x})^2} \qquad (7-11)$$

式中，W_{ij} 为空间权重函数，i 代表所在单元，n 为空间单元总数，$\bar{x}$ 为 x 的平均值，x_i、x_j 为 x 在相应空间单元 i 和 j 上的取值。

空间相关分析中，Moran's I 系数大于零，表明变量呈现正的空间自相关，

说明变量在空间上具有集聚性；Moran's I 的系数值小于零,表明变量呈现负相关,说明变量在空间上具有分散性；如果 Moran's I 的系数值等于零,则变量在空间上呈现随机分布；Moran's I 的系数值越接近于 1,说明变量的空间分布越集聚,越接近于－1,则变量的空间分布越分散。

7.4.1.4　带宽的确定和优化

在 GWR 模型构建中,选择合适的带宽对权重函数的建立非常关键。带宽确定中,使用最多的方法是最小 AIC 方法和最小 CV 方法。

交叉验证法(CV)利用 Bowman(1984)的方法,b 与 CV 的关系如下：

$$CV = \sum_{i=1}^{n}\left[y_i - y_{\neq i}(b)\right]^2 \tag{7-12}$$

其中,$y_{\neq i}(b)$ 是 y_i 的拟合值,当 CV 最小时,对应的 b 就是相应的带宽。

AIC(Akaike Information Criterion)准则是根据修正极大似然原理,通过对参数进行估计而得到的一个选择准则。

$$AIC = -2\ln L(\hat{\theta}_L, x) + 2q \tag{7-13}$$

其中,q 是未知参数个数的极大似然估计。似然函数越大,估计量越好,此时 AIC 达到最小,所得到的模型就是最优模型。Fotheringham 等(2002)最先将 AIC 准则用于带宽选择,通过对公式(7-13)进行修改,其公式为

$$AICc = -2n\ln L(\hat{\theta}) + n\ln(2\pi) + n\left[\frac{n+tr(s)}{n-2-tr(s)}\right] \tag{7-14}$$

可简写为

$$AICc = -2n\ln L(\hat{\theta}) + n\ln(2\pi) + n + tr(S) \tag{7-15}$$

本书 GWR 分析采用 MATLAB2016b 软件完成。

7.4.2　变量选取

根据前文分析,城市建设用地扩张主要受人口增长、经济发展和土地市场因素等影响,为了进一步揭示县域尺度土地市场对城市建设用地扩张影响的

空间异质性,采用地理加权回归(GWR)进行分析。根据前文指标选取,土地市场方面选取土地出让规模、土地出让价格和土地市场化水平作为关键指标,此外选取城市人口规模、人均 GDP 和土地财政作为控制变量。

7.4.3 模型估计结果

利用 MATLAB2016b 软件对重庆市 38 个区县 2013 年的数据进行地理加权回归分析,整体回归结果输出详见表 7-5,主要包括拟合系数、AIC 值和最优带宽等参数。

表 7-5 GWR 模型的整体估计结果

指标	2013 年
R^2	0.683 7
调整 R^2	0.634 3
带宽	1.395 0
$AICc$	−49.490 9

利用公式(7-11)计算出重庆市 2013 年城市建设用地扩张的全局自相关,Moran's I 值大于 0,表明城市建设用地扩张在空间上具有明显的正的空间自相关性,城市建设用地扩张的空间分布呈现集聚现象,说明城市建设用地扩张的地区差异比较显著。因此,本书利用考虑空间差异的地理加权回归(GWR)模型进行分析,以揭示城市建设用地扩张影响因素的空间差异特征。GWR 回归分析结果详见表 7-6。

根据回归分析结果的弹性系数,利用 ArcGIS10.6 软件,根据自然断裂法将非农人口的弹性系数划分为 5 级,得到非农人口弹性系数的空间分布图,同理,可得到经济发展、土地财政及土地市场相关变量的弹性系数空间分布图。

表 7-6　2013 年重庆市各区县 GWR 分析结果

区县	人口规模	人均 GDP	土地出让价格	土地供应规模	土地市场化水平	土地财政
渝中区	0.396 853	0.507 649	0.019 668	0.177 375	0.001 543	−0.001 000
大渡口区	0.400 934	0.510 769	0.016 042	0.173 131	0.001 515	−0.000 757
江北区	0.396 418	0.503 522	0.025 357	0.177 835	0.001 574	−0.001 043
沙坪坝区	0.394 904	0.504 812	0.022 337	0.180 645	0.001 579	−0.001 315
九龙坡区	0.400 462	0.510 203	0.016 396	0.174 074	0.001 524	−0.000 857
南岸区	0.398 302	0.507 304	0.020 705	0.175 492	0.001 539	−0.000 859
北碚区	0.389 036	0.489 971	0.040 536	0.188 809	0.001 712	−0.002 055
渝北区	0.390 300	0.489 773	0.041 847	0.186 360	0.001 702	−0.001 774
巴南区	0.406 620	0.510 285	0.018 139	0.166 736	0.001 499	−0.000 320
涪陵区	0.393 320	0.496 485	0.035 255	0.179 997	0.001 529	−0.000 272
长寿区	0.372 419	0.465 092	0.071 866	0.206 350	0.001 868	−0.002 602
江津区	0.4185 90	0.511 455	0.016 736	0.156 851	0.001 505	−0.000 118
合川区	0.382 548	0.467 540	0.066 571	0.201 368	0.001 910	−0.003 381
永川区	0.409 333	0.505 689	0.022 036	0.167 849	0.001 580	−0.000 917
南川区	0.425 197	0.515 623	0.013 092	0.148 960	0.001 358	0.001 136
綦江区	0.431 107	0.514 830	0.014 121	0.144 267	0.001 425	0.000 809
潼南区	0.389 546	0.466 381	0.067 382	0.197 005	0.001 922	−0.003 465
铜梁区	0.393 607	0.493 855	0.034 722	0.185 650	0.001 690	−0.002 019
大足区	0.400 794	0.496 466	0.031 898	0.178 770	0.001 671	−0.001 731
荣昌区	0.410 039	0.495 678	0.033 806	0.170 310	0.001 680	−0.001 469
璧山区	0.397 482	0.505 685	0.021 078	0.178 614	0.001 576	−0.001 268
万州区	0.335 108	0.547 674	−0.057 687	0.253 503	0.000 529	−0.000 766
梁平县	0.260 784	0.478 290	0.045 952	0.306 369	0.001 350	−0.005 228
城口县	0.387 129	0.529 739	−0.072 835	0.260 260	0.000 748	−0.001 817
丰都县	0.336 214	0.524 363	0.004 966	0.216 055	0.000 863	0.000 570
垫江县	0.298 660	0.442 341	0.099 368	0.271 498	0.001 900	−0.004 958
忠县	0.290 908	0.520 354	0.004 316	0.261 790	0.000 772	−0.001 642

（续表）

区县	人口规模	人均GDP	土地出让价格	土地供应规模	土地市场化水平	土地财政
开县	0.355 523	0.532 594	−0.060 097	0.265 552	0.000 768	−0.002 021
云阳县	0.363 481	0.549 928	−0.075 594	0.247 640	0.000 594	−0.000 577
奉节县	0.372 518	0.556 459	−0.083 761	0.238 480	0.000 505	0.000 127
巫山县	0.386 509	0.555 824	−0.089 156	0.234 530	0.000 462	0.000 362
巫溪县	0.383 222	0.546 897	−0.083 001	0.245 715	0.000 614	−0.000 556
黔江区	0.341 816	0.585 947	−0.064 509	0.188 699	−0.000 061	0.004 034
武隆县	0.396 810	0.530 841	−0.005 106	0.168 285	0.000 966	0.002 068
石柱县	0.320 179	0.561 697	−0.044 390	0.225 830	0.000 184	0.001 660
秀山县	0.355 053	0.592 353	−0.065 820	0.170 750	−0.000 254	0.004 667
西阳县	0.353 333	0.588 074	−0.063 880	0.176 299	−0.000 098	0.004 314
彭水县	0.359 843	0.569 946	−0.046 249	0.181 102	0.000 207	0.003 640

7.5 县域尺度土地市场对城市建设用地扩张影响的空间分异分析

7.5.1 土地供应规模与价格影响的空间分异

从图7-1可知,土地出让规模的弹性系数均为正值,即随着土地供应规模的增加,城市建设用地规模将会持续扩张,表明土地出让规模对城市建设用地扩张起到推动作用。土地出让规模弹性系数最大的是梁平,为0.306 4,最小的是黔江区,为0.144 3。土地出让规模弹性系数高值区主要集中分布在梁平、垫江、开县、忠县、城口、万州等渝东北区县。土地出让规模低值区主要集中分布在綦江、南川、江津、巴南、永川等城市发展新城。土地出让规模的弹性系数总体由渝东北的区县向西南的区县逐渐递减,表明渝东北区县的土地出让规模增长对城市建设用地扩张的影响较大。目前,重庆市土地出让以增量土地供应为主,土地供应规模的增加将推动城市建设用地的扩张。城市发展中,应积极盘活存量和低效建设用地,不断实现存量用地挖潜。土地供应中逐渐提高存量土地的比重,不断降低增量用地比重,以促进城市土地集约高效利用。

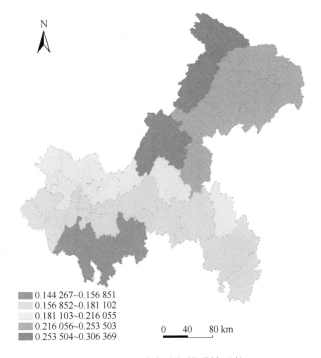

0.144 267~0.156 851
0.156 852~0.181 102
0.181 103~0.216 055
0.216 056~0.253 503
0.253 504~0.306 369

0　40　80 km

图 7-1　土地出让规模弹性系数

从图 7-2 可知,土地出让价格的弹性系数有正值也有负值,表明土地出让价格对城市建设用地扩张的影响具有"双向"作用。土地出让价格弹性系数为负值的区县主要分布在渝东北地区的巫山、奉节、云阳、城口、开县、万州等区县,弹性系数介于-0.089 2～-0.005 1之间,在空间上呈集聚分布。这些区县的土地出让价格对城市建设用地扩张具有负向影响,表明土地出让价格越高,城市建设用地增长越缓慢,土地出让价格的提高有利于减缓城市建设用地增长。上述区县经济发展较为落后,工业发展难以支付高昂的地价,土地价格的上升将会抑制低效用地需求,从而减缓城市建设用地扩张。土地出让价格弹性系数为正值的区县主要分布在长寿、潼南、合川、涪陵、荣昌等城市发展新区和渝北、北碚、江北、沙坪坝等都市核心功能区。这些区县的土地出让价格对城市建设用地扩张具有正向影响，表明随着土地出让价格的提高不仅没有起到抑制城市建设用地扩张的作用，反而推动了城市建设用地增长。都市功能核心区和城市发展新区，经济社会发展对城市建设用地需求量大，由于经济发展对土地的依赖性较大，土地在很多时候被地方政府当作吸引投资的重要手段，以此来带动地方经济发展（Lin et al.，2011）。因此，土地价格的提高可能刺激地方政府出让更多的土地，以促进地方经济发展。

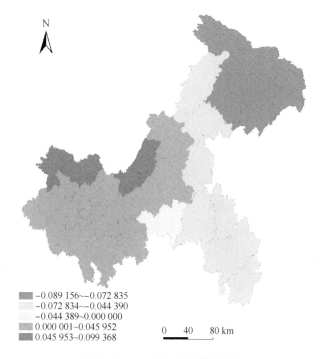

-0.089 156~-0.072 835
-0.072 834~-0.044 390
-0.044 389~0.000 000
0.000 001~0.045 952
0.045 953~0.099 368

0   40   80 km

图 7‑2　土地出让价格弹性系数

7.5.2　土地市场化水平影响的空间分异

理论上土地市场化水平的提高有利于促进市场对资源的配置效率，从而提高土地利用效率和集约利用水平，在一定程度上减缓城市建设用地扩张。但从图 7‑3 可知，土地市场化水平的弹性系数有正值也有负值，说明土地市场化水平的提高对城市建设用地扩张的影响，抑制作用和推动作用并存。秀

山、西阳和黔江三个区县的土地市场弹性系数为负,系数介于—0.000 25～
—0.000 06之间,虽然这些区县土地市场化水平的提高对城市建设用地扩张
起到了一定的减缓作用,但从弹性系数看,抑制效果并不明显。除上述区县
外,其余区县的土地市场化弹性系数均为正值,表明土地市场化水平的提高并
未起到抑制城市建设用地扩张的作用,反而促进了城市建设用地扩张。这与
理论预期不相符,但结合重庆市的实际情况可以发现,重庆市目前正处于工业
化和城镇化快速发展期,人口增长和经济快速发展对生活、产业、基础设施等
用地需求量大,经济社会快速发展推动城市建设用地快速扩张。书中土地市
场化水平反映的是通过"招拍挂"方式供应土地的比重,各区县以"招拍挂"方
式出让土地较多,但由于区内正处于工业化和城镇化的快速发展阶段,用地需
求量大。因此,通过"招拍挂"方式出让土地一定程度上扩宽了土地供应渠道,
加速土地供应规模,对城市建设用地扩张起到推动作用。此外,可能也与重庆
市土地市场发育程度不高,土地市场化水平的提高对城市建设用地扩张的抑
制作用并不明显有关。

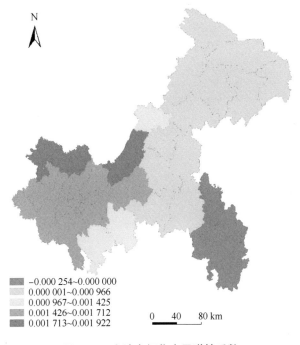

图 7‐3　土地市场化水平弹性系数

7.5.3 其他因素影响的空间分异

从图 7－4 可知,土地财政的弹性系数有正值也有负值,表明土地财政对城市建设用地扩张的影响具有"双向"作用。土地财政系数为正的区县主要集中分布在秀山、西阳、黔江、彭水、武隆、石柱等渝东南区县,奉节、巫山、丰都等渝东北区县和城市发展区内的綦江和南川两区。这些区县的土地财政对城市建设用地扩张具有正向作用,土地财政的提高推动了城市建设用地扩张。渝东北和渝东南地区的区县经济发展相对较为落后,财政来源较为单一,对土地财政的依赖较大。随着土地有偿使用制度改革,土地收益逐渐增大,地方政府通过大规模出让土地以增加土地财政,财政收入的增加为城市建设提供资金来源,但也加剧了城市空间扩张。财政分权下,地方政府对土地财政的追求对城市建设用地扩张起到显著的推动作用(踪家峰 等,2012;李永乐 等,2013)。土地财政的弹性系数为负的区县,主要集中分布在北碚、渝北、沙坪坝、九龙

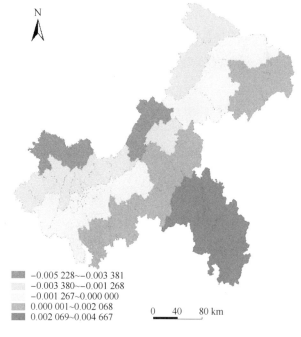

图 7－4 土地财政弹性系数

坡、南岸、巴南等都市核心区和拓展区,以及潼南、合川、长寿等城市发展新区内的区县。土地财政弹性系数为负,表明土地财政的增长对城市建设用地扩张起到一定的减缓作用。土地财政的弹性系数呈现从渝东南和渝东北地区的区县逐渐向西北方向的区县递减的趋势,表明渝东南和渝东北地区的区县土地财政对城市建设用地扩张的作用较大。今后,城市发展中应积极推进财税制度改革,逐渐降低财政收入中土地出让金的占比,减少地方政府对土地财政的依赖。

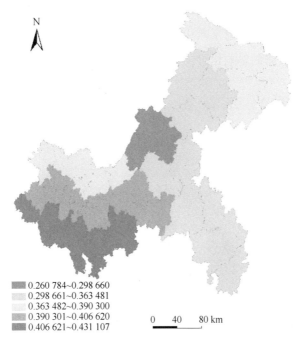

图 7-5 人口弹性系数

从图 7-5 可知,人口的弹性系数均为正值,表明人口对城市建设用地扩张具有正向作用,即随着人口规模的增长,城市建设用地规模将不断增加。人口弹性系数最大的是綦江区,为 0.431 2,最小的是梁平县,为 0.260 8。人口弹性系数高值区主要集中分布在綦江、南川、江津、荣昌、永川、大足等城市发展新区和巴南、大渡口、九龙坡和南岸等都市功能核心区和拓展区。人口弹性系数低值区主要集中分布在梁平、忠县、垫江、石柱、万州、丰都等渝东北生态涵养发展区和黔江、酉阳、秀山等渝东南生态保护发展区。人口弹性系数总体由城市发展新区逐渐向渝东南和渝东北地区递减，表明城市发展新区的人口增长对城市建设用地扩张的影响较大。目前，重庆市处于快速城镇化发展阶段，重庆市积极推进户籍制度改革，加快人口非农化进程，推动人口向城市地区集聚，人口增长对城市用地的需求量大，进而推动城市建设用地快速扩张。城市发展新区的人口弹性系数总体高于都市拓展区和渝东北、渝东南地区，该地区人口增长对城市建设用地扩张的影响相对较大，主要原因是城市发展区内的区县作为承接都市核心区和拓展区的产业转移，区经济社会发展对城市建设用地需求强劲。而渝东南和渝东北地区属于人口流出区域，人口规模对城市建设用地扩张的影响相对较小。

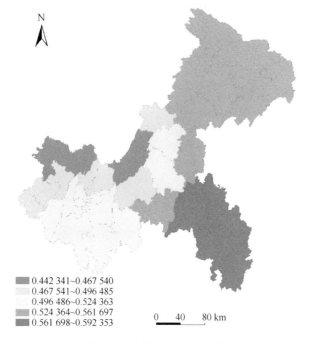

图 7 - 6　人均 GDP 弹性系数

从图 7 - 6 可知，人均 GDP 的弹性系数均为正值，表明人均 GDP 对城市建设用地扩张具有正向作用。人均 GDP 的弹性系数最大是秀山县，为 0.592 4，最小的是垫江县，为 0.442 3，较大值主要集中在秀山、酉阳、黔江、彭水、武隆、石柱等渝东南地区,较小值主要集中分布在长寿、潼南、合川、梁平、渝北、北碚等区县,人均 GDP 弹性系数在空间分布上具有明显的空间集聚特征。人均 GDP 弹性系数由渝东南和渝东北逐渐向城市发展新区和都市核心区的区县,总体呈递减趋势。目前,重庆市正处于工业化和经济快速发展阶段,工业依然是全市经济发展的重要引擎,工业发展需要大规模的产业用地作支撑,大量的工业园区和开发区建设,极大地推动了城市建设用地快速扩张。工业用地往往呈低密度发展趋势,土地集约利用水平相对较低。经济发展中逐渐增加资本和技术投入,降低土地投入,提高土地集约利用水平。

第八章 / 典型城市土地市场对城市建设用地扩张的影响实证——地块尺度

8.1 Logistic 回归模型

本书主要讨论土地市场发展在城市建设用地扩张过程中的作用。因此，将因变量确定为城市建设用地的空间扩张，即研究单元在研究时段内是否发生了城市建设用地扩张，如果发生了扩张则记录为 1，否则记录为 0，表示没有发生城市建设用地扩张。Logistic 回归模型是针对因变量为二分类变量或多分类变量而建立的回归模型（王济川 等，2001），该模型基于数据抽样，通过确定各自变量的回归系数，用于解释城市建设用地扩张发生的概率。因此，Logistic 回归可以确定解释变量 x 在预测分类因变量 y 发生概率的作用和强度。根据 Logistic 回归建模要求，书中 y 表示城市建设用地是否发生扩张，其赋值规则为

$$y=\begin{cases}1（城市建设用地发生了扩张）\\0（城市建设用地未发生扩张）\end{cases} \quad (8-1)$$

设城市建设用地发生扩张的概率为 P，则未发生扩张的概率为 $(1-P)$，其概述可用 logistic 函数计算，表达式为

$$P=\frac{\exp(\alpha+\beta_1 x_1+\beta_2 x_2+\cdots+\beta_n x_n)}{1+\exp(\alpha+\beta_1 x_1+\beta_2 x_2+\cdots+\beta_n x_n)} \quad (8-2)$$

式中，因变量 P 为事件发生概率，$x_1,x_2,\cdots,x_n$ 是自变量，$\beta_1,\beta_2,\cdots,\beta_k$ 是 Logistic 回归待定系数。对式(8-1)进行 Logit 变换，假设 x 为反应变量，P 为模型的响应概率，则相应的二分类 Logistic 回归模型如下：

$$\log it(P_i)=\ln\left(\frac{P_i}{1-P_i}\right)=\alpha+\beta_1 x_{1i}+\beta_2 x_{2i}+\cdots+\beta_k x_{ki} \qquad (8-3)$$

式中，$P_i=P(y_i=1|x_{1i},x_{2i},\cdots,x_{ki})$ 是在自变量 $x_{1i},x_{2i},\cdots,x_{ki}$ 取给定值时空间变化的发生概率，其中 α 为截距，β 为斜率。

事件发生与不发生概率之比称为事件的发生比(odds ratio)。其具体公式为

$$odd(P)=\exp(\alpha+\beta_1 x_1+\beta_2 x_2+\cdots+\beta_n x_n) \qquad (8-4)$$

式中，发生比率 $\exp(\beta)$(odds ratio)是 β 系数以 e 为底的自然幂指数，是衡量各自变量对因变量影响程度的重要指标。$\exp(\beta)$ 表示解释变量每增加一个单位，事件发生比的变化倍数，即当 $\exp(\beta)>1$ 时表示发生比增加，当 $\exp(\beta)<1$ 时表示发生比减少，当 $\exp(\beta)=0$ 则发生比不变。

Logistic 回归模型预测能力通过得到最大似然估计的表格来评价，它包括回归系数、回归系数估计的标准差、回归系数估计的 Wald 统计量和回归系数估计的显著性水平。正的回归系数值表示解释变量每增加一个单位值时发生比会相应增加，相反，当回归系数为负值时说明增加一个单位值时发生比会相应减少。Wald 统计量表示在模型中每个解释变量的相对权重，用来评价每个解释变量对事件预测的贡献力(谢花林　等,2008)。

关于回归模型的拟合优势度，采用 Pontius 等(2001)提出的 ROC(Relative Operating Characteristics)方法进行检验，当变量的 ROC 曲线下的面积大于 0.5，则表明模型拟合效果较好。

8.2 变量选取与数据处理

8.2.1 变量选取

变量选取主要包括被解释变量和解释变量,被解释变量为城市建设用地扩张,解释变量包括土地市场变量和控制变量。土地市场变量主要包括出让地块大小、地块出让价格、地块出让强度和地块出让模式。控制变量主要包括自然、区位及规划因素。各变量具体如下:

(1)因变量。本书主要探讨土地市场发展对城市建设用地扩张的影响和作用。因此,将因变量确定为城市建设用地的空间扩张,即在具体研究单元,在研究时段内是否为新增城市建设用地,如果是则记录为1,表示发生了城市建设用地扩张,否则记录为0,表示未发生城市建设用地扩张。

(2)出让地块大小。土地出让地块的大小及其空间位置对城市建设用地扩张产生重要影响。出让地块较小,且主要分布在城市内部,则城市建设用地缓慢扩张或不发生扩张;土地出让地块越大,且主要分布在城市郊区,则会带动城市建设用地快速扩张。出让地块大小用地块出让面积来表征。

(3)出让地块价格。出让地块价格是影响城市建设用地扩张及其用地空间结构调整的重要因素。空间上,出让地块价格呈现由市中心向边缘地区逐渐衰减的规律,总体上符合城市土地竞租曲线,但也出现地价多中心(峰值、次峰值中心)。价格机制作用下,商业用地向城市中心区域集聚,城市中心区域的土地集约利用水平不断提升,有利于减缓城市扩张;而居住和工业用地不断向郊区拓展,推动了城市边缘地区和郊区建设用地扩张。

(4)出让地块强度。出让地块利用强度越高,则城市发展中通常以高密度开发为主,一定程度上有利于减缓城市建设用地扩张;出让地块利用强度低,则城市开发中通常以低密度开发为主,甚至出现摊大饼式蔓延,会加剧城市建设用地快速扩张。出让地块强度用出让地块的容积率来表征。

（5）地块出让模式。地块出让模式，即紧凑式或蛙跳式供地，影响城市建设用地扩张模式，而地块以紧凑式进行供地，城市建设用地将会以填充式和边缘式进行扩张；地块以蛙跳式进行供地，城市建设用地将会以飞地式进行扩张，将加速城市建设用地扩张。书中选取离出让居住、商业和工业用地距离和离出让公共服务设施用地距离作为地块出让模式的主要表征变量。

（6）自然因素。自然因素对城市建设用地扩张具有重要影响，城市建设用地扩张主要发生在平原和地势较为平缓的低丘地带，随着海拔和坡度的增加，城市建设用地发生扩张的概率将逐渐减少，书中选取坡度作为变量来分析自然因素对城市扩张的影响。

（7）区位因素。交通可达性和离城市中心的距离是影响城市建设用地空间布局的重要区位因子。书中选取离主要道路（包括高速公路、国道、省道和铁路）的距离、离城市各区政府驻地的距离和离现有城市建设用地的距离作为区位因素来衡量其对城市建设用地扩张的影响。

（8）规划因素。政府行为和空间政策很大程度上影响城市用地的空间布局和发展方向。土地利用总体规划和城市规划对城市建设用地扩张具有引导作用，书中选取规划因素来反映政府空间政策对城市建设用地扩张的影响，若新增城市建设用地位于城市建设用地规划范围内，则赋值为1，否则赋值为0。

被解释变量和各解释变量详见表8-1。

表 8-1　Logistic 回归模型解释变量

类别	变量	代码	类型	赋值/单位
自然因子	新增建设用地	y	二分类	0,1
	坡度	SLP	连续型	km
区位因子	离区县中心距离	DCC	连续型	km
	离主要道路距离	DMR	连续型	km
	离现有城市建设用地距离	DCL	连续型	km

（续表）

类别	变量	代码	类型	赋值/单位
土地市场因子	出让地块面积	*LTA*	连续型	hm²
	出让地块价格	*LTP*	连续型	万元/hm²
	出让地块强度	*LTI*	连续型	——
	离出让居住、商业和工业用地距离	*DRBI*	连续型	km
	离出让公共服务设施用地距离	*DPSF*	连续型	km
规划因子	城市建设用地规划范围	*PLAN*	二分类	0、1

8.2.2　变量数据收集与处理

选用上海、武汉和重庆三个城市 2010 年和 2015 年两期土地利用数据、土地市场数据、交通路网数据和规划数据等进行分析。土地利用数据来自中国科学院，数据精度为 30 m。DEM 数据来源于中国科学院资源环境科学数据中心，其空间分辨率为 30 m。土地出让数据来土地市场网（http://landchina.com）。交通路网数据来源于中国交通路网矢量数据。规划数据基于三个城市的土地利用总体规划和城市规划图件，通过空间配准和校正，进行矢量化获得。书中土地出让数据时段为 2009—2013 年，而土地利用数据时段为 2010—2015 年，为了与土地市场数据的研究时段相统一，书中 2009 年的土地利用数据用 2010 年来替代。此外，从土地出让到具体的城市建设，通常会存在一定的滞后期，用 2015 年的数据替代 2013 年的数据虽然并不完全精确，但总体上能反映出土地市场对城市建设用地扩张的影响程度，因此，2013 年的土地利用数据用 2015 年来替代。Logistic 回归模型数据具体处理过程详见图 8-1 所示。

（1）因变量的数据处理。分别选取上海、武汉和重庆三个城市 2010 年和 2015 年两期土地利用数据，利用 ArcGIS10.2 软件分别提取城市建设用地并进行叠加分析，将发生城市建设用地扩张的区域赋值为 1，未发生扩张的区域赋值为 0。

（2）自变量的数据处理。坡度通过 DEM 数据获得。距主要道路（高速、

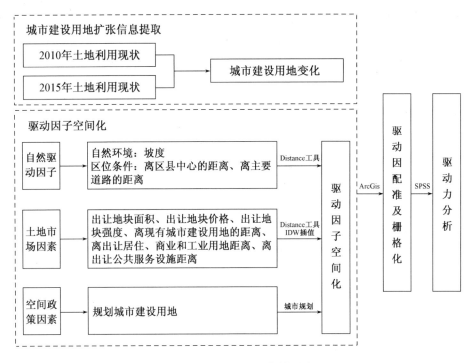

图 8 - 1　空间 Logistic 回归模型流程图

国道、省道和铁路)的距离数据,利用研究区行政区为边界对中国交通路网矢量数据进行提取获得研究区交通路网矢量数据,利用 ArcGIS10. 2 软件的空间分析模块(Spatial Analyst)中的欧式距离(Spatial Analyst-Distance-Euclidean Distance)获得空间距离因子。距城市中心距离数据通过获取城市各区政府驻地点,利用欧式距离进行测算获得。离现有城市建设用地距离,利用欧式距离进行测算获得。离出让住宅、商业和工业用地距离和离出让公共服务设施用地距离数据来源于研究区土地出让样点,分别提取住宅、商业和工业,以及出让公共服务设施用地样点,利用欧式距离获得。土地出让规模数据基于土地出让样本点,利用 ArcGIS10. 2 软件的空间分析模块(Spatial Analyst),进行反距离加权插值(IDW)生成土地出让规模分布图,并通过掩膜提取获得。土地出让均价数据基于土地出让样本点,选取经营性用地出让地样本点,用出让总价格与出让规模的比值测算出出让均价,并进行反距离加权插值(IDW)生成土地出让价格分布图,通过掩膜提取获得。出让地块强度数据基于土地出让样本点,将容积率异常和缺失的数据剔除后,利用ArcGIS10.2软件的空间分析模块(Spatial Analyst),对出让样点的容积率进行反距离加权插值(IDW)生成土地出让强度分布图。规划数据通过收集上海、武汉和重庆三市的土地利用总体规划和城市规划 JPG 图件,分别以三个城市的行政区为参考,对土地利用总体规划和城市规划图件进行空间配准和校正,并进行矢量化获取城市建设用地规划范围。为便于计算,将所有因子进行空间化处理后,将其转换为栅格数据类型,并配准到 Krasovsky_1940_Albers 坐标系统,数据分辨率统一为 300 m×300 m。

8.2.3 数据空间采样及诊断

采用网格单元随机抽样方法选择均匀分布在研究区的 n 个观测点(Zhong et al.,2012;吕晓 等,2015)。分别将上海市、武汉市、重庆市生成300m×300m 的网格单元,生成网格单元中心点,并将不完整的网格单元中心点剔除。对于抽样观测点,以观测点是否发生了城市建设用地扩张(即是否为新增城市建设用地)作为被解释变量,用 1 和 0 表示,同时记录自然因子、区位因子、土地市场因子及规划因素等各个自变量的值。为检验变量间的关系及消除共线性影响,采用 SPSS20.0 对变量执行多重共线性诊断。诊断结果显示:上海市变量间的容忍度介于 0.43~0.98,方差膨胀因子(VIF)介于1.03~2.31;武汉市变量间的容忍度介于 0.50~0.95,方差膨胀因子(VIF)介于 1.05~1.99;重庆市变量间的容忍度介于 0.31~0.92,方差膨胀因子(VIF)介于 1.09~3.17。上海、武汉和重庆三个城市变量的容忍度均大于0.1,VIF 均小于 10,表明变量间不存在多重共线性。因此,所有自变量均可纳入模型进行分析。

8.3　模型估计结果

8.3.1　上海市模型估计结果

利用 SPSS 20.0 软件中的 Binary Logistic 模块进行分析，Logistic 回归模型结果详见表 8-2。用 ROC 曲线来评价 Logistic 回归模型的拟合优势度，模型中，各自变量 ROC 曲线下的面积值介于 0.52～0.70，大于 0.5 的判定标准，模型结果 ROC 曲线下的面积也大于 0.5，表明回归模型拟合程度较好，Logistic 回归模型对城市建设用地扩张具有较好的解释能力。

表 8-2　上海市 Logistic 回归模型估计结果

变量	回归系数（β）	标准误差（S.E）	Wald统计量	自由度（df）	显著水平（Sig.）	发生率Exp(β)
C	−4.311 377	0.196	481.661	1	0.000	0.013 42
SLP	−0.060 398	0.017	13.362	1	0.000	0.941 39
DCC	−0.000 002	0.000	0.131	1	0.717	1.000 00
DMR	−0.000 130	0.000	28.675	1	0.000	0.999 87
LTA	0.091 953	0.007	189.054	1	0.000	1.096 31
LTP	−0.000 013	0.000	6.127	1	0.013	0.999 99
LTI	−0.291 876	0.095	9.440	1	0.002	0.746 86
DCL	−0.000 378	0.000	96.374	1	0.000	0.999 62
DRBI	−0.000 014	0.000	0.280	1	0.597	0.999 99
DPSF	0.000 052	0.000	30.418	1	0.000	1.000 05
PLAN	1.232 402	0.086	206.569	1	0.000	3.429 46

从表 8-2Logistic 模型估计结果可知，变量离区县中心距离（DCC）和离出让公共服务用地距离（DRBI）两个变量未通过 10% 的显著性水平，其余变量均在 5% 水平上显著，说明除离区县中心距离和离出让公共服务设施用地距离两个变量对上海市城市建设用地扩张的影响不显著外，其余区位因子、土

地市场和空间规划政策中的各项指标均对城市建设用地扩张影响显著。可以看出，上海市城市建设用地扩张是区位因素、土地市场因素及制度政策等共同作用的结果。

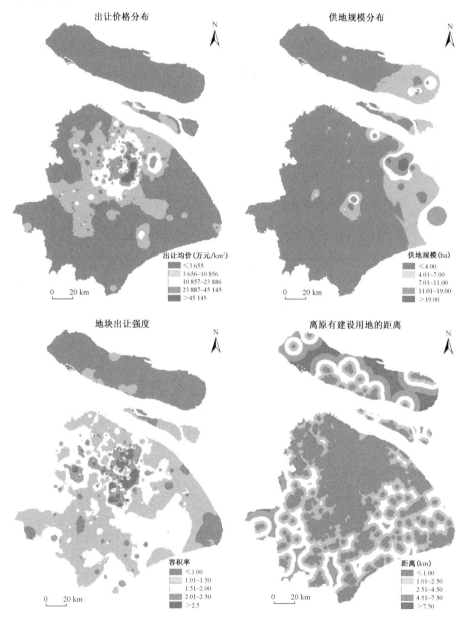

图 8 - 2　上海市 Logistic 各驱动因子栅格图

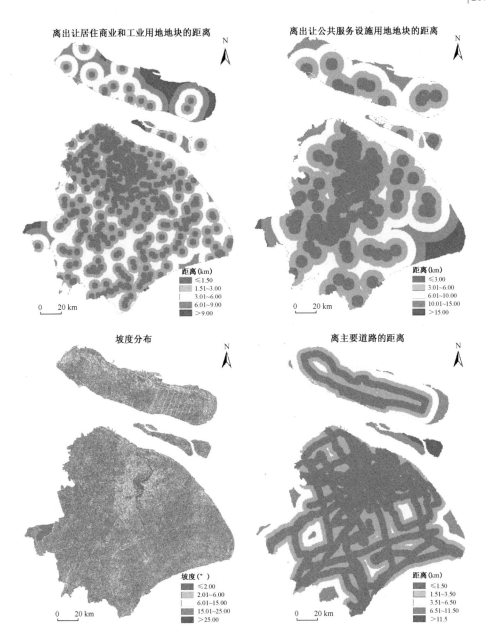

图 8 - 2 上海市 Logistic 各驱动因子栅格图(续)

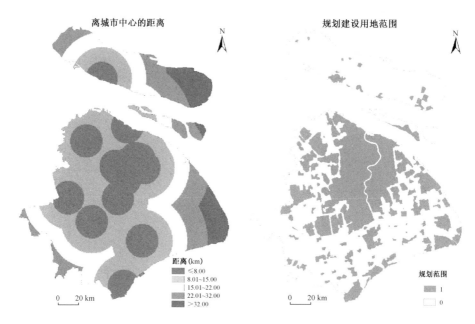

图 8-2 上海市 Logistic 各驱动因子栅格图(续)

8.3.2 武汉市模型估计结果

武汉市 Logistic 回归模型结果详见表 8-3,模型中各自变量的 ROC 曲线下的面积介于 $0.55 \sim 0.74$,大于 0.5 的判定标准,模型的 ROC 曲线下的面积也大于 0.5,表明回归模型拟合程度较好,回归结果具有较好的解释能力。从表 8-3 Logistic 模型估计结果可知,模型中的自变量均在 1‰水平上显著,说明自然因素、区位因子、土地市场和空间规划政策中的各项指标均对城市建设用地扩张影响显著。可以看出,武汉市城市建设用地扩张是自然因素、区位因素、市场因素和制度政策因素共同作用的结果。

表 8-3 武汉市 Logistic 回归模型估计结果

变量	回归系数 (β)	标准误差 (S. E)	Wald 统计量	自由度 (df)	显著水平 (Sig.)	发生率 Exp(β)
C	$-3.225\,591$	0.089	1 299.893	1	0.000	0.039 732
SLP	$-0.018\,449$	0.006	10.865	1	0.001	0.981 720

（续表）

变量	回归系数 （β）	标准误差 （S. E）	Wald 统计量	自由度 （df）	显著水平 （Sig.）	发生率 Exp（β）
DCC	0. 000 032	0. 000	100. 730	1	0. 000	1. 000 032
DMR	−0. 000 102	0. 000	59. 147	1	0. 000	0. 999 898
LTA	0. 030 239	0. 002	322. 057	1	0. 000	1. 030 701
LTP	−0. 000 279	0. 000	236. 453	1	0. 000	0. 999 721
LTI	0. 148 419	0. 035	17. 523	1	0. 000	1. 159 999
DCL	−0. 000 055	0. 000	6. 591	1	0. 010	0. 999 945
DRBI	−0. 000 271	0. 000	208. 634	1	0. 000	0. 999 729
DPSF	−0. 000 098	0. 000	115. 194	1	0. 000	0. 999 902
PLAN	1. 207 187	0. 052	531. 141	1	0. 000	3. 344 064

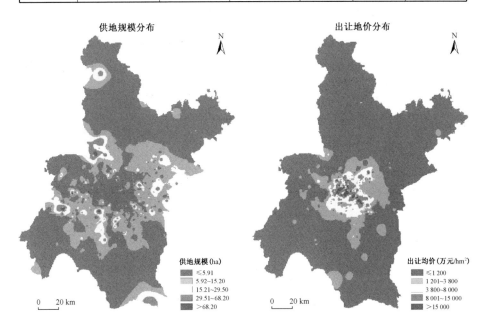

图 8 - 3　武汉市 Logistic 各驱动因子栅格图

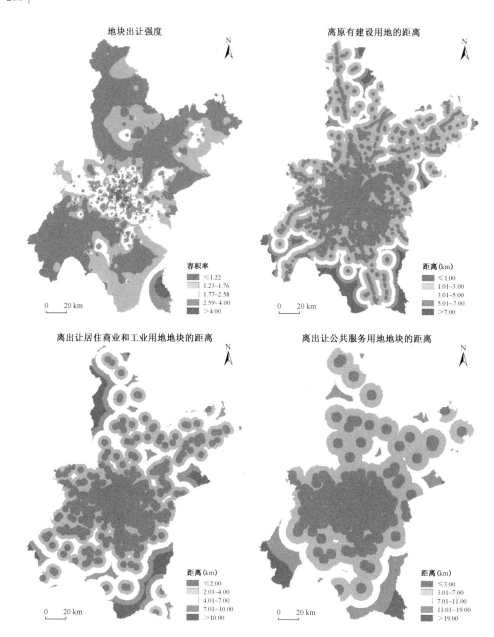

图 8-3 武汉市 Logistic 各驱动因子栅格图(续)

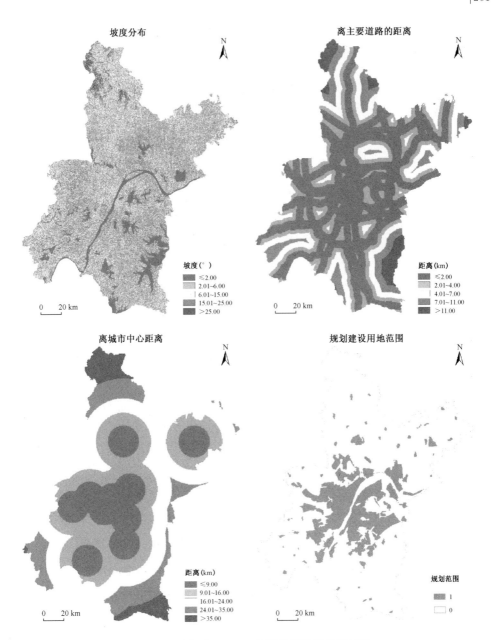

图 8-3　武汉市 Logistic 各驱动因子栅格图(续)

8.3.3 重庆市模型估计结果

重庆市 Logistic 回归模型结果详见表 8-4。模型中各自变量 ROC 下的面积介于 0.54~0.85,大于 0.5 的判定标准,模型结果的 ROC 曲线下面积也大于 0.5,表明回归模型拟合程度较好,Logistic 回归模型对城市建设用地扩张具有较好的解释能力。

表 8-4 重庆市 Logistic 回归模型估计结果

变量	回归系数 (β)	标准误差 (S. E)	Wald 统计量	自由度 (df)	显著水平 (Sig.)	发生率 Exp(β)
C	−3.777 969	0.131	837.377	1	0.000	0.022 869
SLP	−0.016 086	0.003	31.456	1	0.000	0.984 043
DCC	0.000 020	0.000	25.108	1	0.000	1.000 020
DMR	−0.000 007	0.000	0.414	1	0.520	0.999 993
LTA	0.013 420	0.001	200.341	1	0.000	1.013 511
LTP	−0.000 028	0.000	7.363	1	0.007	0.999 972
LTI	−0.501 801	0.029	298.842	1	0.000	0.605 439
DCL	0.000 082	0.000	30.915	1	0.000	1.000 082
DRBI	−0.000 142	0.000	81.697	1	0.000	0.999 858
DPSF	−0.000 059	0.000	21.725	1	0.000	0.999 941
PLAN	3.710 013	0.078	2 274.532	1	0.000	40.854 352

表 8-4 Logistic 模型估计结果可知,离主要道路的距离(DMR)未通过 10% 的显著性水平,其余自然因素、区位因子、土地市场和空间规划政策中的各项指标均对城市建设用地扩张影响显著中的各项变量均在 1% 水平上显著。可以看出,重庆市城市建设用地扩张是自然因素、区位因素、市场因素和制度政策因素共同作用的结果。

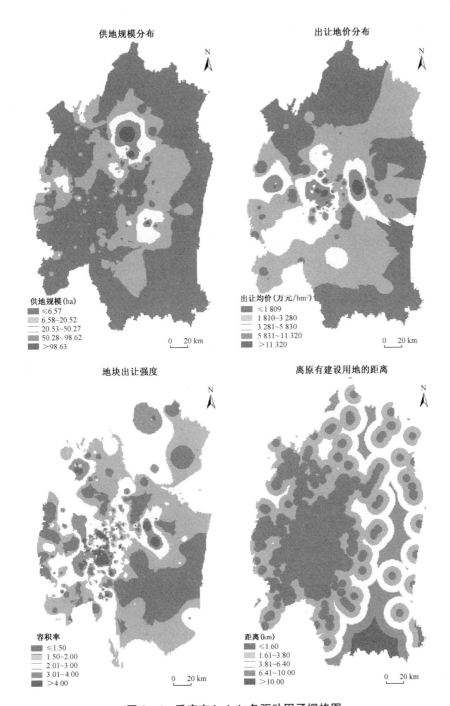

图 8 - 4　重庆市 logistic 各驱动因子栅格图

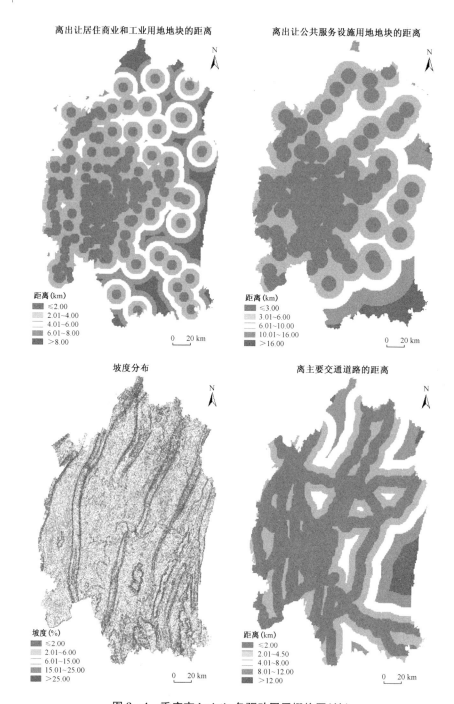

图 8‑4　重庆市 logistic 各驱动因子栅格图(续)

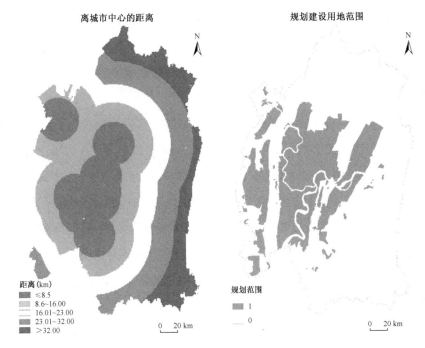

图 8-4　重庆市 logistic 各驱动因子栅格图（续）

8.4　结果分析

8.4.1　地块出让面积对城市建设用地扩张的影响

表 8-2 为上海市土地市场对城市建设用地扩张影响的 Logistic 回归分析结果。从表中可知，上海市地块出让面积的系数为正，即出让地块面积与城市建设用地扩张间呈正相关关系，随着地块出让面积的增加，城市建设用地规模将不断增长，出让地块面积对城市建设用地扩张起推动作用。出让地块面积每增加 1 hm²，城市空间发生扩张的概率增加 1.096 倍。上海市土地出让中，出让地块中的小宗用地集中分布在城市内部，以存量用地的盘活和挖潜为主，在城市中心城区较少发生城市空间扩张。出让地块中大宗用地主要集中分布在城市边缘和郊区，土地出让以增量用地供应为主兼顾存量用地开发，是

城市空间发生扩张的主要区域。虽然目前上海市出让地块中以小宗地块和存量用地占主导,但存量用地的供应难以满足城市发展需求,城市边缘和郊区仍出让一定规模的新增建设用地,且大宗地块占一定比重,增量土地的供应促进了城市空间的扩张。

从表8-3可知,武汉市出让地块面积对城市建设用地扩张具有正向影响,即随着出让地块面积的增加,城市建设用地规模将出现增加。出让地块面积每增加1 hm^2,城市空间发生扩张的概率增加1.031倍,出让地块面积对城市建设用地扩张起推动作用。武汉市土地出让地块中,小宗地块和存量用地主要分布在中心城区内的武昌、江汉、硚口等老城区,而中心城区内的洪山和汉阳两区仍大规模出让用地,出让地块中大宗用地占一定比重。中心城区外围区域虽然土地出让宗数较少,但多以大宗用地供应为主,且工业用地所占比重较大,是城市建设用地发生扩张的主要区域。随着武汉市经济社会发展和城市化进程的加快,城市建设对城市用地需求量仍然较大。目前武汉市土地出让仍以增量土地供应为主,存量用地供应所占比重相对较低,出让地块面积的增加将进一步推动城市建设用地持续快速扩张。

表8-4为重庆市土地市场对城市建设用地扩张影响的回归分析结果。从表中可知,出让地块面积的回归系数为正,表明出让地块面积对城市建设用地扩张起推动作用。出让地块面积每增加1 hm^2,城市空间发生扩张的概率增加1.014倍。重庆市土地出让中,小宗地块和存量地块主要集中分布在渝中、九龙坡等老城区,以存量用地供应为主。而大宗地块主要集中分布在"两江新区"和西部的城市新城,且土地出让地块中工业用地占有一定比重,是城市建设用地发生扩张的主要区域。重庆市正处于城镇化加速发展期,经济社会发展和城镇化的推进对城市建设用地的需求较大。目前重庆市土地供应仍以增量土地为主,随着"两江新区"和西部城市新城的进一步开发建设,土地出让面积将不断增加,将进一步推动城市建设用地扩张。

8.4.2 地块出让价格对城市建设用地扩张的影响

表8-2模型结果显示,上海市地块出让价格的回归系数为负,说明地块

出让价格与城市建设用地之间呈负相关关系,即随着地块出让价格的提高,城市建设用地扩张的规模和速度会有所下降。模型结果中 $\text{Exp}(\beta) = 0.999\,99$,说明地块出让价格每提高 1 万元,城市建设用地发生扩张的概率减少约 1 倍,表明地块出让价格的提高对城市建设用地扩张起到一定的抑制作用。据表 8-3 可知,武汉市地块出让价格对城市建设用地扩张具有负影响,即随着地块出让价格的提高,城市建设用地规模增长将放缓。模型结果中 $\text{Exp}(\beta) = 0.999\,72$,即地块出让价格每提高 1 万元,城市建设用地发生扩张的概率减少约 1 倍,表明地块出让价格的提高在一定程度上有利于减缓城市建设用地扩张。从表 8-4 可知,重庆市地块出让价格的回归系数为负,表明地块出让价格对城市建设用地扩张有负影响,即随着地块出让价格的提高,城市建设用地扩张将会放缓,地块出让价格的提高能在一定程度上抑制城市建设用地扩张。$\text{Exp}(\beta) = 0.999\,97$,说明土地出让均价每提高 1 万元,城市建设用地扩张的概率减少约 1 倍。

上海、武汉和重庆三市的地块出让地价总体表现出商业用地出让地块地价高值区集中分布在城市中心;住宅用地出让地块地价在城市中心形成峰值中心的同时,也在外围地区形成次级地价中心;工业用地出让地块地价主要在城市边缘和郊区形成地价中心。总体上,研究区三个城市不同用途土地出让地块地价呈现出商业用地地价＞住宅用地地价＞工业用地地价,地价总体符合"地租竞租"规律。土地供应价格的空间分布规律对城市建设用地扩张的影响表现在价格机制作用下,使得 CBD、写字楼、酒店等具有较强竞争优势的商业向城市中心集中;而住宅用地在城市中心区域集中分布的同时,也向城市边缘和郊区拓展;工业用地则通过"退二进三"等方式,逐渐退出城市中心区域并大规模向城市郊区转移。出让地块地价的提高促进了城市用地空间结构调整、优化和土地集约利用水平提升,对抑制城市建设用地扩张起到一定作用。

8.4.3　地块出让强度对城市建设用地扩张的影响

据表 8-2 模型结果可知,上海市地块出让强度的回归系数为负,即随着出让地块强度的提高,城市建设用地扩张将会放缓,表明地块出让强度的提高在一定程度上有利于减缓城市建设用地扩张。模型估计结果中,$Exp(\beta) =$ 0.746 86,表明出让地块强度每提高 1 个单位城市建设用地发生扩张的概率将减少约 0.75 倍。上海市出让地块中,中心城区以商业用地和住宅用地为主,土地出让强度高;而城市边缘区和郊区主要以住宅和工业用地出让为主,工业用地土地出让强度较低。城市边缘区和郊区是上海市城市建设用地发生扩张的主要区域,也是开发区和工业园区集中分布区域,城市发展以工业用地的低密度开发为主。因此,地块出让强度的提高对城市建设用地扩张起到一定的抑制作用。

理论上土地出让强度的提高将会促进城市高密度开发,进而有利于抑制城市建设用地扩张,而低强度出让则使得城市建设用地低密度开发,将会加剧城市建设用地扩张。但从表 8-3 模型估计结果可知,武汉市地块出让强度的回归系数为正,即土地出让强度与城市建设用地扩张间呈正相关,表明土地出让强度的提高对城市建设用地扩张的抑制作用并不显著。这可能与武汉市土地出让中,中心城区边缘地区及城市郊区以工业用地出让为主,土地出让强度相对较低,外加境内湖泊众多,出让用地易被水体分割,难以集中连片和进行高强度供应,进而提高城市开发密度有关。此外,出于对水体和自然景观的保护,湖泊周边地区土地开发强度不宜过高。因此,出让地块强度对城市建设用地扩张的影响和抑制作用并不显著。

据表 8-4 模型估计结果可知,重庆市地块出让强度与城市建设用地扩张间呈负相关,即随着出让地块强度的提高,城市建设用地规模增加将会放缓,表明出让地块强度的提高对城市建设用地扩张具有一定的抑制作用。模型估计结果中,$Exp(\beta) = 0.605\,44$,表明出让地块强度每提高 1 个单位城市建设用地发生扩张的概率将较少约 0.61 倍。受山体阻隔和水体分割影响,重庆市城市用地发展以组团式开发为主,渝中半岛及其周边地区以商业用地和住宅用地出让为主,地块出让强度较高,城市发展以高密度开发为主。"两江新区"和西部新城住宅和商业用地虽有一定规模分布,但同时也是工业用地地块出让主要分布区,土地开发强度相对较低。随着工业用地开发强度的提高,将会在一定程度上减缓城市建设用地的扩张。

8.4.4　地块出让模式对城市建设用地扩张的影响

出让地块属于紧凑式或蛙跳式供地,对城市建设用地扩张模式产生重要影响,进而影响城市空间扩张规模与形态。上海市模型估计结果显示,表征地块出让模式的指标中,离出让居住、商业和工业用地距离变量的回归系数均为负,表明城市空间发生扩张的概率随着离出让地块距离的增加而减小,城市建设用地扩张主要发生在出让地块区域,城市建设用地扩张紧追随土地供应方向。离出让公共服务设施用地距离变量的回归系数均为正,表明公共服务设施用地的出让对城市建设用地扩张的影响不显著,这可能与上海市公共服务设施较为齐全,公共服务设施对建设用地扩张的拉动作用不断减弱,从而在一定程度上降低了其对城市建设用地扩张的影响有关。

武汉市模型估计结果显示,离出让居住、商业和工业用地的距离对城市建设用地扩张具有负影响,即城市建设用地发生扩张的概率随着离出让地块的距离的增加而减小,说明离出让用地的距离越近的区域城市建设用地发生扩张的概率越高,城市建设用地主要以出让地块为中心进行扩张,建设用地扩张追随土地供应方向。离出让公共服务设施用地距离变量的回归系数为负,表明离出让公共服务设施用地越近,发生城市建设用地扩张的概率越高。公共服务设施等公益性用地的出让,在为区域提供公共服务的同时,也吸引人口及产业集聚,在一定程度上加速经营性用地出让,从而促进城市建设用地扩张。

重庆市模型估计结果表明,离出让居住、商业和工业用地距离的回归系数为负,说明距土地出让地块距离对城市建设用地扩张有负影响,表明距出让地块距离的增加城市建设用地发生扩张的概率将减少,距出让地块的距离每增加 1 km,发生城市建设用地扩张的概率约减少 1 倍,城市建设用地主要以出让地块为中心进行扩张,建设用地扩张追随土地供应方向。离出让公共服务设施用地距离变量的回归系数亦为负值,表明离出让公服用地越近,发生城市建设用地扩张的概率越高。公共服务设施等公益性用地的出让,将吸引人口和产业的集聚,一定程度上可能会加速经营性用地出让,从而推动城市建设用地扩张。

8.4.5 区位、规划等因素对城市建设用地扩张的影响

除土地市场外,自然、区位条件和规划等因素对城市建设用地扩张也产生深刻影响。

从自然条件看,根据坡度因子的 Wald χ^2 统计量及其在模型结果中的排序可知,重庆市作为山地城市,坡度对城市建设用地扩张的影响较大,自然因素是影响城市建设用地扩张的主要因素。而上海和武汉城市建设用地扩张基本自然条件影响极小。从区位条件看,上海市离区县中心距离变量的回归系数为负值,但该变量在 10% 的水平上不显著,表明离区县中心距离对城市建设用地扩张的影响不显著。离主要道路距离的回归系数为负值,且在 1% 的水平上显著,表明城市建设用地发生扩张的概率随着距主要交通轴线距离的增大而减小。离主要道路的距离越近,发生城市建设用地扩张的概率将增加约 1 倍,城市交通轴线对城市建设用地局部具有重要的指向作用。武汉市和重庆市离区县中心距离的回归系数符号为正,表明随着距区县中心距离的增加,城市建设用地发生扩张的概率增大,说明城市扩张由原来的向区政府周围集聚逐渐向周边扩散发展转变。武汉市离主要道路的距离回归系数为负值,且通过显著性检验,表明城市空间发生扩张的概率随着离交通轴线的距离的增加而减小。武汉市作为全国重要的交通枢纽,交通路网发达,城市建设用地主要沿交通轴线布局,交通路网对城市建设用地扩张具有重要的指向作用。重庆市离主要道路的距离回归系数为负值,但未通过显著性检验,表明离主要道路的距离对城市建设用地扩张影响不显著,这可能与前期虽然城市建设用地沿交通轴线布局和拓展,但受山体和水体等自然条件限制,城市建设用地扩张以组团式发展为主,交通轴线对城市建设用地扩张的影响降低有关。上海市和武汉市离现有建设用地距离的回归系数均为负,表明离现有城市建设用地越近,发生城市空间扩张的可能性越大,城市建设用地扩张具有一定的空间依赖性。重庆市离最近城市建设用地距离的回归系数均为正,即城市建设用地随着离现有城市建设用地距离的增加发生扩张的概率增大,表明城市用地拓展中出现大规模的飞地式扩张。根据前文可知,2010—2015 年,重庆市建

设用地增长中以飞地式扩张的比重高达 43.59%。从空间规划看,上海、武汉和重庆三市规划政策变量对城市建设用地扩张有正向影响,且 Wald χ^2 统计量在所有自变量中值最大,表明规划对城市建设用地扩张的影响确实存在,且作用程度较大。上海市 Exp(β)=3.429,表明城市建设用地在规划边界范围内的扩张发生比约为规划边界外扩张发生比的 3.429。武汉市和重庆市的空间政策亦对城市建设用地扩张产生显著影响,空间规划政策对城市建设用地增长起到明显的引导作用。政府行为和空间政策是影响城市空间发展的重要因素,城市规划作为政府空间制度政策的体现,对城市用地的空间布局和拓展方向具有重要影响。上海市 1986 版的城市规划中,城市发展方向重点开发浦东新区、充实和发展卫星城、有步骤地开发长江口南岸、杭州湾北岸两翼。90 年代以来,围绕浦东开发开放,分别编制了《浦东新区总体规划(1991 年)》和《上海市城市总体规划(1999—2020 年)》,城市发展和布局上强调拓展沿江沿海发展空间,集中建设新村和中心镇。《上海市城市总体规划(2017—2035 年)》提出严格控制城市规模,坚持规划建设用地总规模负增长,到 2035 年建设用地总规模不超过 3 200 km²。武汉市 90 年代以来,共开展了三轮城市规划编制和修编,1995 年编制的版本中,明确划定两个核心区,即江北和江南,在绕核心区周围布局 10 个中心片区,并在主城边缘设置 10 个综合组团,形成"多中心组团式"的布局结构。《武汉城市总体规划(2010—2020 年)》版本中,城市发展依托重要交通干线,在都市区构建横向发展、组团布局的城镇空间,形成"以主城区为核、多轴多心"的开放式空间结构。而在 2016—2030 年版本中,构建"一核两区、多轴多心"的呈现空间体系,即以主城区为核心,基于城镇开发边界划分为集中和非集中建设区,依托主要交通干线,形成多轴多心的城镇发展格局。重庆市中心城区的规划强调组团式发展,2007—2020 年版本中明确要求城市空间结构为"一城五片、多中心组团式"。不同时期城市规划对城市发展和布局的安排不断处于变化中,但城市建设用地扩展方向和布局基本与规划保持一致,城市规划合理引导了城市扩张。

8.5　土地市场对城市建设用地扩张影响的区域差异

土地市场对城市建设用地扩张的影响在不同城市间存在差异。从地块出让面积看,上海、武汉和重庆三市的地块出让面积的增加对城市建设用地扩张均起到推动作用。地块出让面积每增加 1 hm²,城市空间发生扩张的概率分别增加 1.096 倍、1.031 倍和 1.014 倍,地块出让面积对城市建设用地扩张的推动作用上海市＞武汉市＞重庆市。研究区三个城市中,上海市中心城区以存量用地供应为主导,地块以小宗用地供应为主,中心城区不发生或极少发生城市扩张。武汉和重庆两市中心城区以地块出让以小宗地用地为主,但存在部分增量用地,中心城区与郊区开发并存。总体上,上海、武汉和重庆三市出让地块中大宗用地主要集中分布在城市边缘和郊区,是城市空间发生扩张的主要区域。

从地块出让价格看,上海、武汉和重庆三市的地块出让价格对城市建设用地扩张均起到一定的抑制作用。出让地块价格每提高 1 万元,上海、武汉和重庆三市的城市建设用地扩张的概率减少约 1 倍,表明地块尺度上,地块出让价格的提高对城市建设用地扩张的抑制作用在三个城市间差异并不大。上海、武汉和重庆三市不同用途土地的地块出让地价价格总体表现出商业用地地价在城市中心形成峰值中心和次级中心;住宅用地出让地块地价在城市中心和外围地区分别形成地价峰值中心和次级中心;而工业用地出让地块地价则主要在城市边缘地区和郊区形成不同峰值的地价中心。总体上,上海、武汉和重庆三个城市不同用途土地出让地块的地价总体符合"地租竞租"规律。在价格机制作用下,商业用地呈现明显的向心性,主要向城市中心区域集中;居住用地逐渐向城市边缘区布局;工业用地则逐渐退出城市中心并主要布局在城市郊区。出让地块价格的提高对城市空间结构调整、用地布局优化和土地节约集约利用水平起到重要作用,一定程度上抑制了城市建设用地扩张。

从地块出让强度看,上海、武汉和重庆三市的地块出让强度对城市建设用地扩张的影响在不同城市间存在显著的差异。上海市和重庆市的地块出让强度对城市建设用地扩张起到减缓作用,一定程度上抑制了城市建设用地扩张;而地块出让强度的提高对武汉市城市建设用地扩张的抑制作用并不显著。土地出让强度每提高 1 个单位,上海市和重庆市城市建设用地发生扩张的概率将分别减少约 0.75 倍和 0.61 倍,地块出让强度对城市建设用地的抑制作用上海市＞重庆市。上海、武汉和重庆三市不同用途的地块出让总体为商业用地集中分布在城市中心,住宅用地在城市中心分布的同时也不断向郊区拓展,工业用地则主要集中分布在郊区;

　　地块出让强度总体呈现出"商业用地＞住宅用地＞工业用地"的特征。城市郊区是城市建设用地发生扩张的主要集中区,郊区出让地块强度的提高将有利于城市高密度开发,从而促进土地节约集约利用。上海和重庆两市均呈现出地块出让强度的提高,有利于减缓城市建设用地扩张,而武汉市地块出让强度的提高对城市建设用地扩张的影响并不显著。

　　从地块出让模式对城市建设用地扩张的影响看,上海、武汉和重庆三市的地块出让模式对城市建设用地扩张的影响在不同城市间存在一定的差异。上海、武汉和重庆三市离出让居住、商业和工业用地的距离的回归系数均为负值,说明随着距出让地块的距离增加城市空间发生扩张的概率不断减小,城市建设用地主要以出让地块为中心进行扩张,建设用地扩张追随土地供应方向。离出让公共服务设施用地距离变量的回归系数方面,上海市回归系数为正,表明公共服务设施用地的出让对城市建设用地扩张的影响不显著;而武汉市和重庆市的回归系数均为正,表明离出让公服用地越近,发生城市建设用地扩张的概率越高。

第九章 / 结　论

9.1　主要研究结论

　　本书从长江经济带、流域、城市、县域和地块多个尺度构建了土地市场发展对城市建设用地扩张影响的理论构架,揭示了土地市场对城市建设用地扩张的影响机理,并以长江经济带、分流域和典型城市上海市、武汉市和重庆市为典型案例,开展了多尺度的实证研究。本书主要结论如下:

　　(1)通过对长江经济土地市场发展与城市建设用地扩张状况分析表明:一是 2001—2017 年,长江经济带土地供应宗数总体呈下降趋势,其宗数由 2001 年的 287 709 宗下降至 2017 年的 79 432 宗,降幅达 72.39%;而土地供应规模则总体呈现波动增长的特征,其供应规模由 2001 年的 77 938 hm² 增加至 2017 年的 293 604 hm²,年均增幅达 17.29%。从土地供应方式看,土地供应规模以出让和划拨为主,分别占长江经济带土地供应总规模的 45.15% 和 53.24%,租赁和其他供地方式所占规模和比重均较小。长江经济带土地出让价格总体呈不断提高的趋势,土地出让价格年均增长率达 26.11%,且在 11 个省市中存在差异。长江经济带土地市场化水平不断提高,由 2001 年的 17.53% 增加至 2017 年的 65.57%,但其市场化水平在 11 个省市间存在差异。长江经济带土地供应规模存在显著的空间分异特征,总体呈现出"东高西低"的态势。随着时间的推移,土地供应规模在空间上呈现以长三角城市群的主要城市为核心逐渐向西部地区的城市蔓延增长的趋势；土地出让价格总体呈现出"东高西低"的态势。土地出让价格呈显著提升，空间分布上呈现以长江经带的长三角、长江中游、成渝、黔中和滇中城市群为核心，逐渐向周边城市蔓延的趋势。土地市场化水平则总体呈现"东西高、中部低"的态势，土地市场化水平显著提升，空间分布上总体呈现以长三角城市群逐渐向西部地区的城市蔓延的趋势。二是长江经济带城市建设用地规模呈现快速扩张的趋势，且存在显著的阶段性和差异性，1990—2000 年，东部地区的上海、江苏、浙江等省市城市建设用地扩张迅速，而中西部地区省份城市建设用地规模增加较为缓慢；2000—2015 年，城市建设用地扩张迅速的省份逐渐由东部地区的省份转移到中西部地区的省份，这与区域经济发展水平和国家实施的西部大开发和中部崛起等战略密切相关。长江经济带城市建设用地年平均扩张速率和扩张强度指数总体呈现先增后减的趋势，且在不同省市间的城市建设用地扩张速率和扩张强度指数均存在显著的区域差异。1990—2015 年长江经济带城市建设用地扩张重心在湖南省和湖北省内转移，表明城市建设用地扩张由东部地区的省份向中西部地区的省份转移。长江经济带城市建设用地扩张热点区和冷点区均存在显著的空间极化现象，热点区和冷点区作为极化的核心，集聚趋势随着时间的推移逐渐发生演变。

（2）通过对典型城市的土地市场发展与城市建设用地扩张特征及其相关性分析可知：一是上海市土地供应规模呈现先升后降的阶段性特征，土地供应由增量供应为主向存量供应为主转变；武汉市和重庆市土地供应规模均呈波动上涨，土地供应仍以增量土地供应为主；三个城市的土地供应总体上由中心城区不断向外围区域扩展。上海、武汉和重庆三市的住宅和商服用地在中心城区出让密集、地价高，但受限于可开发空间，以小宗用地出让为主，而外围地区土地出让地块多且以大规模供应为主；工业用地出让呈明显的郊区化特征，主要向开发区集聚。住宅、商业和工业地价空间分布呈现典型的多中心结构特征，地价总体上从市中心逐渐向外围地区呈圈层式衰减，地价变化具有一定的连续性，但衰减过程中部分地区地价出现突起、跳跃，存在明显的空间变异性；土地出让地块的利用强度明显呈现出"商业用地＞住宅用地＞工业用地"

的利用特征。二是研究区城市建设用地扩张存在显著的区域差异,上海市城市扩张总体上呈现出快速扩展、高速扩展和缓慢扩展的阶段性特征,武汉市呈现出缓慢扩展、快速扩展和高速扩展的阶段性特征,而重庆市则呈现出缓慢扩展向高速扩展转变的特征,城市高速扩展区逐渐由上海市向武汉市和重庆市转移,呈现由东向西的梯度转移特征。从扩展模式看,不同阶段扩展模式处于不断变化过程中且存在显著的区域差异,上海市城市扩展由最初的边缘式占主导逐渐向边缘式扩张和填充式扩张并存;而武汉市和重庆市仍以边缘式和飞地式扩张为主导。土地市场发展与城市建设用地扩张具有明显的相关性:研究区城市建设用地拓展方向紧追随土地供应方向;土地供应地价空间分布上呈现出"商业地价>住宅地价>工业地价"的规律,总体上符合城市土地竞租曲线,价格机制对城市用地空间调整产生重要影响;土地供应中小规模地块供应容易导致城市用地空间破碎化,使得城市用地空间结构较为松散;研究区土地市场化水平与城市建设用地增量间存在一定的负相关关系。

(3)长江经济带及分流域的实证研究表明,长江经济带、上游、中游和下游城市,土地供应规模对城市建设用地扩张的回归系数均为正,且均通过了1%水平的显著性检验,结果表明土地供应规模的增加对城市建设用地扩张起到推动作用。土地出让价格对长江经济带城市建设用地扩张起到促进作用,而对上游、中游和下游地区均起到抑制作用,从弹性系数看,土地出让价格的提高对城市建设用地扩张的抑制作用在中游地区最明显,其次为下游地区,对上游地区的抑制作用较弱。土地市场化水平对对长江经济带和上游城市的弹性系数为正,但均未通过10%水平的显著性检验,表明土地市场化水平对长江经济带和上游城市建设用地扩张的作用并不明显;土地市场化水平对中游和下游地区的城市建设用地扩张的弹性系数为正,且均通过了10%水平的显著性检验,表明土地市场化水平的提高对城市建设用地扩张起到促进作用。其原因是实证期内,长江经济带土地市场化水平总体较低,难以发挥其对建设用地扩张的抑制作用,反而起到促进作用。随着市场化程度达到一定的水平,将会对城市建设用地扩张产生抑制作用。长江经济带各城市间建设用地扩张存在显著的空间溢出效应,且影响为正,表明当地城市扩张受相邻城市的正向影响,而长江经济带下游地区各城市间建设用地扩张则存在显著的负向溢出效应。土地供应规模、土地出让价格和土地市场化水平各指标对相邻城市的空间溢出效应存在差异。通过地理探测器探测土地市场关键变量和其他影响因素对城市建设用地扩张影响力的强弱,影响力的单因子探测平均值由强到弱分别为土地出让规模(0.8823)＞人口规模(0.8424)＞土地出让价格(0.4875)＞人均 GDP(0.4521)＞土地财政(0.4185)＞土地市场化水平(0.2838)。通过交互因子探测结果则表明,因子经过两两交互作用,较之前任何单一影响因子的解释力,均得到了较为明显的增强作用,但在不同时期,其交互作用存在一定的差异。

(4) 从典型城市尺度的实证结果可知:土地市场对城市建设用地扩张产生了重要影响,但其影响程度在不同城市间存在差异。具体表现为:从土地供应规模看,上海、武汉和重庆三市的土地出让规模均对城市建设用地扩张起推动作用,土地供应规模的增加将推动城市建设用地的进一步扩张。从土地出让价格看,上海和武汉两市的土地出让价格对城市建设用地扩张起到一定的抑制作用,土地出让价格每增加 1 万元,城市建设用地扩张规模将分别减少 $0.047\ \mathrm{hm}^2$ 和 $0.226\ \mathrm{hm}^2$;而重庆市的土地出让价格对城市建设用地规模起到推动作用,土地出让价格每增加 1 万元,将推动 $0.013\ \mathrm{hm}^2$ 的城市建设用地扩张。土地市场化方面,重庆市土地市场化水平的提高对城市建设用地扩张起到抑制作用,土地市场化水平每提高 1％,将会抑制 $0.000\ 9\ \mathrm{hm}^2$ 的土地转为城市建设用地。武汉市土地市场化水平对城市建设用地扩张具有负向影响,但在 10％的水平上并不显著,表明虽然武汉市土地市场化水平的提高对城市建设用地扩张呈现抑制作用的趋势,但其抑制作用并不显著;上海市土地市场化水平与城市建设用地间呈正相关,且在 10％的水平上不显著,说明土地市场化水平的提高对城市建设用地扩张的影响并不明显。

(5) 从县域尺度的实证结果可知:研究区域重庆市土地市场对城市建设用地扩张的影响在县域尺度存在明显的空间分异规律。土地出让规模弹性系数均为正值,表明土地出让规模的增长对城市建设用地扩张起推动作用;土地出让规模的弹性系数总体由渝东北的区县由东北向西南的区县逐渐递减。土地出让价格对城市建设用地扩张的影响具有"双向"作用。渝东北地区的巫山、奉节、云阳、城口、开县、万州等区县,弹性系数介于 $-0.0892 \sim -0.0051$ 之间,表明土地出让价对城市建设用地扩张的影响起到一定减缓作用。其余区县土地出让价格的弹性系数均为正值,表明土地出让价格的提高不仅没有起到抑制城市建设用地扩张的作用,反而推动了城市建设用地增长。这些区县主要集中分布在城市发展新区、都市功能核心区、都市功能拓展区内的区县,在空间上呈集聚分布。土地市场化水平的弹性系数有正值也有正值,说明土地市场市场化水平的提高对城市建设用地扩张的影响,抑制作用和推动作用并存。秀山、酉阳和黔江的弹性系数介于 $-0.00025 \sim -0.00006$ 之间,土地市场化水平的提高对城市建设用地扩张起到了一定的减缓作用,但从弹性系数看,抑制效果并不明显。其余区县的土地市场化弹性系数均为正值,表明土地市场化水平的提高并未起到抑制城市建设用地扩张的作用,反而促进了城市建设用地扩张。土地市场化弹性系数为正的区县,其推动作用总体从渝东北地区逐渐向都市拓展区、都市核心区和城市发展新区呈递增趋势。

(6)从地块尺度的实证结果可知:土地市场中的地块出让面积、地块出让价格、地块出让强度、地块出让模式等均对城市建设用地扩张产生了显著的影响,但其影响程度在研究区的不同城市间存在差异。具体表现为:从地块出让面积看,上海市、武汉市和重庆市的地块出让面积的增加对城市建设用地扩张均起到推动作用。地块出让面积每增加 1 hm²,城市空间发生扩张的概率分别增加 1.096 倍、1.031 倍和 1.014 倍。研究区三个城市土地出让中,小宗地块主要分布在城市内部,且以存量用地为主,城市内部不发生或极少发生城市扩张;而出让地块中大宗用地主要集中分布在城市边缘和郊区,是城市空间发生扩张的主要区域。从地块出让价格看,上海市、武汉市和重庆市的地块出让价格对城市建设用地扩张均起到一定的抑制作用。出让地块价格每提高 1 万元,三个城市建设用地扩张的概率均减少约 1 倍;地块尺度上,出让价格对城市建设用地扩张的抑制作用在城市间差异不大。上海、武汉和重庆三市不同用途土地出让地块的地价总体符合"地租竞租"规律,地块出让价格均表现出"商业用地>居住用地>工业用地"。在价格机制作用下,出让地块价格的提高对城市空间结构调整、用地布局优化和土地节约集约利用水平起到重要作用，一定程度上抑制了城市建设用地扩张。从地块出让强度看，地块出让强度对城市建设用地扩张的影响在不同城市间存在显著的差异。上海市和重庆市的地块出让强度的提高对城市建设用地扩张起到抑制作用；土地出让强度每提高1个单位，城市建设用地发生扩张的概率将分别减少约0.75倍和0.61倍；而地块出让强度的提高对武汉市城市建设用地扩张的抑制作用并不显著。从地块出让模式看，上海和武汉两市离现有城市建设用地的距离越近，发生城市空间扩张的可能性越大；而重庆市并未完全表现出这一趋势，表明城市用地拓展中出现大规模的飞地式扩张。上海、武汉和重庆三市均呈现出离出让地块的距离越近，城市空间发生扩张的概率越大，城市建设用地主要以出让地块为中心进行扩张，建设用地扩张追随土地供应方向。

（7）多尺度的实证研究表明：土地市场对城市建设用地扩张的影响存在尺度效应。长江经济带和分流域尺度，土地供应规模是城市建设用地扩张的主导驱动因素；城市和县域尺度，土地出让价格与土地市场化水平是影响城市建设用地扩张的关键因素。而地块尺度，出让地块规模、出让地块价格、出让地块强度和出让地块模式对城市建设用地扩张产生重要影响。长江经济带、分流域、城市、县域和地块多个尺度对城市建设用地扩张的影响即具有共性，也存在差异。具体为：土地供应规模对城市建设用地扩张的影响在流域及以上尺度、城市、县域和地块等多个尺度均起到推动作用，随着土地供应规模的增加，将进一步促进城市建设用地扩张。土地出让价格对城市建设用地扩张的影响在流域及以上尺度、城市和县域尺度具有"双向"作用。流域及以上尺度，土地出让价格对长江经济带的城市建设用地扩张起到促进作用，而对上游、中游、下游地区的城市建设用地扩张则起到抑制作用。城市尺度，土地出让价格对上海和武汉两市城市建设用地扩张的影响具有抑制作用，而对重庆市其抑制作用并不显著。县域尺度，土地出让价格对渝东北地区的多数区县起到一定的抑制作用，对市域内的其余区县其抑制作用并不显著。在地块尺度，地块出让价格对上海、武汉和重庆三个城市建设用地扩张均起到抑制作用，但其抑制作用在城市间的差异不大。土地市场化水平在城市和县域尺度对城市建设用地扩张具有重要影响,其影响在重庆和武汉起到抑制作用,而在上海抑制作用并不显著。在县域尺度,土地市场对城市建设用地扩张的影响在秀山、酉阳和黔江三个区县起到了一定的减缓作用,但从弹性系数看,抑制效果并不明显;在市域内的其余区县,其影响作用并不显著。地块尺度,土地市场则主要通过出让地块大小及其区位分布、出让地块价格与空间分布、地块出让强度及出让模式等微观层面影响城市建设用地扩张。

9.2 促进城市建设用地理性增长的土地市场调控政策建议

(1) 强化市场对土地资源的调控作用,促进城市建设用地理性增长

市场经济的就是在产品市场包括土地在内的要素市场各个领域充分发挥市场机制的作用,政府管理主要是维护市场公平竞争的环境以及一定程度上弥补市场的不足和缺陷(陈鹏,2009)。随着我国经济体制由计划经济向市场经济转变,我国的土地市场也不断完善,并逐渐确立产权主体多元、平等、公正的土地市场体系。国家非常重视土地市场化改革,我国自 1987 年出让第一块土地以来,国家相继出台了相关条例、法规和政策推动土地市场的发展。1988年的七届人大一次会议通过了《中华人民共和国宪法》(修正案),规定"土地使用权可以依照法律的规定转让",标志着中国的土地使用权可以计入市场流通并开始产生价值(Wong et al.,1999;Zhu,2005)。1990 年,国务院颁布了《中华人民共和国城镇国有土地使用权出让和转让暂行条例》,明确了国有土地可以出让、转让、租赁、抵押等(刘力豪,2016)。2000 年以来,我国土地市场不断发展完善,相继出台了相关文件,尤其是 2005 年国务院颁布的《关于 2005 年深化经济体制改革的意见》(国发〔2005〕9 号)提出:经营性用地要全面推行招标、拍卖、挂牌出让制度,非经营性用地要建立公开供地机制,土地市场不断完善。随着土地市场的不断发展和完善,十八届三中全会《中共中央关于全面深化改革若干重大问题的决定》提出,将市场机制配置资源的作用由"基础性"上升到"决定性"作用的高度。2020 年中共中央和国务院发布的《关于构建更

加完善的要素市场化配置体制机制的意见》提出要"推进土地要素市场化改革"。2021年中办、国办印发《建设高标准市场体系行动方案》提出要推动经营性土地要素市场化配置。逐渐转变政府在土地市场土地市场中的垄断地位,逐渐向以间接管理调控为主转变,并加强以公共利用为目标的用地储备制度建设,公开土地交易异常信息,做到土地交易信息透明化。确保市场机制在土地资源配置中的决定性作用,通过市场化手段来调节和控制土地供应总量和供应结构,提高土地利用效率,促进城市建设用地理性增长。

(2) 通过市场化手段优化长江经济带各省市土地供应配额,按需供地

随着我国区域发展战略的实施,在西部大开发和中部崛起战略中,国家对中西部地区给予政策、土地、资金、资源、投资等方面的政策优惠和政策支持。为进一步加快资源优势转化为发展优势,发挥国土资源对推动西部地区经济社会又好又快发展的保障和促进作用,原国土资源部日前印发《关于贯彻落实〈中共中央国务院关于深入实施西部大开发战略的若干意见〉的意见》,从加强国土资源调查评价、加大土地政策支持力度、推进优势矿产资源开发利用、加快构建符合西部实际的国土资源管理新机制六方面,出台相关支持政策,为新一轮西部大开发保驾护航(国土资源部,2010)。国家加大对西部大开发的土地政策支持力度,土地利用年度计划指标安排向西部地区适当倾斜,增加新增建设用地供应规模,并鼓励工业园区和开发区建设。西部大开发战略和中部崛起战略实施以来,中西部地区经济社会快速发展,城市发展和大规模的基础设施建设,对城市建设用地的需求不断增加。从前文研究可知,2000—2015年,长江经济带中西部地区城市建设用地处于快速扩张阶段。应充分发挥市场机制对土地资源的配置作用,改变过去对中西部地区进行土地年度配额倾斜的方式,以市场化手段调控长江经济带东、中、西各省市的土地供应规模,按各省份的实际需求规模严格进行供地。以避免中西部地区在城市建设中,进行大规模供地,粗放式的进行城市开发,造成土地资源的浪费。

(3) 继续提高土地市场化水平,进一步发挥市场机制对土地资源的配置作用

根据前文研究可知,长江经济带土地市场化水平虽然不断提升,但总体水

平不高,2001—2017 年土地市场化平均水平仅为 41.255％。三个典型城市的土地市场化水平相对较高,土地出让中以"招拍挂"方式供应的地块占土地供应的比重快速增加,尤其是 2010 年以来,上海市"招拍挂"方式供地占比增加至 94％～96％,武汉市增加至 82％～93％,重庆市最高增加至 87.15％,土地市场化水平得到显著提高。但从整个长江经济带来看,土地供应的总规模中,以划拨和协议供地的土地占比仍然较大,需逐渐降低行政划拨和协议供地土地占比,扩大国有土地有偿使用范围,减少非公益性用地划拨,继续提高"招拍挂"供地比重,不断推进土地市场的发育和完善,不断提升市场机制在土地资源配置中的决定性作用,推进土地要素市场化改革和经营性土地要素市场化配置,充分发挥市场机制对土地资源的配置作用。

（4）积极推进城市土地供给侧改革,优化土地供应结构

积极推进城市土地供给侧改革,破除政策在一级土地市场的垄断地位,逐渐转变政策职能,由垄断一级土地市场向间接调控土地市场转变。建立多元化的土地供应主体,包括政府、集体和原土地使用者等,提升土地资源的供应效率。拓宽土地供应的方式,更多地采用置换、租赁、入股、互换的新方式（马克星 等,2017）。优化土地供应结构,上海、武汉和重庆三个典型城市的工业用地出让占比较高,2009—2017 年,上海市工业用地供地平均占比为 20.89％,武汉市为 35.91％,重庆市为 21.15％,远高于发达国家和地区 10％的占比。而三个城市公共服务用地出让占比较低,远低于发达国家。积极推进城市土地供给侧改革,逐渐降低工业用地出让占比,提高商服用地和公共服务设施用地占比,适当增加生活用地尤其是居住用地比重;清理无效供给,增加有效供给,提升供给对需求的引领作用,不断优化土地供应结构。严格控制城市土地供应规模和优化土地供应结构,促使城市由原来的外延式增长向内涵式增长转变。

（5）针对不同城市,探索差别化的土地市场发展机制

长江经济带所涵盖城市较多,不同的城市所处的发展阶段存在差异,因此,需因城施策,探索差别化的土地市场发展机制。对不同的城市实施差别化供地,提高土地市场供给的有效性和精准度。如上海市和江苏省的苏南地区

的城市,已经历了城镇化发展的快速阶段,目前已处于城镇化发展的缓慢增长阶段,城市发展较为成熟,这些城市应严格控制增量用地,积极盘活低效城镇用地和存量工业用地,释放土地供应空间,继续增加存量土地供应比重。以武汉市和重庆市为代表的中西部城市,应积极盘活低效用地,积极推进产业用地"退二进三",清理开发区闲置土地,盘活存量用地,逐渐增加存量用地供应比重,引导节约集约用地,提升土地供应和土地利用效率。根据前文研究可知,武汉市和重庆市城市扩张中飞地类型占一定的比重,今后的土地供应中,武汉和重庆两市的土地供应空间位置上尽量在临近现有建设用地周边进行紧凑式供地,尽量减少土地供应的跳跃性,推进城市土地供应在空间上的有序分布,促进城市用地紧凑式发展。

参考文献

[1] ABDULLAHI S, PRADHAN B, MOJADDADI H, 2018. City compactness: assessing the influence of the growth of residential land use[J]. Journal of urban technology, 25(1): 21-46.

[2] ALONSO W, 1960. A theory of the urban land market[J]. Papers in regional science, 6(1): 149-157.

[3] ALONSO W, 1964. Location and land use: toward a general theory of land rent[M]. Cambridge Mass: Harvard University Press.

[4] AMATI M, TAYLOR L, 2010. From green belts to green infrastructure[J]. Planning practice & research, 25(2): 143-155.

[5] AMATI M, YOKOHARI M, 2006. Temporal changes and local variations in the functions of London's green belt[J]. Landscape and urban planning, 75(1-2): 125-142.

[6] AMBROSE B W, 2005. Forced development and urban land prices[J]. The journal of real estate finance and economics, 30(3): 245-265.

[7] AMPONSAH O, BLIJA D K, AYAMBIRE R A, et al, 2022. Global urban sprawl containment strategies and their implications for rapidly urbanising cities in Ghana[J]. Land use policy, 114: 105979.

[8] ANAS A, RHEE H J, 2006. Curbing excess sprawl with congestion tolls and urban boundaries[J]. Regional science and urban economics, 36(4): 510-541.

[9] ANDO A, UCHIDA R, 2004. The space-time structure of land prices in Japanese

metropolitan areas[J]. The annals of regional science, 38(4): 655 – 674.

[10] BATISANI N, YARNAL B, 2009. Urban expansion in Centre County, Pennsylvania: spatial dynamics and landscape transformations [J]. Applied geography, 29(2): 235 – 249.

[11] BETTENCOURT L M A, 2013. The origins of scaling in cities[J]. Science, 340 (6139): 1438 – 1441.

[12] BHATTA B, SARASWATI S, BANDYOPADHYAY D, 2010. Urban sprawl measurement from remote sensing data[J]. Applied geography, 30(4): 731 – 740.

[13] BOWMAN A W, 1984. An alternative method of cross-validation for the smoothing of density estimates[J]. Biometrika, 71(2): 353 – 360.

[14] BRADSHAW T K, MULLER B, 1998. Impacts of rapid urban growth on farmland conversion: application of new regional land use policy models and geographical information systems 1[J]. Rural sociology, 63(1): 1 – 25.

[15] BRUECKNER J K, 1990. Growth controls and land values in an open city[J]. Land economics, 66(3): 237 – 248.

[16] BRUECKNER J K, 2000. Urban sprawl: diagnosis and remedies[J]. International regional science review, 23(2): 160 – 171.

[17] BURCHFIELD M, OVERMAN H G, PUGA D, et al, 2006. Causes of sprawl: a portrait from space[J]. The quarterly journal of economics, 121(2): 587 – 633.

[18] BURTON E, JENKS M, WILLIAMS K, 2003. The compact city: a sustainable urban form? [M]. Routledge.

[19] CAMAGNI R, GIBELLI M C, RIGAMONTI P, 2002. Urban mobility and urban form: the social and environmental costs of different patterns of urban expansion[J]. Ecological economics, 40(2): 199 – 216.

[20] CAO F, GE Y, WANG J F, 2013. Optimal discretization for geographical detectors-based risk assessment[J]. GIScience & remote sensing, 50(1): 78 – 92.

[21] CHEN Z, WANG Q, HUANGX, 2015. Can land market development suppress illegal land use in China? [J]. Habitat international, 49: 403 –412.

[22] CHESHIRE P, SHEPPARD S, 2004. Land markets and land market regulation: progress towards understanding[J]. Regional science and urban economics, 34(6):

619 - 637.

[23] CHETTRY V, SURAWAR M, 2021. Delineating urban growth boundary using remote sensing, ANN-MLP and CA model: a case study of Thiruvananthapuram urban agglomeration, India[J]. Journal of the Indian society of remote sensing, 49 (10): 2437 - 2450.

[24] CHRISTENSEN P, MCCORD G C, 2016. Geographicdeterminants of China's urbanization[J]. Regional science and urban economics, 59: 90 - 102.

[25] CODD E F, 2014. Cellular automata[M]. Academic Press.

[26] DEININGER K, JIN S, 2008. Land sales and rental markets in transition: evidence from rural Vietnam[J]. Oxford bulletin of economics and statistics, 70(1): 67 - 101.

[27] DEININGER K W, 2003. Land policies for growth and poverty reduction[M]. World Bank Publications.

[28] DEMPSEY J A, PLANTINGA A J, 2013. How well do urban growth boundaries contain development? Results for Oregon using a difference-in-difference estimator [J]. Regional science and urban economics, 43(6): 996 - 1007.

[29] DENG F F, 2005a. Public land leasing and the changing roles of local government in urban China[J]. The annals of regional science, 39(2): 353 - 373.

[30] DENG X, ZHAN J, CHEN R, 2005b. The patterns and driving forces of urban sprawl in China[C]//IEEE International Geoscience and Remote Sensing Symposium, 3: 1511 - 1513.

[31] DEVAS N, 1993. Managing fast growing cities: new approaches to urban planning and management in the developing world[M]. Longman Group United Kingdom.

[32] DIELEMAN F, WEGENER M, 2004. Compact city and urban sprawl[J]. Built environment, 30(4): 308 - 323.

[33] DIERWECHTER Y, 2017. Urban sustainability through smart growth: intercurrence, planning, and geographies of regional development across Greater Seattle[M]. Springer.

[34] DING C, 2003. Land policy reform in China: assessment and prospects[J]. Land use policy, 20(2): 109 - 120.

[35] DING C, LICHTENBERG E, 2011a. Land and urban economic growth in China[J].

Journal of regional science, 51(2): 299 – 317.

[36] DING C, ZHAO X, 2011b. Assessment of urban spatial-growth patterns in China during rapid urbanization[J]. Chinese economy, 44(1): 46 – 71.

[37] DING C, ZHAO X, 2014. Land market, land development and urban spatial structure in Beijing[J]. Land use policy (40): 83 – 90

[38] DONG L, LI X, 2022. Evolution of urban construction land structure based on information entropy and shift-Share model: an empirical study on Beijing-Tianjin-Hebei Urban Agglomeration in China[J]. Sustainability, 14(3): 1244.

[39] DOWALL D E, 1993. Establishing urban land markets in the People's Republic of China[J]. Journal of the American planning association, 59(2): 182 – 192.

[40] DU J, THILL J C, PEISER R B, et al, 2014. Urban land market and land-use changes in post-reform China: a case study of Beijing[J]. Landscape and urban planning, 124: 118 – 128.

[41] DU Y, XIE Z, ZENG Y, et al, 2007. Impact of urban expansion on regional temperature change in the Yangtze River Delta[J]. Journal of geographical sciences, 17(4): 387 – 398.

[42] ELLMAN T, 1997. Infill: the cure for sprawl[J]. Arizona issue analysis, 146: 7 – 9.

[43] EVANS A W, 1999. The land market and government intervention[J]. Handbook of regional and urban economics, 3: 1637 – 1669.

[44] EWING R, 1997. Is Los Angeles-style sprawl desirable? [J]. Journal of the American planning association, 63(1): 107 – 126.

[45] FILATOVA T, PARKER D, VAN DER VEEN A, 2009. Agent-based urban land markets: agent's pricing behavior, land prices and urban land use change[J]. Journal of artificial societies and social simulation, 12(13): 1 – 31.

[46] FOLEY J A, DEFRIES R, ASNER G P, et al, 2005. Global consequences of land use [J]. Science, 309(5734): 570 – 574.

[47] FORMAN R T, 1995. Land Mosaics: the ecology of landscapes and regions[M]. Cambridge University Press.

[48] FOTHERINGHAM A S, BRUNSDON C, CHARLTON M, 2002. Geographically

weighted regression [M]. New York: Wiley Press.

[49] FREEMAN L, 2001. The effects of sprawl on neighborhood social ties: An explanatory analysis [J]. Journal of the American planning association, 67 (1): 69 – 77.

[50] FUJITA M, 1982. Spatial patterns of residential development[J]. Journal of urban economics, 12(1): 22 – 52.

[51] GAVRILIDIS A A, NIȚĂ M R, ONOSE D A, et al, 2019. Methodological framework for urban sprawl control through sustainable planning of urban green infrastructure [J]. Ecological indicators, 96: 67 – 78.

[52] GENNAIO M P, HERSPERGER A M, BÜRGI M, 2009. Containing urban sprawl—Evaluating effectiveness of urban growth boundaries set by the Swiss Land Use Plan[J]. Land use policy, 26(2): 224 – 232.

[53] GORDON P, RICHARDSON H W, 1997. Are compact cities a desirable planning goal? [J]. Journal of the American planning association, 63(1): 95 – 106.

[54] GOTTMANN J, 1967. The urbanized northeastern seaboard of the United States[J]. New York: The Twentieth Century Fund.

[55] HALLEUX J M, MARCINCZAK S, VAN DER KRABBEN E, 2012. The adaptive efficiency of land use planning measured by the control of urban sprawl: the cases of the Netherlands, Belgium and Poland[J]. Land use policy, 29(4): 887 – 898.

[56] HANDY S, 2005. Smart growth and the transportation-land use connection: what does the research tell us? [J]. International regional science review, 28(2): 146 – 167.

[57] HE C, LIU Z, XU, M, et al, 2017. Urban expansion brought stress to food security in China: evidence from decreased cropland net primary productivity[J]. Science of the total environment, 576: 660 – 670.

[58] HE C, OKADA N, ZHANG Q, et al, 2008. Modelling dynamic urban expansion processes incorporating a potential model with cellular automata[J]. Landscape and urban planning, 86(1): 79 – 91.

[59] HO S P S, LIN G C S, 2003. Emerging land markets in rural and urban China: policies and practices[J]. The China quarterly, 175: 681 – 707.

[60] JANSSEN-JANSEN L, TAN W, 2018. A Dutch perspective on urban growth boundaries: from containing to stimulating growth[M]. Routledge: 137 - 141.

[61] JIANG W, DENG Y, TANG Z, et al, 2017. Modelling the potential impacts of urban ecosystem changes on carbon storage under different scenarios by linking the CLUE-S and the InVEST models[J]. Ecological modelling, 345: 30 - 40.

[62] JOHNSON M P, 2001. Environmental impacts of urban sprawl: a survey of the literature and proposed research agenda[J]. Environment and planning A, 33(4): 717 - 735.

[63] KARI J, 2005. Theory of cellular automata: a survey[J]. Theoretical computer science, 334(1 - 3): 3 - 33.

[64] KEIL R, MACDONALD S, 2016. Rethinking urban political ecology from the outside in: greenbelts and boundaries in the post-suburban city [J]. Local environment, 21(12): 1516 - 1533.

[65] KEITA M A, RUAN R, AN R, 2021. Spatiotemporal change of urban sprawl patterns in Bamako District in Mali based on time series analysis[J]. Urban science, 5(1): 4.

[66] KIM J H, 2013. Measuring the containment and spillover effects of urban growth boundaries: the case of the Portland Metropolitan Area[J]. Growth and change, 44 (4): 650 - 675.

[67] KIRONDE J M LUSUGGA, 2000. Understanding land markets in African urban areas: the case of Dar es Salaam, Tanzania[J]. Habitat international, 24. 2: 151 - 165.

[68] KLAUS A, BIRCHMEIER W, 2008. Wnt signalling and its impact on development and cancer[J]. Nature reviews cancer, 8(5): 387.

[69] KNOX P L, MCCARTHY L M, PEARSON, 2013. Urbanization: pearson new international edition: an international to urban geography[J]. Pearson schweiz.

[70] KOOPMANS T C, 1951. Efficient allocation of resources[J]. Econometrica: journal of the econometric society: 455 - 465.

[71] KOROSO N H, VAN DER MOLEN P, TULADHAR A M, et al, 2013. Does the Chinese market for urban land use rights meet good governance principles? [J]. Land

use policy，30(1)：417－426.

[72] KUANG W，LIU J，DONG J，et al，2016. The rapid and massive urban and industrial land expansions in China between 1990 and 2010：a CLUD-based analysis of their trajectories，patterns，and drivers[J]. Landscape and urban planning，145：21－33.

[73] KUNDU A，2019. Urban land markets and land price changes：a study in the third world context[M]. Routledge.

[74] LAGARIAS A，2012. Urban sprawl simulation linking macro-scale processes to micro-dynamics through cellular automata，an application in Thessaloniki，Greece[J]. Applied geography，34：146－160.

[75] LERMAN Z，CSAKI C，FEDER G，2004. Evolving farm structures and land use patterns in former socialist countries［J］. Quarterly journal of international agriculture，43(4)：309－336.

[76] LI G，SUN S，FANG C，2018. The varying driving forces of urban expansion in China：insights from a spatial-temporal analysis[J]. Landscape and urban planning，174，63－77.

[77] LI J，SUN Z，2020a. Urban function orientation based on spatiotemporal differences and driving factors of urban construction land[J]. Journal of urban planning and development，146(3)，05020011.

[78] LI T，LI W，2015. Multiple land use change simulation with Monte Carlo approach and CA-ANN model，a case study in Shenzhen，China[J]. Environmental systems research，4(1)：1－10.

[79] LI T，MA J，MO B，2021. Does the land market have an impact on green total factor productivity? A case study on China[J]. Land，10(6)：595.

[80] LI Z，LUAN W，ZHANG Z，et al，2020b. Relationship between urban construction land expansion and population/economic growth in Liaoning Province，China［J］. Land use policy，99，105022.

[81] LIN G C S，HO S P S，2005. The state，land system，and land development processes in contemporary China［J］. Annals of the association of american geographers，95(2)：411－436.

[82] LIN G C S, YI F, 2011. Urbanization of capital or capitalization on urban land? Land development and local public finance in urbanizing China[J]. Urban geography, 32 (1): 50 - 79.

[83] LIN G G S, WEI Y H D, 2002. China's restless urban landscape Ⅰ: new challenge for theoretical reconstruction[J]. Environment & planning A, 34(9): 1535 - 1544.

[84] LIN S W, BEN TM, 2009. Impact of government and industrial agglomeration on industrial land prices: a Taiwanese case study[J]. Habitat international, 33(4): 412 - 418.

[85] LIN T C, EVANS A W, 2000. The relationship between the price of land and size of plot when plots are small[J]. Land economics: 386 - 394.

[86] LIN Y, QIN Y, YANG Y, et al, 2020. Can price regulation increase land-use intensity? Evidence from China's industrial land market[J]. Regional science and urban economics, 81, 103501.

[87] LIU G, LI J, NIE P, 2022. Tracking the history of urban expansion in Guangzhou (China) during 1665—2017: evidence from historical maps and remote sensing images [J]. Land use policy, 112, 105773.

[88] LIU J, KUANG W, ZHANG Z, et al, 2014a. Spatiotemporal characteristics, patterns, and causes of land-use changes in China since the late 1980s[J]. Journal of geographical sciences, 24(2): 195 - 210.

[89] LIU T, CAO G, YANY, et al, 2016. Urban land marketization in China: central policy, local initiative, and market mechanism[J]. Land use policy, 57: 265 - 276.

[90] LIU X, LI X, CHEN Y, et al, 2010. A new landscape index for quantifying urban expansion using multi-temporal remotely sensed data[J]. Landscape ecology, 25(5): 671 - 682.

[91] LIU Y, FANG F, LI Y, 2014b. Key issues of land use in China and implications for policy making[J]. Land use policy, 40: 6 - 12.

[92] LIU Y, FAN P, YUE W, et al, 2018. Impacts of land finance on urban sprawl in China: the case of Chongqing[J]. Land use policy, 72: 420 - 432.

[93] LIU Z, ZHANG L, ROMMEL J, et al, 2020. Do land markets improve land-use efficiency? Evidence from Jiangsu, China[J]. Applied economics, 52(3): 317 - 330.

[94] LONGCORE T R, REES P W, 1996. Information technology and downtown restructuring: the case of New York City's financial district[J]. Urban geography, 17(4): 354 – 372.

[95] LU D, MAO W, YANG D, et al, 2018. Effects of land use and landscape pattern on $PM_{2.5}$ in Yangtze River Delta, China[J]. Atmospheric pollution research, 9(4): 705 – 713.

[96] LU D, XU J, YUE W, et al, 2020. Response of $PM_{2.5}$ pollution to land use in China [J]. Journal of cleaner production, 244, 118741.

[97] LU S, WANG H, 2022. Market-oriented reform and land use efficiency: evidence from a regression discontinuity design[J]. Land use policy, 115, 106006.

[98] MALLICK J, SINGH V P, ALMESFER M K, et al, 2021. Spatio-temporal analysis and simulation of land cover changes and their impacts on land surface temperature in urban agglomeration of Bisha Watershed, Saudi Arabia[J]. Geocarto international: 1 – 27.

[99] MARTINUZZI S, GOULD W A, GONZALEZ O M R, 2007. Land development, land use, and urban sprawl in Puerto Rico integrating remote sensing and population census data[J]. Landscape and urban planning, 79(3 – 4): 288 – 297.

[100] MESSNER E, 2008. Cities without land markets: a case study from St. Petersburg, Russia[J]. Real estate review, 37(2): 31.

[101] MILLS E S, 1967. An aggregative model of resource allocation in a metropolitan area[J]. The american economic review, 57(2): 197 –210.

[102] MINNERY J R, 1992. Urban form and development strategies: equity, environmental and economic implications[M]. Australian Government Pub. Service.

[103] MIRKATOULI J, SAMADI R, 2017. An analysis on the role of urban land market in spatial development of cities: a case study of Mashhad, Iran[J]. International journal of strategic property management, 21(4): 371 – 383.

[104] MOTAMED M J, FLORAX R J G M, MASTERS W A, 2014. Agriculture, transportation and the timing of urbanization: global analysis at the grid cell level [J]. Journal of economic growth, 19(3): 339 – 368.

[105] MUNROE D K, CROISSANT C, YORKA M, 2005. Land use policy and landscape

fragmentation in an urbanizing region: assessing the impact of zoning[J]. Applied geography, 25(2): 121 - 141.

[106] NORTHAM R M, 1979. Urban geography[M]. John Wiley & Sons.

[107] OUYANG D, ZHU X, LIU X, et al, 2021. Spatial differentiation and driving factor analysis of urban construction land change in county-level city of guangxi, China[J]. Land, 10(7): 691.

[108] OWEI O, 2007. Distortions of the urban land markets in Nigerian cities and the implications for urban growth patterns: the case of Abuja and Port Harcourt[C/OL]//Fourth Urban Research Symposium[2008 - 6 - 22]. www. Worldbank. org.

[109] PEREDA O, VON SCHILLER D, GARCÍA-BAQUERO G, et al, 2021. Combined effects of urban pollution and hydrological stress on ecosystem functions of Mediterranean streams[J]. Science of the total environment, 753, 141971.

[110] POELMANS L, VAN ROMPAEY A, 2010. Complexity and performance of urban expansion models[J]. Computers, environment and urban systems, 34(1): 17 - 27.

[111] PONTIUS R G, SCHNEIDERL C, 2001. Land-cover change model validation by an ROC method for the Ipswich watershed, Massachusetts, USA[J]. Agriculture, ecosystems and environment, 85(1): 239 - 248.

[112] QIAN Y, WEINGAST B R, 1997. Federalism as a commitment to reserving market incentives[J]. Journal of economic perspectives, 11(4): 83 - 92.

[113] RICHARDSON H W, BAE C C, 2004. Urban sprawl in western Europe and the United States[M]. Blackwell Publishing Inc.

[114] SAPUTRA M H, LEE H S, 2019. Prediction of land use and land cover changes for north sumatra, indonesia, using an artificial-neural-network-based cellular automaton[J]. Sustainability, 11(11): 3024.

[115] SARKODIE S A, OWUSU P A, LEIRVIK T, 2020. Global effect of urban sprawl, industrialization, trade and economic development on carbon dioxide emissions[J]. Environmental research letters.

[116] SCHETKE S, HAASE D, KÖTTER T, 2012. Towards sustainable settlement growth: A new multi-criteria assessment for implementing environmental targets into strategic urban planning[J]. Environmental impact assessment review, 32(1):

195 – 210.

[117] SCOLOZZI R, GENELETTI D, 2012. A multi-scale qualitative approach to assess the impact of urbanization on natural habitats and their connectivity [J]. Environmental impact assessment review, 36: 9 – 22.

[118] SERRA M V, DOWALL D E, MEIRELLES DA MOTTA D, et al, 2015. Urban land markets and urban land development: An examination of three Brazilian cities: Brasilia, Curitiba and Recife[R]. Discussion Paper.

[119] SETO K C, FRAGKIAS M, GÜNERALP B, et al, 2011. A meta-analysis of global urban land expansion[J]. PloS one, 6(8), e23777.

[120] SHAHRAKI S Z, SAURI D, SERRA P, et al, 2011. Urban sprawl pattern and land-use change detection in Yazd, Iran[J]. Habitat international, 35(4): 521 –528.

[121] SHARIFI A, CHIBA Y, OKAMOTO K, et al, 2014. Can master planning control and regulate urban growth in Vientiane, Laos? [J]. Landscape and urban planning, 131: 1 – 13.

[122] SHEN X, WANG X, ZHANG Z, et al, 2019. Evaluating the effectiveness of land use plans in containing urban expansion: an integrated view[J]. Land use policy, 80: 205 – 213.

[123] SMITH H, 2018. Citizen's Guide to Zoning[M]. Routledge.

[124] SMITH M D, GIRAUD D, 2006. Traditional land-use planning regulation and agricultural land conservation: a case study from the USA[J]. Planning, practice & research, 21(4): 407 – 421.

[125] SORENSEN A, 2000. Land readjustment and metropolitan growth: an examination of suburban land development and urban sprawl in the Tokyo metropolitan area[J]. Progress in planning, 53(4): 217 – 330.

[126] SORENSEN ANDRE, 2000. Conflict, consensus or consent: implications of Japanese land readjustment practice for developing countries [J]. Habitat international, 24,1: 51 – 73.

[127] TANG B, WONG S, LEE A K, 2007. Green belt in a compact city: a zone for conservation or transition? [J]. Landscape and urban planning, 79(3 – 4): 358 – 373.

[128] TAO R, SU F, LIU M, et al, 2010. Land leasing and local public finance in China's regional development: evidence from prefecture-level cities[J]. Urban studies, 47(10): 2217 – 2236.

[129] THAPA R B, MURAYAMA Y, 2010. Drivers of urban growth in the Kathmandu valley, Nepal: Examining the efficacy of the analytic hierarchy process[J]. Applied geography, 30(1): 70 – 83.

[130] TIAN L, MA W, 2009. Government intervention in city development of China: a tool of land supply[J]. Land use policy, 26(3): 599 – 609.

[131] TONG X H, FENG Y J, 2020. A review of assessment methods for cellular automata models of land-use change and urban growth[J]. International journal of geographical information science, 34, 5: 866 – 898.

[132] United Nations, Department of Economic and Social Affairs, Population Division, 2018. World Urbanization Prospects: The 2018 Revision, Online Edition.

[133] WALTON W, 2019. A comment on Michael Pacione's 'The power of public participation in local planning in Scotland: the case of conflict over residential development in the metropolitan green belt'[J]. GeoJournal, 84(2), 545 – 553.

[134] WANG H, HE S, LIU X, et al, 2013. Simulating urban expansion using a cloud-based cellular automata model: a case study of Jiangxia, Wuhan, China[J]. Landscape and urban planning, 110: 99 – 112.

[135] WANG J F, LI X H, CHRISTAKOS G, et al, 2010. Geographical detectors-based health risk assessment and its application in the neural tube defects study of the Heshun Region, China[J]. International journal of geographical information science, 24(1): 107 – 127.

[136] WANG Q, WANG Y, CHEN W, et al, 2021. Factors affecting industrial land use efficiency in China: analysis from government and land market[J]. Environment, development and sustainability, 23(7): 10973 – 10993.

[137] WELDESILASSIE A B, WORKU G B, 2022. Managing urban land markets in Africa: valuation, performance and policy implication[J]. Land use policy, 114, 105906.

[138] WHEATON W C, 1974. A comparative static analysis of urban spatial structure

[J]. Journal of economic theory, 9(2): 223 - 237.

[139] WILLIAM S R H, WOOD B, 2018. Urban land and property markets in the United Kingdom[M]. Routledge.

[140] WILSON E H, HURD J D, CIVCO D L, et al, 2003. Development of a geospatial model to quantify, describe and map urban growth [J]. Remote sensing of environment, 86(3): 275 - 285.

[141] WOLFRAM S, 1984. Cellular automata as models of complexity[J]. Nature, 311 (5985): 419 - 424.

[142] WONG K K, ZHAO X B, 1999. The influence of bureaucratic behavior on land apportionment in China: the informal process[J]. Environment and planning C: government and policy, 17(1): 113 -125.

[143] XIE Q, GHANBARI PARSA A R, REDDING B, 2002. The emergence of the urban land market in China: evolution, structure, constraints and perspectives[J]. Urban studies, 39(8): 1375 - 1398.

[144] XIE Y, FANG C, LIN G, et al, 2007. Tempo-spatial patterns of land use changes and urban development in globalizing China: a study of Beijing[J]. Sensors, 7(11): 2881 - 2906.

[145] XIONG C, TAN R, 2018. Will the land supply structure affect the urban expansion form? [J]. Habitat international, 75: 25 - 37.

[146] XU J, YEH A, WU F, 2009. Land commodification: new land development and politics in China since the late 1990s[J]. International journal of urban and regional research, 33(4): 890 -913.

[147] XU X, ZHANG J, ZHOU X, 2008. Modeling urban land use changes in Lanzhou based on artificial neural network and cellular automata[C]//Geoinformatics 2008 and Joint Conference on GIS and Built Environment: Geo-Simulation and Virtual GIS Environments. SPIE, 7143: 426 - 435.

[148] YANG H, HUANG X, THOMPSON J R, et al, 2014. Soil pollution: urban brownfields[J]. Science, 344(6185): 691 - 692.

[149] YANG X, CHEN R, ZHENG X Q, 2016. Simulating land use change by integrating ANN-CA model and landscape pattern indices[J]. Geomatics, natural

hazards and risk, 7(3): 918 – 932.

[150] YAO Y, LI J, ZHANG X, et al, 2017. Investigation on the expansion of urban construction land use based on the CART-CA model[J]. ISPRS international journal of geo-information, 6(5): 1 –17.

[151] YE Y, ZHANG H, LIU K, et al, 2013. Research on the influence of site factors on the expansion of construction land in the Pearl River Delta, China: by using GIS and remote sensing [J]. International journal of applied Earth observation and geoinformation, 21: 366 – 373.

[152] ZHANG H, ZHOU L G, CHEN M N, et al, 2011. Land use dynamics of the fast-growing Shanghai Metropolis, China (1979—2008) and its implications for land use and urban planning policy[J]. Sensors, 11(2): 1794 – 1809.

[153] ZHANG T, 2000. Land market forces and government's role in sprawl: the case of China[J]. Cities, 17(2): 123 – 135.

[154] ZHANG X, ZHOU J, SONG W, 2020. Simulating urban sprawl in china based on the artificial neural network-cellular automata-Markov model[J]. Sustainability, 12(11): 4341.

[155] ZHONG T, HUANG X, ZHANG X, et al, 2012. The effects of basic arable land protection planning in Fuyang County, Zhejiang Province, China [J]. Applied geography, 35(1 – 2): 422 – 438.

[156] ZHOU T, YANG X, KE X, 2022. Delimitation of urban growth boundaries by integratedly incorporating ecosystem conservation, cropland protection and urban compactness[J]. Ecological modelling, 468, 109963.

[157] ZHOU X, FU W, 2020. A multi-agent simulation method of urban land layout structure based on fpga[J]. Mobile networks and applications, 25(4): 1572 – 1581.

[158] ZHOU Y, HUANG X, CHEN Y, et al, 2017a. The effect of land use planning (2006—2020) on construction land growth in China[J]. Cities, 68: 37 – 47.

[159] ZHOU Y, 2006. Tu di shi kong shui zhi guo (Who responsible for the loss control of land use?)[J]. City planning review, 30(11): 65 – 66.

[160] ZHOU Y, ZHANG F, DU Z, et al, 2017b. Integrating cellular automata with the deep belief network for simulating urban growth[J]. Sustainability, 9(10): 1786.

[161] ZHU，J，2005. A transitional institution for the emerging land market in urban China[J]. Urban studies，42(8)，1369-1390.

[162] ZHU J，2012. A transitional institution for the emerging land market in urban China［M］//The Great Urbanization of China：221-257.

[163] ZHU J，2000. The impact of industrial land use policy on industrial change[J]. Land use policy，17(1)：21-28.

[164] 包善驹,陆林,2015.合肥主城区住宅剖面线型地价的比较与成因分析[J].地理科学,35(02):197-203.

[165] 别小娟,孙然好,赵银兵,等,2020.北京和廊坊城市扩张对地表热环境的影响研究[J].环境生态学,2(04):9-17.

[166] 曹振良,傅十叶,1998.中国房地产市场化测度研究[J].中国房地产,211(07):13-22.

[167] 常修泽,高明华,1998.中国国民经济市场化的推进程度及发展思路[J].经济研究,11(48):48-55.

[168] 车通,李成,罗云建,2020.城市扩张过程中建设用地景观格局演变特征及其驱动力[J].生态学报,40(10):3283-3294.

[169] 陈宝芬,张耀民,江东,2017.基于CA-ABM模型的福州城市用地扩张研究[J].地理科学进展,36(05):626-634.

[170] 陈鹏,2008.土地使用制度改革对城市空间结构影响的实证研究[J].城市与区域规划研究,12(03):70-82.

[171] 陈鹏,2009.中国土地制度下的城市空间演变[M].北京:中国建筑工业出版社.

[172] 陈润,2016.长江经济带地区土地利用方式的创新实践——以江苏省为例[J].中国土地(01):39-41.

[173] 陈爽,姚士谋,吴剑平,2009.南京城市用地增长管理机制与效能[J].地理学报,64(04):487-497.

[174] 陈志刚,王青,黄贤金,等,2007.长三角城市群重心移动及其驱动因素研究[J].地理研究,27(04):457-462.

[175] 程兰,吴志峰,魏建兵,等,2009.城镇建设用地扩展类型的空间识别及其意义[J].生态学杂志,28(12):2593-2599.

[176] 初玉岗,1994.论城市土地配置的市场化[J].中国土地科学,8(04):1-5.

[177] 储金龙,马晓冬,高抒,等,2006.南通地区城镇用地扩展时空特征分析[J].自然资源学报,21(01):55-63,165.

[178] 崔佳,臧淑英,2013.哈大齐工业走廊土地利用变化的生态环境效应[J].地理研究,32(05):848-856.

[179] 崔娜娜,冯长春,宋煜,2017.北京市居住用地出让价格的空间格局及影响因素[J].地理学报,72(06):1049-1062.

[180] 党雪薇,周亮,胡凤宁,等,2022.关中平原城市群扩张对生态用地的多尺度影响[J].生态学报,42(07):3020-3032.

[181] 刁承泰,1990.重庆市的地貌环境与城市扩展[J].西南师范大学学报,15(04):484-490.

[182] 丁成日,2006.土地政策改革时期的城市空间发展:北京的实证分析[J].城市发展研究,13(02):42-52.

[183] 樊风雷,王云鹏,2007.基于CA的珠三角核心区城市扩张预测研究[J].计算机工程与应用(36):202-204+245.

[184] 樊杰,陶岸君,吕晨,2010.中国经济与人口重心的耦合态势及其对区域发展的影响[J].地理科学进展,29(01):87-95.

[185] 方创琳,宋吉涛,蔺雪芹,2010.中国城市群可持续发展理论与实践[M].北京:科学出版社.

[186] 高波,1996.构建适应产权市场化的城市土地产权制度[J].经济研究(08):58-61.

[187] 高波,1993.灰色土地市场的理论探析[J].管理世界(01):95-100.

[188] 高金龙,陈江龙,杨叠涵,2013.南京市城市土地价格空间分布特征[J].地理科学进展,32(06):361-371.

[189] 高金龙,陈江龙,袁丰,等,2014.南京市区建设用地扩张模式、功能演化与机理[J].地理研究,33(10):1892-1907.

[190] 高燕语,钟太洋,2016.土地市场对城市建设用地扩张的影响[J].资源科学,38(11):2024-2036.

[191] 龚广祥,吴清华,高思涵,2020.土地市场化对区域技术创新的影响及作用机制[J].城市问题(03):68-78.

[192] 关兴良,方创琳,周敏,等,2012.武汉城市群城镇用地空间扩展时空特征分析[J].自然资源学报,27(09):1447-1459.

[193] 郭琎,王磊,2019.完善我国要素价格的市场化形成机制[J].宏观经济管理(08):18 - 24.

[194] 国土资源部,2010.国土部 26 项政策助力西部大开发加大土地政策支持力度推进优势矿产开发利用[J].资源与人居环境(19):19 - 20.

[195] 何力,刘耀林,2017.基于城市流模型的城市群扩张模拟——以武汉城市圈为例[J].华中师范大学学报(自然科学版),51(02):224 - 230.

[196] 贺振,赵文亮,贺俊平,2011.郑州市城市扩张遥感动态监测及驱动力分析[J].地理研究,30(12):2272 - 2280.

[197] 洪世键,张京祥,2009.土地使用制度改革背景下中国城市空间扩展:一个理论分析框架[J].城市规划学刊,181(03):89 - 94.

[198] 侯为义,徐梦洁,张笑寒,2012.基于主成分分析法的中国土地市场发育成熟度评价[J].资源开发与市场,28(03):211 - 213＋281.

[199] 胡德勇,李京,陈云浩,等,2006.基于多时相 Landsat 数据的城市扩张及其驱动力分析[J].国土资源遥感(04):46 - 49＋54.

[200] 黄宝荣,张慧智,宋敦江,等,2017.2000—2010 年中国大陆地区建设用地扩张的驱动力分析[J].生态学报,37(12):4149 - 4158.

[201] 黄季焜,朱莉芬,邓祥征,2007.中国建设用地扩张的区域差异及其影响因素[J].中国科学(D 辑),37(09):1235 - 1241.

[202] 黄贤金,2010.城市化进程中土地流转对城乡发展的影响[J].现代城市研究,25(04):15 - 18.

[203] 黄贤金,2017.城乡土地市场一体化对土地利用/覆被变化的影响研究综述[J].地理科学,37(02):200 - 208.

[204] 黄贤金,等,2020.长江经济带资源环境与绿色发展[M].南京:南京大学出版社:59 - 60.

[205] 黄晓军,李诚固,黄馨,2009.长春城市蔓延机理与调控路径研究[J].地理科学进展,28(01):76 - 84.

[206] 黄晓峻,吴志峰,张棋斐,等,2022.基于人类压力指数的粤港澳大湾区湿地资源分布与重要湿地识别[J].自然资源学报,37(08):1961 -1974.

[207] 黄馨,黄晓军,陈才,2009.长春城市空间扩张特征、机理与调控[J].地域研究与开发,28(05):68 - 72.

[208] 姜鑫,罗佳,2009.从区位理论到增长极和产业集群理论的演进研究[J].山东经济, 25(01):19-25.

[209] 金浩然,马萍萍,戚伟,等,2017.城市规划和土地规划对城市建设用地扩张的影响研究[J].干旱区资源与环境,31(07):22-27.

[210] 金相郁,2004.20世纪区位理论的五个发展阶段及其评述[J].经济地理,24(03): 294-298.

[211] 康任嘉,代侦勇,2019.2006—2015年华中地区土地市场因素对城市扩张的影响机制探究[J].国土与自然资源研究(02):50-54.

[212] 孔祥玉,闵婕,侯莉蓉,等,2021.权衡生态安全与城市扩展模拟的山地城市增长边界划定[J].山地学报,39(01):88-100.

[213] 匡文慧,张树文,杜国明,等,2022.2015—2020年中国土地利用变化遥感制图及时空特征分析[J].地理学报,77(05):1056-1071.

[214] 邝绮婷,杨再贵,杨杰,等.基于BP神经网络的CA城市模拟与预测——以南京市为例[J].城市地理,2015(10):23-24.

[215] 兰玲,2010.马克思与李嘉图的地租理论比较研究[J].改革与战略,26(04):14-17.

[216] 劳洁英,王成,王金亮,等,2021.1986—2018年广州市建设用地扩张及其影响因素研究[J].测绘科学,46(09):199-206+223.

[217] 李灿,宋晓慧,葛京凤,等,2018.基于CA的城市地价变化与规模扩展耦合作用研究——以石家庄市为例[J].地理与地理信息科学,34(02):112-119+1.

[218] 李国荣,1993.我国城市土地优化配置与地租调节机制[J].中国土地科学,7(01): 16-18.

[219] 李加林,许继琴,李伟芳,等,2007.长江三角洲地区城市用地增长的时空特征分析.地理学报,62(04):437-447.

[220] 李嘉译,匡鸿海,王佩佩,2020.重庆市主城区城市扩张对生态系统服务影响的时空评估[J].长江流域资源与环境,29(04):859-868.

[221] 李建强,曲福田,2012.土地市场化改革对建设用地集约利用影响研究[J].中国土地科学,26(05):70-75.

[222] 李健,宁越敏,2007.1990年代以来上海人口空间变动与城市空间结构重构[J].城市规划学刊,168(02):20-24.

[223] 李菁,赵毅,2016.土地市场发育对城市扩张的Kuznets曲线效应验证—基于2004—

2013 年面板数据的实证研究[J].中国房地产(09):9-17.

[224] 李娟,吴群,刘红,等,2007.城市土地市场成熟度及评价指标体系研究—以南京市为例[J].资源科学,29(04):187-192.

[225] 李丽,迟耀斌,王智勇,等,2009.改革开放 30 年来中国主要城市扩展时空动态变化研究[J].自然资源学报,24(11):1933-1943.

[226] 李明月,韩桐魁,2004.论土地市场不同发展阶段的政府职能[J].经济体制改革(06):24-27.

[227] 李明月,2007.中国城市土地资源配置的市场化研究[M].北京:中国经济出版社.

[228] 李涛,邹一南,谷继建,2015.城市用地扩张中地方政府的土地财政行为选择与制度优化—基于土地收益与供求的分析[J].中国行政管理,356(02):116-121.

[229] 李天华,马玲,杨武年,等,2007.应用遥感和 GIS 技术提取城市建成区及驱动力分析——以南京市为例[J].测绘科学,32(04):124-125+118+197.

[230] 李晓文,方精云,朴世龙,2003.上海城市用地扩展强度、模式及其空间分异特征[J].自然资源学报,18(4):412-422.

[231] 李效顺,曲福田,张绍良,等,2011.基于国际比较与策略选择的中国城市蔓延治理[J].农业工程学报,27(10):1-10.

[232] 李颖,张成勇,1997.寻租理论与土地资源配置[J].不动产纵横,2:30-33

[233] 李永乐,吴群,2009.土地市场发育与农地非农化——基于省际面板数据的估计与测算[J].中国土地科学,23(11):45-49.

[234] 李永乐,吴群,2013.中国式分权与城市扩张:基于公地悲剧的再解释[J].资源科学,35(1):199-206.

[235] 李勇刚,王猛,2016.土地财政对中国城市空间扩张影响效应的实证检验[J].统计与决策(02):132-137.

[236] 连宏萍,何琳,章文光,2021.中国城市建设用地扩张的驱动因素及其异质性研究——基于 35 个大中城市面板数据的实证分析[J].北京师范大学学报(社会科学版)(03):46-57.

[237] 廖从健,2013.中国东中西部城市扩展遥感监测、驱动因素及效应比较研究[D].杭州:浙江大学.

[238] 廖和平,彭征,洪惠坤,等,2007.重庆市直辖以来的城市空间扩展与机制[J].地理研究,26(06):1137-1146.

[239] 廖建军,李欣,王志远,等.长株潭都市圈建设用地增长格局及驱动因素研究[J/OL].世界地理研究:1-16[2022-07-11].http://kns.cnki.net/kcms/detail/31.1626.p.20210906.1512.002.html.

[240] 林娟,吴郁玲,2009.土地资源配置中政府规划干预政策的制度缺陷与优化[J].国土资源科技管理,26(04):116-120.

[241] 刘纪远,匡文慧,张增祥,等,2014.20世纪80年代末以来中国土地利用变化的基本特征与空间格局[J].地理学报,69(01):3-14.

[242] 刘纪远,宁佳,匡文慧,等,2018.2010—2015年中国土地利用变化的时空格局与新特征[J].地理学报,73(05):789-802.

[243] 刘纪远,张增祥,徐新良,等,2009.21世纪初中国土地利用变化的空间格局与驱动力分析[J].地理学报,64(12):1411-1420.

[244] 刘力豪,2016.中国土地市场发展对城市建设用地扩张的影响研究[D].南京:南京大学.

[245] 刘琼,欧名豪,盛业旭,等,2014.不同类型土地财政收入与城市扩张关系分析——基于省际面板数据的协整分析[J].中国人口·资源与环境,24(12):32-37.

[246] 刘荣增,陈浩然,2021.基于ANN-CA的杭州城市空间拓展与增长边界研究[J].长江流域资源与环境,30(06):1298-1307.

[247] 刘盛和,吴传钧,沈洪泉,2000.基于GIS的北京城市土地利用扩展模式[J].地理学报,55(04):407-416.

[248] 刘书楷,曲福田,2004.土地经济学[M].北京:地质出版社.

[249] 刘岁,张洪鑫,程伟亚,等,2021.山东省城镇建设用地扩张质量研究——基于不同扩张模式的分析[J].城市问题,315(10):76-84.

[250] 刘小平,黎夏,陈逸敏,等,2009.景观扩张指数及其在城市扩展分析中的应用[J].地理学报,64(12):1430-1438.

[251] 刘颜,2019.土地财政对中国城市空间扩张的影响——基于动态空间计量模型的实证检验[J].财经理论与实践,40(03):9-14.

[252] 刘彦泽,张红梅,罗菲,等,2021.萍乡市海绵城市建设对热岛效应减缓的实证研究[J].地理信息世界,28(06):59-64+71.

[253] 刘志佳,黄河清,2015.珠三角地区建设用地扩张与经济、人口变化之间相互作用的时空演变特征分析[J].资源科学,37(7):1394-1402.

[254] 吕萍,龙双双,刘新平,2007.地价在北京市城市扩张中的作用[J].城市问题, 149(12):34-38.

[255] 吕晓,黄贤金,钟太洋,等,2015.土地利用规划对建设用地扩张的管控效果分析——基于一致性与有效性的复合视角[J].自然资源学报,30(2):177-187.

[256] 罗湖平,谢炳庚,2017.中国土地隐形市场及其显形化路径[J].经济地理,37(03): 166-173.

[257] 马克星,刘红梅,王克强,等,2017.上海市土地市场供给侧改革研究[J].中国土地科学,31(01):37-47.

[258] 马淑燕,赵祚翔,2022.财政科技投入对中国经济增长影响的空间计量分析——基于285个地级市面板数据[J].经济问题探索(07):1-12.

[259] 毛振强,左玉强,2007.土地投入对中国二三产业发展贡献的定量研究[J].中国土地科学,21(03):59-63.

[260] 牛文元,2012.中国可持续发展的理论与实践[J].中国科学院院刊,27(03):280-290.

[261] 欧阳晓,朱翔,贺清云,2020.城市群城市用地扩张时空特征及驱动机制研究——以长株潭城市群为例[J].长江流域资源与环境,29(06):1298-1309.

[262] 钱忠好,牟燕,2013.土地市场化是否必然导致城乡居民收入差距扩大——基于中国23个省(自治区,直辖市)面板数据的检验[J].管理世界,12(2):78-89.

[263] 乔伟峰,吴菊,戈大专,等,2019.快速城市化地区土地利用规划管控建设地扩张成效评估——以南京市为例[J].地理研究,38(11):2666-2680.

[264] 邱赛男,2021.土地市场化全要素生产率的影响研究[D].长春:吉林大学.

[265] 曲福田,吴郁玲,2007.土地市场发育与土地利用集约度的理论与实证研究[J].自然资源学报,22(03):445-454.

[266] 任晓瑜,冯忠江,王琪,等,2020.河北省土地市场化水平时空格局演变及影响因素分析[J].干旱区资源与环境,34(03):56-63.

[267] 任逸蓉,2017.土地市场化改革对土地可持续集约利用的影响机制及效应研究[D].杭州:浙江工业大学.

[268] 尚正永,卢晓旭,张小林,等,2017.城市空间形态演变的土地市场机制研究——以江苏省淮安市为例[J].城市规划,41(12):58-64+89.

[269] 邵洪琪,毛燕,杨小艳,等,2022.淮海经济区城市土地集约利用时空分异及经济社会

影响因素研究[J].自然资源情报(05):57-64.

[270] 石晓平,曲福田,2005.经济转型期的政府职能与土地市场发育[J].公共管理学报,
2(01):73-77.

[271] 石忆邵,汪伟,2004.土地经济学发展的回顾与展望[J].同济大学学报(社会科学
版),15(04):28-34.

[272] 宋洋,朱道林,张立新,等,2020.2000年以来黄河流域土地市场化时空格局演变及
驱动因素[J].自然资源学报,35(04):799-813.

[273] 孙伟,刘崇刚,王苏宁,2021.基于生态约束的城市开发边界模拟研究——以南京为
例[J].自然资源学报,36(11):2913-2925.

[274] 孙秀林,周飞舟,2013.土地财政与分税制:一个实证解释[J].中国社会科学(04):
40-59+205.

[275] 谈明洪,李秀彬,吕昌河,2003.我国城市用地扩张的驱动力分析[J].经济地理,23
(05):635-639.

[276] 谭丹,黄贤金,陈志刚,等,2008.中国土地市场化程度及其影响因素分析[J].城市问
题,150(01):14-18.

[277] 谭荣,2010.征收和出让土地中政府干预对土地配置效率影响的定量研究[J].中国
土地科学(08):21-26.

[278] 谭术魁,李雅楠,2013.基于Panel Data模型的中国土地市场发育区域差异及其对房
价的影响[J].中国土地科学,27(02):9-15.

[279] 汤国安,2006.ArcGIS地理信息系统空间分析实验教程[M].北京:科学出版社.

[280] 唐鹏,李建强,肖君,2010.土地市场化程度的地区差异分析[J].资源与产业,12
(06):161-166.

[281] 田传浩,李明坤,2014.土地市场发育对劳动力非农就业的影响:基于浙、鄂、陕的经
验[J].农业技术经济(08):11-24.

[282] 童小容,2019.重庆市城镇建设用地扩张的时空特征及影响因素研究[D].重庆:西
南大学.

[283] 王爱,陆林,包善驹,2016.合肥市地价的空间格局与影响因素研究[J].经济地理
(10):84-92.

[284] 王春杰,朱高立,黄金升,等,2022.长江经济带工业用地市场化水平的时空格局演变
及驱动因素研究[J].长江流域资源与环境,31(04):823-831.

[285] 王法辉,2009. 基于 GIS 的数量方法与应用[M]. 北京:商务印书馆.

[286] 王冠贤,魏清泉,2002. 广州城市空间形态扩展中土地供应动力机制的作用[J]. 热带地理,22(01):43-47.

[287] 王桂林,逯改,2021. 探析中国城市空间形态对 $PM_{2.5}$ 污染的影响[J]. 科技通报,37(12):93-100.

[288] 王缉慈,2001. 创新的空间:企业集群与区域发展[M]. 北京:北京大学出版社.

[289] 王济川,郭志刚,2001. Logistic 回归模型:方法与应用[M]. 北京:高等教育出版社.

[290] 王劲峰,徐成东,2017. 地理探测器:原理与展望[J]. 地理学报,72(01):116-134.

[291] 王良健,黄露赟,弓文,2011. 中国土地市场化程度及其影响因素分析[J]. 中国土地科学,25(08):35-41.

[292] 王琪,任晓瑜,冯忠江,等,2019. 石家庄市土地市场成熟度及障碍因素研究[J]. 干旱区资源与环境,33(12):77-82.

[293] 王青,陈志刚,陈逸,等,2008. 土地市场运行对经济增长的影响:作用机理与实证评价[J]. 资源科学(10):1497-1502.

[294] 王青,陈志刚,叶依广,等,2007. 中国土地市场化进程的时空特征分析[J]. 资源科学,29(01):43-47.

[295] 王青玉,陈逸,陈志刚,2017. 住宅地价变化对城市规模扩张的影响——基于全国 48 个大中城市的实证研究[J]. 现代城市研究(04):37-44.

[296] 王少剑,王泽宏,2021. 经济转型背景下长三角城市用地扩张及影响因素的时空差异[J]. 自然资源学报,36(04):993-1007.

[297] 王思远,刘纪远,张增祥,等,2002. 近 10 年中国土地利用格局及其演变[J]. 地理学报,57(05):523-530.

[298] 王万茂,等,2013. 土地利用规划学[M]. 北京:中国农业出版社.

[299] 王旭熙,彭立,刘守江,等,2021. 中国西南山区城市建设用地扩张特征及其驱动机制[J]. 生态学杂志,40(09):2895-2903.

[300] 王雅竹,段学军,杨清可,等,2019. 近 30 年江苏省建设用地扩张的时空特征、模式与驱动因素研究[J]. 长江流域资源与环境,28(07):1531-1540.

[301] 魏乐,周亮,孙东琪,等,2022. 黄河流域城市群扩张的时空格局演化及情景模拟——以呼包鄂榆城市群为例[J]. 地理研究,41(06):1610-1622.

[302] 吴宏安,蒋建军,周杰,等,2005. 西安城市扩张及其驱动力分析[J]. 地理学报(01):

143 - 150.

[303] 吴金稳,王海军,张彬,2020.珠三角城市群城镇用地扩展时空格局及其驱动因素分析[J].现代城市研究(01):60 - 66.

[304] 吴郁玲,曲福田,周勇,2009a.城市土地市场发育与土地集约利用分析及对策[J].资源科学,31(02):303 - 309.

[305] 吴郁玲,袁佳宇,余名星,等,2014.基于面板数据的中国城市土地市场发育与土地集约利用的动态关系研究[J].中国土地科学,3:52 - 58.

[306] 吴郁玲,周勇,2009b.我国城市土地市场均衡与土地集约利用[J].经济地理,29(06):984 - 988.

[307] 肖金成,黄学征,2015.长江经济带城镇化战略思路研究[J].江淮经济,1:5 - 10:

[308] 谢花林,李波,2008.基于 logistic 回归模型的农牧交错区土地利用变化驱动力分析[J].地理研究,27(02):294 - 304.

[309] 徐国鑫,金晓斌,周寅康,2011.基于 DEA 和空间自相关的我国土地市场化程度分析[J].地理与地理信息科学,27(05):64 - 68.

[310] 徐启恒,黄滢冰,2018.珠三角典型地区城市扩张测度及驱动机制分析[J].测绘科学,43(01):45 - 53.

[311] 徐元栋,王考考,陆慧玲,2017.土地市场化程度对经济增长的促进效应研究——基于我国省级面板数据的实证研究[J].管理现代化,37(05):88 - 91.

[312] 许恒周,郭玉燕,陈宗祥,2013.土地市场发育、城市土地集约利用与碳排放的关系——基于中国省际面板数据的实证分析[J].中国土地科学(09):26 - 29.

[313] 许芸鹭,雷国平,2017.中国城市群蔓延态势及其治理方向——以三大城市群为例[J].城市问题(08):74 - 83.

[314] 闫永涛,冯长春,2009.北京市城市土地利用强度空间结构研究[J].中国土地科学,23(03):37 - 43.

[315] 杨叠涵,陈江龙,袁丰,2015.南京城市空间重构对土地出让时空演化影响研究[J].地理科学进展,34(02):246 - 256.

[316] 杨钢桥,1998.试论城市土地供需平衡[J].中国土地科学,12(04):21 - 23.

[317] 杨红梅,刘卫东,刘红光,2011.土地市场发展对土地集约利用的影响[J].中国人口·资源与环境,21(12):129 - 133.

[318] 杨兴柱,朱跃,王群,2019.黄山市土地出让区位选择空间特征与影响因素研究[J].

地理研究,38(06):1435-1450.

[319] 杨艳昭,封志明,赵延德,等,2013.中国城市土地扩张与人口增长协调性研究[J].地理研究,32(09):1168-1678.

[320] 杨子生,2009.试论土地利用学[J].中国农学通报,25(01):229-236.

[321] 殷江滨,黄晓燕,洪国志,等,2016.交通通达性对中国城市增长趋同影响的空间计量分析[J].地理学报,71(10):1767-1783.

[322] 于伟,宋金平,胡志丁,2012.北京市商业土地出让的时空演变与影响[J].经济地理,32(01):109-113.

[323] 袁绪亚,1997.土地资源市场配置效率的"帕累托改进"[J].学术月刊(03):47-51.

[324] 原玉廷,彭邓民,2013.马克思土地资本理论与我国土地经济学创新[J].太原师范学院学报(社会科学版),12(01):59-62.

[325] 曾贤刚,周海林,2012.全球可持续发展面临的挑战与对策[J].中国人口·资源与环境,22(05):32-39.

[326] 曾永明,张果,黄坤,2014.城市扩张对城市热岛效应影响的计量分析——以成都市为例[J].城市问题,299(08):25-30.

[327] 翟飞相,2019.基于多时相遥感数据的郑州市城市扩张模式研究[D].石家庄:河南大学.

[328] 张洁,2017.基于CA-SVM模型的福建省莆田市城市空间动态扩张研究[D].武汉:中国地质大学.

[329] 张金兰,欧阳婷萍,朱照宇,等,2010.基于景观生态学的广州城镇建设用地扩张模式分析[J].19(02):410-414.

[330] 张京祥,殷洁,罗小龙,2006.地方政府企业化主导下的城市空间发展与演化研究[J].人文地理,90(04):1-6.

[331] 张琦,2007.关于我国土地市场化的思考及建议[J].中州学刊(01):60-64.

[332] 张珣,钟耳顺,张小虎,等,2013.2004—2008年北京城区商业网点空间分布与集聚特征[J].地理科学进展,32(08):1207-1215.

[333] 张晔,邓楚雄,谢炳庚,等,2015.基于熵权可拓物元模型的湖南省土地市场成熟度评价[J].资源科学,37(01):0045-0051.

[334] 张颖诗,冯艳芬,郭冠华,等,2022.近30年中国典型城市群建设用地扩张的时空特征及其对比——以京津冀城市群和粤港澳大湾区为例[J].华南师范大学学报(自然

科学版),54(01):79 - 90.

[335] 赵安周,相恺政,刘宪锋,等,2022.2000—2018 年京津冀城市群 PM$_{2.5}$时空演变及其与城市扩张的关联[J].环境科学,43(05):2274 - 2283.

[336] 赵贺,2004.中国城市土地利用机制研究[M].北京:经济管理出版社.

[337] 赵小风,黄贤金,陈逸,等,2010.城市土地集约利用研究进展[J].自然资源学报,25(11):1979 - 1996.

[338] 郑荣禄,1995.论我国城市土地市场的发展与完善[J].复旦大学学报(科学社会版)(03):45 - 50.

[339] 郑占,2010.基于 CA 模型的城市用地扩张模拟研究[D].武汉:华中农业大学.

[340] 周诚,1994.论我国城镇土地资源配置的宏观调控与市场调节[J].中国土地科学,8(02):1 - 6.

[341] 周建军,孙倩倩,2018.改革开放以来国家宏观调控房地产的政策效应分析[J].中州学刊(11):42 - 51.

[342] 周艳,2018.区域土地市场对城市建设用地扩张的影响研究[D].南京:南京大学.

[343] 周正柱,李瑶瑶,2022.市场一体化与经济增长——基于长三角城市群面板数据的空间计量分析[J].华东经济管理,36(04):19 - 30.

[344] 朱才斌,陈勇,1997.试析土地有偿使用与城市空间扩展[J].人文地理,12(03):43 - 46.

[345] 踪家峰,杨琦,2012.中国城市扩张的财政激励——基于 1998—2009 年我国省级面板数据的实证分析[J].19(08):89 - 94.

索引

后　记

　　本书在我博士论文基础上修改和扩充而成,不仅凝聚了我博士生涯的研究成果,也凝聚了许多关心、支持和帮我的人的心血。在书稿完成之际,我要对所有帮助过我的的人说声谢谢。

　　衷心感谢我的导师黄贤金教授,是黄老师给了我这个机会,使得我能够在南京大学这所百年名校进行深造,获得了人生的提升。黄老师渊博的知识、严谨的治学态度和对待学术的热忱是我终生学习的榜样,让我受益终生。在我的学位论文写作中,从论文的选题、思路构建、写作和修改中,都倾注着您的心血,在此,向您致以诚挚的敬意!除了传道授业解惑,在日常生活中,黄老师更是我们为人处世的榜样,黄老师的认真负责和悉心关怀让整个师门都充满了热情和友好。

　　感谢学院的老师和各位同门的帮助。感谢钟太洋教授和陈志刚教授在我的论文写作和修改中不厌其烦的指导和帮助,感谢陈逸副教授在论文数据收集中给予的帮助。感谢刘永学教授、金晓斌教授、揣小伟副教授、毛熙彦副教授在我的论文修改中提出的宝贵建议,使我的论文不断得到完善。感谢师兄师姐:李丽、於冉、叶丽芳、徐国良和吴常艳,在我面对科研的困惑时,师兄师姐给予了指导和帮助;感谢同级的徐玉婷和李建豹,在我的学习和生活中,给予了很多帮助和支持;感谢孟浩、纪学朋、陈奕融、沈晓艳、金雨泽、徐静、王昂扬、李佳豪、童岩冰、戴垠澍、谭琦川、朱怡、漆信贤、林静霞、王丹阳和宋娅娅等师弟师妹们的帮助。感谢云南师范大学地理学部硕士生李安林和周丽芳在数据收集和处理中的帮助。感谢西南大学经济管理学院博士生魏中胤师弟在处理空间计量模型中的帮助。

感谢我的家人,在我漫长的求学生涯中,始终给予我鼓励,不断激励我前进,给予我最无私和深切的支持!

感谢论文答辩专家:中国科学院南京分院杨桂山研究员、南京农业大学刘友兆教授、南京大学濮励杰教授、南京大学周寅康教授和南京大学高超教授等,对论文提出了宝贵的修改意见,使论文得到进一步完善。

感谢南京大学出版社的大力支持,特别感谢田甜编辑,在审稿过程中付出了巨大心血,指出了书中存在的不足,才使得本书进一步得到修改和完善,以更好的面貌呈现给读者。最后,感谢所有未提及的所有帮助过我的人。

本著作的出版得到国家自然科学基金项目(42101278、41571162)、教育部人文社会科学青年基金项目(20YJCZH250)、云南省基础研究计划面上项目(202201AT070039)和"兴滇英才支持计划"、云南师范大学"精品文库"等项目的资助。

2018 年 6 月 16 日,于南京大学仙林校区

2022 年 7 月 28 日,修改于云南师范大学

图书在版编目(CIP)数据

长江经济带土地市场与城市建设用地扩张 / 周艳著
. — 南京 :南京大学出版社,2022.12
ISBN 978 - 7 - 305 - 26192 - 3

Ⅰ.①长… Ⅱ.①周… Ⅲ.①长江经济带－土地市场
－研究②长江经济带－城市建设－土地利用－研究 Ⅳ.
①F321.1②F299.232

中国版本图书馆 CIP 数据核字(2022)第 185493 号

出版发行　南京大学出版社
社　　　址　南京市汉口路 22 号　　　　邮　编　210093
出 版 人　金鑫荣

书　　名　长江经济带土地市场与城市建设用地扩张
著　　者　周　艳
责任编辑　田　甜　　　　　　　　编辑热线　025 - 83593947

照　　排　南京南琳图文制作有限公司
印　　刷　徐州绪权印刷有限公司
开　　本　718 mm×1000 mm　1/16　印张 21　字数 306 千
版　　次　2022 年 12 月第 1 版　2022 年 12 月第 1 次印刷
ISBN 978 - 7 - 305 - 26192 - 3
定　　价　198.00 元

网址:http://www.njupco.com
官方微博:http://weibo.com/njupco
官方微信号:njupress
销售咨询热线:(025) 83594756